Etiemble

Confucius

(MAÎTRE K'ONG)

*Edition revue
et augmentée d'un chapitre
sur Confucius en Chine
de —551 (?) à 1985*

Gallimard

Etiemble, né à Mayenne le 26 janvier 1909. Normale supérieure, faculté de droit. Sept ans de chinois (1929-1936). Enseigne dans maint pays étranger (Etats-Unis, 37-43, Egypte, 44-48, notamment). Connaît en 1957 la Chine des « Cent Fleurs »; puis deux voyages au Japon, un autre en Inde, pour France Culture. Son goût des lettres « universelles » (il écrivit sur le théâtre pharaonique mais aussi sur les contes oraux des aborigènes australiens, les Pintupis, les lettres arabes et philippines) le conduisit à créer, avec l'aide de l'Unesco, « Connaissance de l'Orient » et à introduire dans la Pléiade trois des plus grands romans chinois ainsi que les philosophes taoïstes. Ecrivain lui-même (théâtre, roman, essai, poésie) il obtint le Prix de la Première Pièce, le Prix Sainte-Beuve de l'Essai pour ses travaux sur Rimbaud, le Prix de l'Essai de l'Académie française, le Prix International du Livre, le Prix de l'Union rationaliste pour l'ensemble de son œuvre et le Grand Prix de la critique littéraire en 1982 pour *Quelques essais de littérature universelle*. Traducteur, on lui doit, notamment, plusieurs des œuvres de T.E. Lawrence et *La Marche du fascisme* de G.A. Borgese (publié voilà 40 ans au Canada et qui va reparaître avec une postface de Leonardo Sciascia).

... comme tous les êtres d'exception, surtout lorsqu'ils s'auréolent d'une origine en pays lointain, les colibris ont leur légende autant au moins que leur histoire.

J. Berlioz,
La Vie des colibris.

à **MICHEL BERVEILLER**
fraternellement.

PRÉFACE

Quand un journaliste américain, vers 1940, désirait faire avaler à ses lecteurs une bourde un peu plus grosse encore que d'ordinaire, quelque bon mot particulièrement exécrable : Confucius says, *titrait-il :* Confucius dit que; *ce faisant, il traduisait la formule en effet quasi rituelle au* Louen Yu, *aux* Entretiens familiers, *le* Tseu yue *qui introduit les anecdotes, ou les préceptes :* Le Maître dit, *ou* disait.

A peine avait-il essuyé la poussière de ses bottes, après vingt ans de guerre civile, Mao Tsö-tong déclarait à Confucius et aux confucéens une guerre à mort, dont nous avons observé les premières escarmouches et les dernières saturnales.

Ainsi, au moment où tout Yanqui connaissait au moins du confucianisme une formule équivalant à peu près à notre « En ce temps-là, Jésus dit à ses disciples... », les communistes chinois voulurent en finir avec celui qui, de l'aveu commun, fut l'instituteur et comme l'incarnation de l'Empire du Milieu.

Deux millénaires et demi durant, la pensée de Confucius, la légende de Confucius, la religion de Confucius ont marqué, avec des bonheurs divers, l'Extrême-Orient et l'Extrême-Occident. Au moment où la presse américaine et la décision de Mao Tsö-tong semblent signifier, chacune à sa guise, la fin d'une philosophie, saisissons

*notre chance d'apprécier celui qui exerça sur la vie
intellectuelle et morale de notre espèce une influence
dont l'étendue, la durée, la profondeur autant que je
sache n'ont guère d'égales.*

*Mais pouvons-nous vraiment l'apprécier ? Heureux La
Mothe le Vayer, heureux Père Amiot, qui pensaient savoir
quelque chose sur Maître K'ong, notre Confucius ! Nous
soupçonnons plutôt, nous autres, que tout ce que nous
dirons est contestable ou contesté. Mais quoi, des livres
existent, qui nous content la vie du philosophe; d'autres,
qui prétendent nous livrer son enseignement; d'autres,
innombrables, qui commentent ses leçons, commentent
les commentaires, donnant à chaque propos, et le plus
anodin, et le plus clair apparemment, une bonne dou-
zaine de sens à peu près incompatibles. D'où je conclus
que, fabuleux ou avérés, les thèmes des* Sseu Chou, *des*
Quatre Livres, *ont gouverné les hommes, en gouvernent
encore plusieurs.*

*J'essaierai donc de situer Confucius dans l'histoire de
la Chine ancienne, et aux origines de la pensée chinoise.
Après quoi, je m'efforcerai de préciser la doctrine, ou les
idées principales de Maître K'ong. Je dirai enfin de quels
déguisements l'ont affublé ses disciples, ses ennemis ou
ses dévots, bref : l'usage et l'abus qu'on en fit, de siècle en
siècle, de pays en pays.*

*

Lorsque j'écrivis ce Confucius, *en 1955, les communistes condamnaient si durement le vieux Maître, et si
injustement à mon sens, que je vis dans mon livre une
occasion de rendre à Maître K'ong un très peu de ce que
depuis longtemps je lui devais. Fin mai 1957, lorsque
j'arrivai à Pékin, et dès la première réception officielle,
un membre du parti communiste chinois, fort influent
dans les milieux universitaires, vint ostensiblement m'in-*

viter à porter un toste en l'honneur du philosophe. Je n'avais donc pas eu tout à fait tort d'écrire que, passée la maladie infantile du communisme chinois, Confucius reprendrait sans doute la place qui lui revient dans la tradition morale et politique de son pays.

Longtemps hostile au vieux Maître, le Président Mao lui-même n'avait-il pas composé en 1956 un beau poème, La Nage[1], où il se réfère à un texte du Louen Yu?

Que m'importent le vent qui souffle et les vagues qui
[déferlent?
Cela vaut mieux que de me promener dans une cour
[oisive!
Enfin, je me sens au large!
Le Maître l'a bien dit, sur les bords d'un cours
[d'eau :
« Allons de l'avant, comme le flot s'écoule! »

Le Maître, c'est Confucius; et le texte, que j'avais cité moi-même en 1955, propos en effet essentiel pour comprendre ce qu'il peut y avoir de commun entre le tao *des confucéens et celui des taoïstes, généralement tenus pour ennemis, en tout cas pour incompatibles. « Le Maître, qui se trouvait au bord d'une rivière, déclara : tout passe comme cette eau; rien ne s'arrête, ni jour ni nuit. » (Louen Yu, IX, 16.)*

Fidèle aux directives de Yen-ngan, selon lesquelles il faut conserver l'héritage culturel des aïeux, mais lui donner un sens neuf, Mao Tsö-tong interprète ici en activiste le texte de Maître K'ong. Un glossateur ancien ayant ainsi commenté le texte du Louen Yu : *« L'homme de qualité imite ce mouvement », on voit que Mao Tsö-tong, bien éloigné de violer la tradition, se bornait*

---

1. Je donne ce poème dans la traduction qu'en publia M. Paul Demiéville (dans *Le Mercure de France*, avril 1965).

alors à en perpétuer l'esprit. Pourquoi donc son revirement, durant la « révolution » prétendue « culturelle » ?

Plus je vais, plus je tiens que les héritiers du confucéen hétérodoxe Siun-tseu, c'est-à-dire les philosophes du fa-kia, ceux qu'on appelle, selon les cas, Réalistes, Légalistes ou Légistes, avaient élaboré une théorie du gouvernement et de l'administration atrocement plus efficace que celle de Maître K'ong. Plus je vis, plus je sens que la philosophie taoïste, quand elle ne dégénère point en alchimie, en pratiques superstitieuses de longue vie, favorise une liberté, une fantaisie, une joie intérieure, que l'orthodoxie confucéenne a parfois contrariées[1]. Moins j'ignore, plus je découvre que la doctrine en son temps libératrice de Maître K'ong devint souvent un carcan, et comme une excuse aux esprits paresseux. Mais pour peu que je réfléchisse à l'usage que l'Eglise de Rome fait chaque jour des préceptes qu'elle attribue au Christ, comment accepterais-je qu'on reproche à Confucius les sottises des confucéens ? Vous n'empêcherez jamais les Caodaïstes de vénérer dans un syncrétisme puéril Pasteur, Hugo et Confucius. Marx n'était pas marxiste, et le disait. Nul ne saurait lui imputer ni Beria, ni Staline.

Confucius passa pour une façon de « centriste avec des tendances gauchisantes ». A cause des gens du fa-kia ! « Heureusement qu'en cherchant bien, les philosophes de service, à Pékin, ont découvert un disciple du grand Maître, nommé Hun Tzu, qui fait bien mieux leur affaire [...] un vrai matérialiste, ont annoncé triomphalement les experts. »

Sous la bizarre transcription Hun Tzu, sous la sottise et l'ignorance crasse qui transforme en Hun, en Attila de la pensée, le philosophe que nous transcrivons Siun-tseu,

---

1. *A ce sujet, cf.* Philosophes taoïstes, *« Pléiade », 2e édition revue, 1985, ainsi que les 114 pages de ma préface aux trois maîtres.*

l'homme tant soit peu au fait de la Chine reconnaîtra le maître des Réalistes ou Légistes.

Rien ne nous interdit de combiner en imagination une société aussi efficacement administrée que celle des ✓ *Légistes, aussi généreusement inspirée que celle de Confucius, aussi libre que celle des taoïstes. En imagination, voilà le hic. Pourtant, je me persuade sans trop de peine qu'à mi-chemin des sociétés anarchisantes du genre de celles dont rêvent les taoïstes, et de ces bagnes totalitaires que préparaient les doctrines de Mö-tseu et de Siun-tseu, l'homme libéral, l'homme tout court, peut encore apprécier, aux* Entretiens familiers *de Confucius, une fleur, sinon la fleur de l'humanisme.*

J'ignore si Confucius fut droitier, centriste ou gauchisant. Je sais seulement que j'ai quelques raisons d'admirer une grande part de Voltaire et que celui-ci n'avait pas ✓ *si grand tort d'admirer Confucius. Dans son oratoire il se recueillait volontiers devant un portrait de Maître K'ong, sous lequel on lisait ce quatrain irrévérencieux, ou, qui sait? révérencieux :*

> De la seule Raison salutaire interprète,
> Sans éblouir le monde éclairant les esprits,
> Il ne parla qu'en sage et jamais en Prophète :
> Cependant on le crut, et même en son pays.

Il ne parla qu'en sage... raison pour moi de l'aimer, sans r majuscule à raison; et pour vous aussi, je le souhaite.

*

Trente ans ont passé depuis que je donnai la première édition de ce volume. Mon Confucius, que l'on accueillait à Pékin sans réserve aucune en 1957, devint peu de temps après l'ennemi public n° 1, ex aequo avec quicon-

que osait encore essayer de penser. Un « Cavalier seul »
d'*André Frossard, publié au* Figaro *du 26 février 1977 et
intitulé* Confucius, *disait à ce sujet l'essentiel : après
avoir cité quelques lignes judicieuses de son* Larousse
sur Maître K'ong, il concluait : « Il y aurait peu de
chose à changer pour faire de ce portrait la notice
biographique de Mao Tsé-Toung. Lui aussi est le
fondateur d'une religion toute morale, lui aussi aime
l'humanité, un peu plus encore que les hommes, lui
aussi a quitté ses fonctions pour enseigner les peuples
et les dirigeants de son pays. Le vrai Confucius, c'est
lui. C'est une bonne raison pour éliminer l'autre. »
*Voilà en effet qui explique fort bien et cette remontée chez
Mao de la haine infantile dont il nous a fait part, et cette
obstination maladive à déshonorer un homme dont, si
j'en crois une référence sérieuse, il cite plus souvent le
nom, dans ses œuvres complètes, que ceux des Pères de
la religion qui, le plus abusivement du monde, ose
encore se réclamer de Karl Marx et d'Engels.*

    *Mais depuis quelques années, depuis que, selon mon
vœu, Teng Siao-p'ing oriente la vie politique, intellectuelle de la Chine populaire, deux changements (apparemment contradictoires, en fait, complémentaires) ont
modifié de fond en comble l'idéologie là-bas dominante :
la littérature comparée, condamnée par Mao, qui ne
connaissait rien des cultures étrangères, est réhabilitée à
Pékin, produit mainte revue dont on souhaiterait que la
France eût l'équivalent. Cependant que Maître K'ong est
réhabilité, ses œuvres savamment publiées, l'ensemble de
sa pensée passée au crible d'une critique de bonne foi
dans un recueil de vingt et un essais qui en examinent
presque tous les aspects, ses descendants officiellement
honorés, ainsi qu'ils l'étaient déjà depuis toujours à
Taiwan : ce qui confirme à point pour moi nommé mon
idée de la littérature générale et comparée : en nous
ouvrant aux autres cultures, elle nous permet, cette*

discipline parfois contestée par tant d'ignares ou de tyrans, de mieux apprécier le propre de la nôtre. Mais alors que le Frossard du Figaro avait su discerner le vrai motif du déchaînement contre Maître K'ong d'un révolutionnaire devenu le tyran de la Chine, je lis avec stupeur, dans Le Nouvel Observateur du 12 avril 1985, une Chine sans complexe de Catherine David qui écrit en sous-titre : « Eloge de la rentabilité, libération de l'économie, traduction de Freud et ouverture à l'Occident. Les Chinois changent tout... sauf l'idéologie officielle. » Réhabiliter Confucius, honorer ses descendants, éditer savamment ses œuvres, sortir de prison et publier ceux qu'avait jetés aux camps et interdits de publication l'idéologie officielle selon Saint Mao Tsö-tong; publier en français, à Pékin, par les soins de Suzanne Bernard, une anthologie de Tai Wang-chou, un des meilleurs poètes du siècle : victime de Tchang Kai-chek et de Mao, traduire en chinois toutes les lettres que je lui avais écrites et bientôt publier en chinois toutes celles qu'il m'avait adressées en français, permettre à sa fille de restaurer la stèle funéraire brisée par les Gardes rouges, et à Mao Touen, lui aussi réhabilité, de calligraphier sur la stèle rénovée les trois caractères du nom de mon cher et malheureux ami, ce ne serait point changer « l'idéologie officielle »? Mettons alors que je ne sais mot de français, ni rien de la culture chinoise, moi qui viens de faire, en août 1985, au onzième Congrès international de littérature comparée, une communication sur « le renouveau du comparatisme en Chine de 1980 à 1985 » et qui vais ajouter à ce volume, écrit voilà trente ans, un long chapitre sur les heureux changements survenus en Chine au sujet du confucianisme.

Quand on vient de lire Les Enfants de Yenan[1], œuvre d'un de ces enfants nés là-bas, dans les grottes où Mao se

---

1. Stock, 1985.

réfugia, au terme de « la longue marche », Shen Dali, avec la collaboration de Suzanne Bernard, quand on y découvre, p. 164, le procès des crimes commis durant la prétendue « révolution culturelle », en tout particulier contre ceux qui avaient cru que la vie des grottes présageait la liberté, l'égalité, la justice, on ne peut que rire au nez de ceux qui prétendent que rien n'a changé à Pékin, que rien n'y bouge dans l'ordre de l'idéologie, et donc dans celui de la pensée; et ce n'est pas parce que Shen Dali déplore que « le confucianisme, à travers la supériorité de l'homme sur la femme, était toujours présent, même chez un petit enfant, dans les rangs de la Révolution », *que l'on essaiera de me prendre au piège. Car enfin, qui donc, voilà trente ans, écrivait ces quelques lignes* : « Si vous tenez à lui reprocher quelque chose, que ce soit, oui, d'avoir trop peu pensé à libérer la femme du statut diminué que lui octroyait le régime féodal »? *Et si par hasard c'était moi, p. 132 du* Confucius, *repris dans* Idées *en 1966 ? Et qui* donc, *voilà trois ans, dans une préface aux* Préceptes du bon gouvernement domestique de Maître Chu[1], *traduits par Michel Deverge, calligraphiés par Tan Swie Hian, ouvrage publié à Taipei, condamnait le neuvième précepte de ces maximes d'inspiration confucéenne* : « interdisez formellement l'usage du fard aux épouses et concubines », *ainsi que le dix-septième* : « choisissez un bon mari pour votre fille [...] choisissez une bonne épouse pour votre fils », ce « que du reste condamne expressément *Le Rêve dans le pavillon rouge,* que je viens de publier dans la Pléiade »? *Peut-être avez-vous reconnu ce « je » qui n'est que moi. Me voilà donc d'accord avec Shen Dali et Suzanne Bernard, je vais donc sans scrupule me remettre à ce* Confucius.

P.S. Bien que les sinologues de la planète aient dû, bon

---

1. Taipei, 1982.

gré mal gré, se rallier à la transcription en *pinyin* des mots chinois romanisés, je persiste à employer celle de l'Ecole française d'Extrême-Orient. Quitte à peiner Chen Ying-hsiang et Claude Cadart[1], selon qui « la Chine seule avait le droit et la capacité » d'en définir une qui « eût cours en tout pays ». Et puis, la nôtre est « si désuète »! A quoi je répondrai : Iº) qu'il existe un alphabet phonétique international dont ces messieurs ignorent donc l'existence, ou qu'à leur caprice ils méprisent; 2º) que le *pinyin* reflète ou réfracte le chauvinisme morbide de la Chine maoïste au pire moment de son histoire; 3º) que cette transcription de la littérature chinoise, désormais tout entière écrite en langue « parlée », oublie l'essentiel du chinois *parlé*, savoir les tons, lesquels jamais ne sont signalés en *pinyin*; 4º) que les pays qui emploient l'alphabet latin, auquel s'est rallié le *pinyin*, prononcent chacun selon soi telle voyelle, telle consonne; quand un Espagnol lira le *j* du *pinyin* il prononcera forcément et fatalement cette consonne comme sa *jota*, laquelle n'a rien de commun avec le *j* dudit *pinyin*; quand un Turc lira le *c* du *pinyin*, il prononcera forcément et fatalement cette consonne *dj*, puisque le *c* du turc correspond à notre *dj* de *djebel*. Bref, *pinyin* signifie cacophonie. Plus d'un lettré chinois en convient, pour peu qu'à la différence de Mao, il ait quelque connaissance des langues étrangères. Plus d'un sinologue aussi. S'il ne comptait pas tant de signes diacritiques, je serais disposé à employer l'alphabet phonétique international; mais 1º) le prix de revient deviendrait prohibitif; 2º) le lecteur normal ignore ledit alphabet et ne saurait point prononcer les mots que je lui offrirais. De plus, comme je constate que très souvent la transcrip-

---

1. Dont l'ouvrage que je cite, *Les Deux Morts de Mao Tse-toung*, Paris, 1977, sera lu avec profit.

tion de l'Ecole française d'Extrême-Orient correspond assez bien à celle de l'alphabet phonétique international, je lui reste fidèle sans chauvinisme ni scrupule. D'autant qu'à l'instant je reçois un article de M. Hughes Jean de Dianoux : *Les inconvénients de la transcription du chinois selon la graphie « pinyin »*, tiré à part de *La Banque des mots*, périodique publié par le Conseil international de la langue française. Nos arguments se recoupent. La cause est donc entendue.

PREMIÈRE PARTIE

L'héritage

*Je m'attache aux anciens avec confiance
et affection.*

Confucius.

CHAPITRE PREMIER

LA CHINE DES TCHEOU

Certains expliquent toute la pensée chinoise par la nature de la langue; d'autres, par la géographie; d'autres encore, par les rapports de classes. La cybernétique, après-demain, nous démontera Maître K'ong. Soyons un peu plus modestes. Regardons une carte de Chine : nous comprendrons sans trop d'effort que ni Confucius, ni Mencius ne parlent beaucoup de la mer. A peine si la presqu'île que nous appelons aujourd'hui le Chan-Tong, et qui formait sous les Tcheou l'Etat de Ts'i, pousse dans le Pacifique une pointe émoussée. Terrienne par les hasards de la géographie, et agricole plus que pastorale aux temps déjà qui nous occupent, la Chine appartient à l'Asie des moussons. Selon que la pluie arrive à temps ou non, c'est l'abondance ou la famine, et quelles famines! Jusqu'en 1949, quatre-vingts Chinois sur cent au moins vivaient de la terre, attendaient tout du vent et de la pluie. *Fong chouei, vents et eaux,* tel là-bas le nom de la géomancie, et de mainte sorcellerie. Autant on méprisait les marchands, à la Chine, autant on respectait les travaux agricoles ou, comme on dit, « la racine ».

Il s'est donc trouvé des savants, parmi les plus érudits, pour tirer de cette évidence les raisons des deux grandes philosophies qui, depuis deux millénaires et plus, se sont partagé les faveurs du peuple chinois : celle de Confucius et celle du *Lao-tseu*, le taoïsme.

Veut-on expliquer la naissance du taoïsme? Rien de plus simple : le laboureur aime la terre; patiemment il attend qu'à l'hiver succède un printemps et qu'à ceux de l'été s'ajoutent les fruits de l'automne. Fini son labeur, il admire l'étang, le friselis des bambous, le vol aigu des oies sauvages. Il fait confiance au jour et à la nuit, aux phases de la lune, au cycle des saisons. Il en découvre l'alternance et qu'en elle enfin, qu'en elle seulement, peut s'accomplir la perfection. Il n'aspire qu'à se confondre avec le grand tout, qu'à s'y résorber sans frayeur comme ce nuage là-bas qui s'amenuise, s'effiloche et s'évanouit en plein ciel. Taoïsme est contemplation.

Mais Trotsky : « Le Chinois vivant sur un tout petit champ, qui suffisait à sa famille, comment aurait-il pu s'élever jusqu'à se concevoir économiquement dépendant de qui que ce fût au monde? C'est donc par une conséquence naturelle des rapports objectifs que le sage taoïste, et quand il s'agirait de sauver l'univers, refuse de *s'arracher le moindre poil de la jambe*. »

Qui croire?

Pour justifier à son tour la pensée de Confucius, voici l'un des tours, parmi les plus ingénieux : serf ou libre, le paysan se trouve attaché à sa glèbe. Si tout se passe bien, il doit mourir au village qui le vit naître; là mourront ses enfants, ses arrière-petits-enfants. Le paysan, on le sait, n'aime point le changement. Il est toujours conservateur. Dans l'économie de la Chine ancienne, tous les membres d'une famille paysanne dépendent aussi rigoureusement l'un de l'autre que la famille tout entière dépend du vent ou de la pluie. Assurer la cohésion de cette cellule sociale, tel sera le propos du philosophe confucéen : le culte des ancêtres et la piété filiale valorisent donc un état de fait.

Oublions ces sornettes, et considérons la Chine de Confucius, celle des Tcheou.

Vers le XIIe siècle avant l'ère chrétienne, lorsque la dynastie des Yin, ou Chang, gouvernait l'Empire d'alors, on immolait souvent des moutons et des *k'iang*, autant dire des bergers. Les os gravés nous renseignent en grand détail : « sacrifice à grand-père : *k'iang* dix hommes, mouton un »; « réussirons-nous à capturer des *k'iang* ? », c'est-à-dire des barbares du Nord-Ouest. Or, en – 1122, une coalition de ces *k'iang*, qu'encadraient et commandaient quelques Tcheou, défit les Chang, conquit leurs terres et leur succéda au pouvoir. De – 1122 à – 256, la Chine fut nominalement soumise à cette dynastie. En moins d'un siècle, ces barbares (qu'on croit originaires du bassin de la Wei, dans le Chen-Si actuel, 500 kilomètres à l'ouest de la capitale des Chang, Ngan-yang) donnèrent à la culture chinoise une impulsion violente et neuve. Sans doute furent-ils conquis par la langue, l'écriture et la religion des vaincus, ce que nous savons par telles ou telles directives données après la conquête : « Observez la loi pénale des Yin : elle est sage. » « Etudiez les grands hommes des Yin; vous affermirez ainsi votre cœur, et vous saurez instruire le peuple. » Ils apportaient toutefois des traditions nouvelles, et notamment leur idée de la royauté : alors que chez les Chang les frères du roi héritaient successivement le trône avant le fils aîné, la royauté se transmettait de mâle en mâle chez les Tcheou, selon la primogéniture. En tout cas ceci est sûr : la Chine du *Chou King*, ou *Canon de l'Histoire*, et celle du *Che King*, ou *Canon des Poèmes*, celle de Confucius et des grands docteurs taoïstes, celle de Mö-tseu et celle de Mencius, celle de Houei-tseu et celle de Kong Souen-Long, c'est bien celle des Tcheou, de ces barbares qu'un peu plus tôt on sacrifiait libéralement.

Bien malin qui nous expliquera le pourquoi de cette floraison. Confucius constamment se réfère au duc de Tcheou comme à son maître; nous avons sujet de penser que sous la poigne de ce grand homme la culture chinoise prit en quelques années certaines formes qu'elle allait conserver durant plus de deux mille ans. Ce fameux duc de Tcheou exerça sept ans la régence, après la mort du roi Wou qui mourut en – 1116, ne laissant qu'un trop jeune fils, le roi Tch'eng. Celui-ci accédant à sa majorité, le duc de Tcheou son oncle lui remit un pouvoir déjà consolidé par l'écrasement d'une rébellion Chang. Un ingénieux système féodal s'organisait : chefs de guerre, parents, alliés reçurent des fiefs. Ceux des princes régnants qui se soumettaient, on les confirmait dans leur pouvoir; ils ne devaient qu'un vasselage.

A mesure pourtant qu'il se consolidait, le pouvoir des Tcheou se défaisait : aussi longtemps que les vassaux devaient lutter contre des populations vaincues, mais rebelles aux étrangers, ils se sentaient solidaires d'un suzerain dont le secours à l'occasion les tirait d'embarras. Sitôt qu'ils eurent assimilé la culture Chang et que leur fut acquise la fidélité de leurs peuples, ils commencèrent à bouder la cour, à oublier leur allégeance, à se vouloir indépendants. Si mal que nous connaissions l'histoire des Tcheou, nous savons que dès – 771 leur pouvoir s'effondra; celui du moins des Tcheou qu'on appelle occidentaux. La capitale royale fut transférée à Lo-yang, qui n'était jusque-là que la résidence de l'Est (un peu comme Alexandrie se trouvait en Egypte la capitale d'été); mais ces Tcheou qu'on appelle orientaux ne gouvernaient plus qu'un domaine exigu, inférieur en étendue, en chars, en guerriers, à ceux de bien des « vassaux ». Dès lors, et jusqu'en – 256, le pouvoir nominal des rois Tcheou fut contrecarré, voire bafoué ou nié, par de grands seigneurs arrogants, dont le prince de Ts'i, qui gouvernait une bonne part du Chan-Tong actuel, et celui de Tsin, qui administrait ce qui constitue le Chan-Si et le Ho-Pei actuels. Telle bientôt la faiblesse des rois Tcheou, que les vassaux les plus puissants ou les plus ambitieux prirent le titre de *Pa*, ou *premier noble*, et se substituèrent au roi dans la plupart de ses fonctions, jouant ainsi un rôle analogue à celui plus tard du *shogun* au Japon féodal. Dès – 679, le duc Houan de Ts'i se nomma ainsi *premier noble*; en – 671, le roi Houei des Tcheou le confirmait dans ce titre qu'entre – 671 et – 591 portèrent d'autres vassaux. De – 591 à la fin officielle des Tcheou, c'est-à-dire à l'unification des principautés par T's'in Che Houang-ti (troisième siècle avant l'ère chrétienne), l'histoire de la Chine n'est que celle des conflits entre chefferies.

Rude époque, si l'on se réfère à la justice d'alors, qui ne connaissait que les cinq châtiments; la castration, l'amputation des mains ou des pieds, l'ablation du nez, une marque sur le visage. La mort pouvait s'agrémenter de cruelles variantes : le prince Ngai de T's'i mourut bouilli dans un chaudron : il aurait médit du roi Yi. Sous les Tcheou occidentaux, la loi énumérait 200 crimes passibles de la mort, 300 qui exigeaient la castration, 500 que récompensait l'amputation des pieds; dans un millier de cas, on vous ôtait le nez; heureux si vous ne commettiez qu'un des mille délits passibles de la marque! On pouvait par bonheur se racheter de ces supplices, que savaient aussi tempérer des circonstances atténuantes.

Sur la foi d'un texte souvent cité : « Les rites ne descendent pas jusqu'aux gens du commun; les châtiments ne remontent pas jusqu'aux grands officiers », on a souvent prétendu que cet âpre code pénal ne régissait que la plèbe et les esclaves; entre les nobles, soumis aux seuls rites, et les gens du commun, les

petits sires, les *siao jen*, que gouvernaient les châtiments, il y aurait un abîme, sous les Tcheou. Or vingt
témoignages nous assurent que les nobles du plus
haut rang subissaient eux aussi les mutilations et la
mort.

Reste que, sous les Tcheou, la société féodale, puissamment hiérarchisée, mais subtilement aussi, se divi-
sait en deux classes. Libres, affiliés à un clan, qui se
réclame d'un ancêtre historique ou fabuleux – ours,
homme, poisson, peu importe –, quand les nobles ou
patriciens ne s'adonnent pas au concours de tir à l'arc
ou à la guerre féodale, ils célèbrent des sacrifices
minutieux et fréquents, raffinent sur la chère ou sur le
vêtement, lisent, voire composent des poèmes. Bien
différents de nos premiers seigneurs, les féodaux chinois me font plutôt penser aux nobles de l'Empire
aztèque : dès l'âge de dix ans, et jusqu'à leur vingtième
année, ils vivent eux aussi pensionnaires dans un
collège. On leur enseigne les rites, les trois vertus, les
six savoirs : l'écriture, le calcul, le tir à l'arc, la
conduite des chars de guerre, la musique et la danse.
Les plus nobles, ainsi que les meilleurs de chaque
collège provincial, pouvaient se qualifier pour le collège royal, où l'on étudiait avec le prince héritier. Ses
études achevées, le jeune patricien prend enfin le
bonnet viril et se marie, ce qui représente une sérieuse
affaire, car on ne se marie qu'une fois, mais avec
minutie, et avec plusieurs femmes : deux seulement si
l'on appartient aux bas échelons de la hiérarchie; neuf,
et jusqu'à douze si l'on est prince ou roi. Il suffit, mais
il faut qu'elles soient de la même famille. On acquiert
alors tous les droits de l'homme bien né, celui notamment de posséder la terre, soit en toute propriété, soit
à titre de fief.

A la marge de cette aristocratie, vivaient les familles
pourvues « d'émoluments héréditaires » : celles qui

parmi leurs aïeux comptaient un fonctionnaire. Souvent exigus, ces domaines se divisaient entre les fils de
famille; en peu de générations, on devenait à peu près
pauvre. Selon Henri Maspero, « c'est de cette classe de
nobles peu fortunés que sortirent, semble-t-il, tous les
écrivains de l'époque Tcheou [...]. Ils étaient pour la
plupart très pauvres. Confucius avait passé sa jeunesse
dans le dénuement », la mort de son père ayant privé
la famille des émoluments de la fonction et l'ayant
réduite aux biens propres.

Ces nobles de bas lignage formaient transition avec
la plèbe rurale. Encore que la noblesse, à l'époque des
Tcheou, se transmette par droit de naissance, il arrivait qu'on l'obtînt par le mérite, l'instruction.

En revanche, il advenait que retombât en roture
telle famille patricienne. Nous sommes loin de l'Inde
et de ses castes : ce qui distingue là le *kshatriya* du
vaiçya, le guerrier du laboureur, c'est une qualité
religieuse, ineffaçable. Rien de tel sous les Tcheou.
Point de « castes »; mais des classes fortement sépa-
rées.

L'aristocratie exceptée, tout est serf, ou esclave. Les
nobles possèdent le sol, qu'ils font travailler par leurs
fermiers. Fermier n'est qu'un à peu près. Le sinologue
américain Herrlee Glessner Creel conteste les théories
traditionnelles sur la tenure du sol au temps des
Tcheou. Je ne crois pas qu'il nous contraigne à mettre
en doute le système du *tsing*, ou « puits », dont voici
l'essentiel : les terres nobles étaient réparties en
grands carrés nommés *tsing*, eux-mêmes subdivisés en
neuf carrés, dont huit *champs privés* qu'on attribuait à
huit familles plébéiennes, à charge pour elles de
cultiver le tout, y compris le neuvième carré, ou *champ
public*, dont le produit revenait au seigneur. L'étendue
des « puits » varie selon les temps et selon les régions;

ce qui ne variait pas, c'est le caractère collectif et précaire de la tenure.

Tous ceux par conséquent qui veulent expliquer par la propriété individuelle la philosophie taoïste se trompent aussi naïvement que ceux qui justifient par la structure de la famille paysanne la morale de Confucius. La *famille* paysanne! Les paysans n'avaient pas droit au *mariage rituel*, et tous les printemps s'unissaient tout simplement, tout librement. Gars et filles allaient aux champs. Gars et filles chantaient, dansaient. On s'agaçait. On se faisait l'amour. Cela durait tout l'été. L'hiver venu, chacun rentrait chez soi, pour la saison de la retraite et de la continence. L'année suivante, gars et filles retournaient aux champs. Nouvelles chansons. Nouvelles amours. La fille se voyait-elle grosse, on se mettait ensemble à l'automne. Sinon, l'année suivante on recommençait l'amour libre. La fille jusqu'à vingt ans, l'homme lui jusqu'à trente, ne devaient de comptes à personne. La famille paysanne? un groupement de fait : car le plébéien, qui n'avait point d'ancêtre à qui rendre un culte, ne pouvait conférer aux siens cette dignité religieuse sur quoi se fondait le droit.

Bref, vers le temps de Confucius, et si l'on excepte les esclaves, les marchands et les artisans, qu'isolait un mépris général, la société comprenait des nobles cultivés, qui possédaient la terre et gouvernaient, cependant que des plébéiens illettrés travaillaient collectivement pour le compte de leur seigneur; appointés par les nobles, et solidaires de la classe dominante, des scribes, des secrétaires, des lettrés peu à peu s'insinuaient dans la hiérarchie.

Mais la femme? Jusqu'ici on n'en parle guère : ni de son rôle social ni de ses fonctions religieuses, encore que, dans les familles nobles, elle soit associée au culte des ancêtres. « Une femme ne doit point se mêler des

affaires publiques », lit-on au *Canon des Poèmes*.
« Malheur à qui épouse une femme audacieuse et
forte! » lit-on aussi dans le *Yi King*, ou *Canon des
Mutations*.

Voulait-on déconsidérer un homme : sa femme, ou
sa concubine, insinuait-on, le mène par le bout du nez.
En – 775, le roi Yeou se laissait asservir par sa
maîtresse Sseu; du coup, la lune éclipsa le soleil; qui
n'aurait compris la leçon, et qu'avec lui finiraient les
Tcheou occidentaux? Les femmes ne s'accommodaient
pas toujours sans révolte de cette condition dimi-
nuée : d'autant qu'elles ne furent pas toutes condam-
nées à l'ignorance, à l'inaction, et qu'en l'absence du
prince leur époux, attardé à la guerre, plusieurs
avaient exercé le pouvoir. N'empêche : « de l'eunuque,
de la femme, n'attendez ni leçons ni conseils ».

CHAPITRE II

LES DIEUX ET LES HOMMES

La Chine des Tcheou ne compte pas moins de dieux, grands, moyens et petits, pas moins d'esprits, bénins ou malveillants, que la Grèce de nos mythologies ou que le panthéon de l'Amérique précolombienne : la Mère du Soleil, le Comte du Vent, celui du Fleuve, le Maître de la Pluie et celui du Tonnerre, les dieux des cinq éléments – bois, feu, terre, métal, eau –, sans compter les échos, les feux follets et toutes sortes de démons (les *kouei*), parmi lesquels ceux des épidémies, que régissait la très illustre et très puissante Dame de l'Occident, la *Si Wang Mou*.

Il semble que, sous la dynastie Chang, ces dieux fussent en quelque façon subordonnés au Seigneur d'en Haut, ou Souverain Suprême, à *Chang Ti*. Sous les Tcheou, ce maître souverain des génies et des dieux semble de préférence invoqué sous le nom de *T'ien*, qu'on traduit très souvent : le Ciel. Selon une étymologie que défend avec force Herrlee Glessner Creel, le caractère *t'ien* représente, à la haute époque, l'évidente silhouette d'un homme. Il évoquerait donc un grand homme, un héros; le mot en vint à désigner les rois, les grands esprits du passé; il signala enfin le lieu de leur séjour : le Ciel. Un texte au moins du *Canon des Poèmes* confirmerait cette interprétation : le « Ciel » y apparaît sous forme d'un géant à figure et corps humains, et dont les pas monstrueux marquent la terre quand il la foule.

T'ien ou *Chang Ti* règne à la fois sur les hommes et sur les dieux. Lui seul confère aux dynasties royales ce fameux *mandat céleste*, ce *t'ien-ming*, dont les lettrés chinois ont tiré un parti analogue à celui que nos légistes surent extraire du droit divin. Certains savants estiment que ce mandat céleste fut astucieusement inventé par les Tcheou pour justifier leur réussite : lorsque trop de pluie, trop de soleil ont affamé les petits sires, c'est que le Ciel retire au prince le mandat. Le premier venu, dès lors, s'il chasse l'indigne souverain, mérite le mandat céleste.

Vers la fin de la dynastie Tcheou, le dieu du Ciel, surmené, se faisait assister par les Seigneurs des cinq Régions, les souverains Vert, Blanc, Rouge, Noir et Jaune, qui administraient respectivement l'Orient, l'Occident, le Midi, le Nord et le Centre, et qui finirent par gouverner chacun des cinq éléments corrélatifs à ces orients.

Au dieu du Ciel correspond un dieu du Sol, un grand dieu lui aussi, *Ta Chö*, sous l'autorité duquel prospèrent d'innombrables divinités régionales, locales et familiales, les *chö*. Ces dieux-là élisent domicile dans un arbre planté au sommet d'un tumulus naturel, ou artificiel. Ils veillent aux intérêts temporels des souverains, des nobles, et par conséquent de leurs sujets. Ce dieu aux neuf replis, aux cornes aiguës, exige force sacrifices.

La plupart des cérémonies religieuses rythmaient la vie agricole : le grand sacrifice *kiao* du printemps; la cérémonie impériale du labourage; la sortie du feu; l'établissement de l'été; le sacrifice entre tous important qui demandait la pluie (on le célébrait au second mois de l'été); la lustration automnale; le grand sacrifice au Seigneur d'en Haut; l'établissement de l'hiver;

le sacrifice royal au grand dieu du Sol; la fête enfin de
la moisson, qui achevait le cycle agraire et rendait la
terre intouchable, tout concourait à sacraliser les
moments décisifs de la vie paysanne. Comme dans
toute civilisation qui a le sens du sacré, mascarades,
orgies et beuveries contribuaient à la ferveur.

Outre les dieux, les nobles Tcheou vénéraient leurs
ancêtres, et leur rendaient un culte minutieux. Toute
famille noble avait son temple ancestral. On y traitait
les affaires d'importance. On y célébrait cérémonies et
sacrifices. Dans une certaine mesure ce culte lui aussi
obéissait au rythme des saisons : sacrifices *yo* de
printemps; *ts'eu*, d'été; *tch'ang*, d'automne; et *tcheng*,
d'hiver; il obéissait également à l'idée qu'on se faisait
des rapports de l'âme et du corps, ou plutôt, *des* âmes
et du corps. Plus riche en effet que l'homme d'Occident, le noble Tcheou disposait de deux principes de
vie : sitôt conçu, il recevait le premier, le *po*, consubs-
tantiel au corps, au sang, aux humeurs; au moment de
sa naissance, il obtenait son *houen*, le principe du
souffle, dissociable du corps, celui-ci, et qu'il gardait
jusqu'à sa mort. Mais attention! qu'à l'occasion d'un
rêve, par exemple, ou d'une syncope, le principe du
souffle allât s'égarer trop longtemps loin du vivant, et
mort s'ensuivait. Quand décédait un noble, son *po*
demeurait fidèle au cadavre durant les trois années
qu'on accordait à la décomposition; il se nourrissait
des offrandes funéraires, inoffensif aussi longtemps
qu'elles abondaient, dangereux si par malheur on
lésinait. Au bout des trois années, le cadavre et le *po*
étaient censés n'avoir plus d'existence (on cite néanmoins le *po* de tel empereur, qui voleta durant mille
ans). Pour le *houen*, il en allait autrement. Après le rite
du rappel du souffle (le *tchao houen*), et quand on
s'était bien assuré que le *houen* avait quitté le cadavre
pour gagner soit les *sources jaunes* (ces mêmes *sources*

jaunes où vont boire les Indiens de l'Amérique précolombienne), soit la compagnie du Seigneur d'en Haut,
on procédait à la cérémonie compliquée des funérailles, à l'issue de laquelle le mort acceptait enfin ses
fonctions d'ancêtre.

Plus tatillons encore que les vieillards, les ancêtres
exigeaient de tout chef de famille noble une scrupuleuse attention, une dévotion quotidienne : point de
repas qui ne débute par une libation et quelque
offrande de nourriture; point de fruits de la terre,
point de mets offerts par le suzerain, point de gibier
chassé, point de poisson pêché dont il ne faille leur
présenter les prémices. S'ils ne reçoivent point le porc
et le blé du quatrième mois, le millet du septième, le
riz du neuvième, le poisson du douzième, les ancêtres
peuvent manifester leur mécontentement. Cérémonies
absorbantes mais bénignes, pour peu qu'on les compare au grand sacrifice *hia* que doivent à leurs aïeuls
les princes, les rois, et ceux des grands dignitaires
auxquels le suzerain daignait conférer l'honneur de
cette obligation : le *kan hia*, le grand sacrifice *hia*
donné en récompense. Banquet offert aux tablettes
ancestrales, sacrifice d'un jeune taureau immolé au
Premier Ancêtre; banquet de communion où les parti-
cipants se nourrissent de ce que n'ont pas consommé
les « cadavres », ces images des esprits; danses enfin,
très savantes, en forme de ballet, la danse de la guerre
et celle de la paix, il ne fallait pas moins pour
décemment traiter ces personnages.

Quand il avait célébré les fêtes du cycle agraire et
celles du culte ancestral, le patricien Tcheou n'en avait
pas fini avec la vie religieuse : les solstices et les
équinoxes, les déclarations de guerre et le début des
campagnes, les sécheresses et les inondations, les
maladies du Prince et celles du Soleil, les éclipses, lui
imposaient d'autres rites.

Nous connaissons fort bien le détail de ces sacrifices, ou du moins des principaux. Nous savons notamment que, si les Chang usaient et abusaient des victimes humaines, les Tcheou et leurs vassaux, peut-être parce qu'ils avaient jadis payé de leurs personnes, se contentaient d'immoler des animaux, accessoirement, et rarement, quelques prisonniers de guerre. Mais l'opinion condamnait cet usage. En – 532, après une victoire, Lou immola des prisonniers : « Le duc de Tcheou n'agréera point cette offrande », déclara un officier. « Elle sera néfaste. » L'année suivante, le roi de Tchou, ayant supprimé la seigneurie de Ts'ai, sacrifia le dernier seigneur à ses propres ancêtres. « Ce sacrifice ne sera point agréé », dit un autre officier. « Il sera néfaste. » Les fouilles de Siun-hien ont mis au jour les vestiges bien conservés d'un sacrifice dit du chariot. On y dénombre les squelettes des soixante-douze chevaux qui furent enterrés vifs avec les douze chars; huit chiens aussi, dont chacun portait au cou une clochette; pas un homme.

Que ne connaissons-nous aussi exactement les sentiments religieux des sacrificateurs! Un texte nous assure que « les dieux ne se vendent pas ». A la bonne heure! On se tromperait néanmoins en imaginant qu'ils dédaignent les prières, les offrandes et le sang des victimes. Nul ne sacrifiait qu'il n'espérât de ce geste un profit : une fois bien gavé, le « cadavre » qui participait au culte des ancêtres promettait du bonheur à la famille entière. En – 500, on rappelle au seigneur King, de Ts'i, que le pays prospère quand les ancêtres sont contents des offrandes; alors seulement. Grâce aux inscriptions rituelles des vases Tcheou, Herrlee Glessner Creel a pu identifier les principaux vœux des fidèles, en évaluer la fréquence. « Puissent mes enfants et mes petits-enfants utiliser ce vase et le conserver à jamais! », voilà pour un noble chinois la

prière la plus instante, la plus constante. Il demande
aussi, très souvent, de vivre vieux, très vieux; moins
souvent, des enfants à foison, du bonheur, ou de
mourir à l'âge qui convient, avec un corps entier. Une
fois par hasard, il prie qu'on lui accorde la sagesse. Dès
le septième siècle, et sans doute auparavant, quelques
esprits délicats estimaient que la seule offrande agréable aux esprits est celle des fidèles au cœur pur.
Constatant que le duc de Kouo, en − 672, formait au
cours d'un sacrifice le vœu d'augmenter ses Etats, un
scribe de profession s'indigna et prédit au prince des
revers, qui survinrent seize ans plus tard : le duc de
Tsin ruina cette principauté. Cependant, il semble que
ceux mêmes qui servaient les dieux d'un cœur désin-
téressé n'imaginaient pas pouvoir si peu que ce fût
modifier le rituel; quant à le négliger! On citerait
pourtant une chanson du *Canon des Poèmes*, qui envie
le carambolier, cet arbre bienheureux : dépourvu de
conscience, de maison, de famille. Oui, de famille, et
dans la Chine des Tcheou!
　　Une religion si active, si formaliste, si complexe,
donna naissance à des desservants, bientôt fonctionnaires, qui se spécialisaient et transmettaient à leurs
descendants les secrets et les privilèges de leur technique : telle famille excellait dans les cérémonies du
sacrifice *kiao*; telle autre n'avait point d'égale lorsqu'il
s'agissait d'aménager le sacrifice de la chasse. Des
assistants de tous ordres pullulèrent de bonne heure à
la cour des rois Tcheou, jaloux chacun de son office :
on y comptait maint augure, comme de juste, dont le
chef sut probablement se rendre héréditaire : c'est eux
qui perforaient l'écaille de tortue qu'on destinait à la
divination; c'est eux qui allumaient le feu où la soumettre; mais les seuls devins, les *tchan jen*, interprétaient les craquelures des écailles soumises à la
flamme que préparaient leurs collègues et rivaux. Ni

les augures ni les devins ne s'entendaient à interroger les 50 bâtonnets d'achillée sternutatoire (50 = 5 × 10), dont ils retenaient 49 (7 fois 7; or 7 est le nombre de la divination) pour en obtenir l'un des soixante-quatre hexagrammes magiques : il y fallait des spécialistes, les *che jen*. Vouliez-vous comprendre vos songes? L'oniromancien de rigueur vous attendait, le *tchan mong*.

En marge de la religion aristocratique, opéraient les sorcières, *wou*, et les sorciers, *hi*, en ceci d'abord singuliers qu'on les recrutait indifféremment dans la noblesse ou parmi les gens de peu. Médecins, médiums, charlatans ou vétérinaires, tantôt ils évoquaient tel esprit ou tel dieu, tantôt se laissaient posséder par l'esprit, et parlaient alors en son nom, ainsi que dans le culte vaudou. Tambours et flûtes favorisaient la transe. En quelque mépris que les tînt la religion officielle, ces chamans y participaient en leur qualité d'exorcistes. Quand le prince allait pleurer au domicile d'un défunt, des sorciers l'accompagnaient, chargés d'écarter devant lui les esprits malveillants, à coups de branches de pêcher et de balais de roseau; c'est que *t'ao* veut dire *pêcher*, mais qu'un autre caractère *t'ao* signifie *s'enfuir*; même jeu de mots sur *roseau (lie)* et *disperser (lie)*.

C'est pourquoi, vers le temps de Confucius, en – 544, considérant comme humiliants à l'excès les devoirs funèbres qu'il devait rendre au roi K'ang, le prince Siang de Lou se fit précéder de son sorcier : c'était agir en suzerain!

Un texte important de rituel Tcheou donne sur les sorciers la précision suivante : « Sans doute les pratiques de ces gens-là n'influencent pas le Ciel et ne lui arrachent pas ses secrets, mais les hommes ne peuvent s'en passer. Des lettrés novateurs ont voulu les supprimer. Ils ignoraient que ces choses ne sauraient être

interdites. Les anciens sages non seulement toléraient
les sorciers; ils les accueillaient volontiers et leur ont
donné un statut officiel : parce que ces gens-là connaissaient le peuple. Au prix de cette habile tolérance,
ils ont obtenu que la religion officielle restât pure, le
menu peuple ayant ses croyances. »

Le peu que nous savons des croyances populaires
confirme ce document : les petits sires, qui n'avaient
aucun lien cérémoniel avec les dieux de l'aristocratie,
ne communiquaient avec le sacré, un sacré abâtardi,
que lors des orgies saisonnières, et par le truchement
des sorciers ou « possédés ».

Bien que tout le monde vécût de la religion, la Chine
des Tcheou ne connut point la vraie cléricature : alors
que dans l'Inde brahmanique, dans l'Egypte des Pha-
raons et dans l'Europe médiévale, des clergés se
dressèrent devant le pouvoir civil, soit pour le dou-
bler, soit pour l'asservir, soit pour l'éliminer et constituer de puissantes théocraties, tout Chinois bien né
rassemblant en soi le double pouvoir civil et sacerdo-
tal, les desservants ou assistants n'obtinrent jamais
assez de crédit sur les esprits, assez de pouvoir sur les
corps, pour risquer le conflit qui ailleurs anima les
Eglises contre les Etats.

Une autre institution protégea les Chinois contre
l'empire des prêtres : cette caste des secrétaires, des
scribes, des lettrés. Une aristocratie comme la chinoise
soucieuse de culture ne pouvait pas ne pas donner aux
lettrés une importance que les classes dominantes
accordent plus volontiers aux docteurs des Eglises.
Nobles et fils de rois, que formaient chez nous les
Jésuites, écoutaient sous les Tcheou les leçons de ces
fonctionnaires si versés dans les rites, la morale,
l'histoire et la politique. Accédant au pouvoir, le fils de
noble tout naturellement choisissait pour conseiller
ou pour ministre un de ses maîtres. Or ces lettrés, qui

se donnaient à leur prince avec la loyauté d'un féal serviteur, n'étaient nullement ce qu'on essaie d'en faire dans la Chine contemporaine : des valets du seigneur, et les exécutants de ses plus basses œuvres.

Ces hommes que la structure de la société associait au pouvoir avaient si sérieusement réfléchi au politique que leurs principes contredisaient souvent l'appétit et la sottise des nobles. On cite souvent Kouang Tchong, qui aurait vécu sept siècles avant notre ère; né pauvre, mais intelligent et laborieux, il devint conseiller du duc de Ts'i, l'un des plus puissants féodaux de ce temps. Voulez-vous dominer la Chine? déclara Kouang Tchong à son prince : restituez à tous vos voisins toutes les terres que vous leur avez enlevées; au lieu d'ennemis, vous serez entouré d'amis et pourrez alors parler haut en haut lieu. De fait, en – 667, le duc Houan de Ts'i fut désigné comme Premier Noble. Et à qui fera-t-on croire que ces lettrés Tcheou flattaient servilement les goûts, les intérêts de la noblesse, quand nous les voyons souvent contredire le seigneur et affirmer qu'ils sont toujours disposés à mourir pour garder le droit de lui adresser semonces et remontrances, pour lui rappeler qu'un prince ne doit pas gouverner dans son intérêt propre ni dans celui des seuls privilégiés, mais pour le bien du petit peuple.

Comme l'écrit Herrlee Glessner Creel : « Confucius ne fut que le dernier, le plus fameux de ces grands hommes. C'est en partie parce qu'il apparaît à la fin du premier temps de cette tradition et parce qu'il la résume, qu'il en est devenu le représentant par excellence. [...] Il y a très peu de traits de la philosophie de Confucius qu'on ne puisse trouver dans les propos des hommes qui vécurent avant lui. »

CHAPITRE III

LE CONFUCIANISME
AVANT CONFUCIUS

Bien que les os gravés de la dynastie Chang nous aient livré un caractère signifiant et figurant le mot « livre », rien ne nous reste, hélas, de ce qui fut la littérature de cette Chine-là : le climat trop humide détruisit à Ngan-yang les tablettes de bambou.

A partir des Tcheou, en revanche, les documents ne manquent pas, qu'on peut appeler littéraires. Tout d'abord, les inscriptions des bronzes, longtemps négligées des sinologues, et dont Herrlee Glessner Creel pratiqua le déchiffrement. On n'a pas retrouvé le code pénal de l'Etat de Tcheng dont le *Tso Tchouan*, ou *Commentaire de Tso*, assure qu'on l'inscrivit en − 536 sur une série de vases; mais nous lisons quantité d'inscriptions qui nous livrent la copie conforme de documents datant de quelque trois mille ans : anecdotes édifiantes, fragments de cérémonial et de chroniques anciennes, sentences et discours moraux constituent un ensemble encore mal étudié, mais qui nous renseignera sûrement sur les idées politiques et morales au début des Tcheou.

Plus tard, apparaissent les premiers ouvrages proprement dits : on les répartit d'ordinaire en deux grandes familles, selon qu'ils proviennent de l'école des historiens, ou de celle des devins. Classification sans doute arbitraire, mais peu importe ici puisqu'il ne s'agit que de montrer à partir de quelles valeurs s'est constituée la pensée qu'on peut dire confucéenne.

Le *Canon de l'Histoire*, dont une bonne moitié, perdue sous la dynastie Han, ne nous est parvenue que sous forme de faux datant du troisième siècle de notre ère, se compose de texte pseudo-historiques où les scribes royaux réussirent à faire passer leurs théories.

Documents fictifs, pièces idéales de chancelleries, discours des rois, tout leur offrait prétexte à moraliser. Au chapitre *Kao-yao meou*, voici le portrait du parfait souverain : sens du gouvernement, droiture, docilité, fermeté, simplicité, courage, indulgence, diligence et condescendance. Celui-là seul qui rassemble ces neuf vertus obtiendra le mandat céleste (qui en possède six, saura régir une principauté; à moins de trois, nul ne pourra diriger sa famille).

Un autre chapitre du même ouvrage, le *Hong Fan*, ou *Grande Règle*, pourrait bien nous offrir un aperçu de la pensée chinoise selon les scribes. On a fait grand cas, chez nous, des « correspondances ». Depuis le sonnet de Baudelaire et la poésie symboliste, c'est à qui en mésusera, en abusera. Dérisoires correspondances que les nôtres, si nous les comparons à celles de la *Grande Règle* : correspondances et interactions y unissent indissolublement l'homme à la nature, et le physique au moral.

A chacun des cinq éléments (l'eau, le feu, le bois, le métal, la terre) correspond une activité céleste (la pluie, le soleil, le chaud, le froid, le vent), une activité humaine (le geste, la parole, la vue, l'ouïe, la volonté ou la pensée), à quoi correspondent encore la gravité, le bon ordre, le discernement, la prudence ou la bonne entente, la sainteté. A partir de ces correspondances fondamentales, philosophes et ritualistes ont élaboré un système détaillé qui met en rapport les orients, les couleurs, les saveurs, les odeurs, les aliments végétaux, les animaux domestiques, les souverains, les notes de la gamme, les nombres, les animaux, etc., jusqu'aux viscères. C'est ainsi qu'au feu correspondent le Sud, le rouge, l'amer, le brûlé, le blé, le mouton, l'Empereur Fou hi, la note *kio*, le 8, les animaux à écaille, et la rate. A l'eau correspondent le Nord, le noir, le salé, l'odeur de pourriture, le millet, le porc, Tchouan-hiu, la note *yu*, le chiffre 6, les animaux à carapace, les reins; etc. Les viscères eux-mêmes correspondent aux ouvertures du corps humain : « On ne nomme guère les Ouvertures, écrit Marcel Granet, sans dire les 7 Ouvertures. Ce sont les 7 orifices de la face : les deux yeux, les deux oreilles, les deux narines, la bouche. On parle plus rarement des deux ouvertures basses qui sont *yin* (c'est-à-dire femelles). Si on les considère toutes les 9, il paraît aisé, en principe, de les distribuer entre les 5 viscères. Les yeux, les oreilles, les narines, les orifices *yin*, qui vont par paires, comptent pour quatre et la bouche fait 5.

« On adjugera sans difficulté les ouvertures basses aux Reins, viscère double, et, de même, les Narines aux Poumons. Les Yeux, sans trop de peine encore, iront avec le Foie, à qui le Fiel peut servir de viscère annexe. Restent la Rate et le Cœur », etc. On voit le principe, et ses fins. Physiologie et psychologie sont intimement solidaires; l'homme constitue un microcosme où se réfléchissent toutes les structures du macrocosme. « Qui connaît l'Homme connaît le Monde et la structure de l'Univers comme son histoire. Nul besoin de constituer, à grand-peine, des sciences spéciales. Le Savoir est un. » (Granet.)

On apprend encore dans la *Grande Règle* que les huit moyens de gouvernement : l'agriculture, l'artisanat, les sacrifices, les travaux publics, l'instruction, la justice, la diplomatie et l'armée, assurent concurrem-

ment l'ordre commun du microcosme et celui du
macrocosme, heureusement pourvu, celui-ci, de cinq
régulateurs, l'année, le mois, le jour, les planètes et le
calendrier; que le souverain gouverne par les trois
vertus, concentre en soi et dispense au peuple les cinq
bonheurs : longévité, richesse, santé, vertu, bonne fin;
et que, si le prince ne sait comment agir, il doit
consulter d'abord son cœur, puis ses conseillers, puis
le peuple, et en dernière instance les devins, lesquels
interrogeront la tortue et l'achillée.

En même temps que les scribes royaux constituaient
ainsi les rudiments de l'histoire, et l'assortissaient de
réflexions morales ou pseudo-philosophiques, le collège des spécialistes de l'achillée sternutatoire rédigeait un manuel de divination, le *Canon des Mutations*;
le texte qui nous est parvenu se compose d'une partie
fondamentale, qu'on attribue légendairement au premier roi Tcheou, et de plusieurs appendices qu'on
appelle en chinois les « dix ailes ». Ouvrage impéné-
trable, fût-ce dans la meilleure traduction qui existe
aujourd'hui, celle de Legge, et dont voici un bref
échantillon, retraduit d'anglais en français : « La ligne
supérieure, non divisée, montre le sujet solitaire parmi
la désunion (dominante). (Dans le sujet de la troisième
ligne il semble) qu'on voie un cochon portant sur son
dos un chargement de boue; on imagine qu'il y a une
voiture pleine de revenants. Il bande d'abord son arc
contre lui, et ensuite le détend car il reconnaît qu'il
n'est pas un assaillant à combattre, mais un proche
parent. Allant en avant, il rencontrera la pluie (favorable) et il aura de la chance. » Les lignes dont il s'agit
sont celles que forment les bâtons d'achillée disposés
en hexagrammes dont voici les deux premiers :

A partir de ces deux hexagrammes, l'un composé de six lignes pleines, l'autre de six lignes brisées, on distribuait par couples les soixante-deux autres combinaisons, chacun des hexagrammes d'un couple n'étant que l'autre retourné; comme ceci :

Chacun de ces hexagrammes s'analyse en deux trigrammes. Voici le trigramme du *ciel* ═══ ; celui du *soleil* ═══ ; celui de la *terre* ═ ═ ; celui de *l'eau courante* ═ ═ ; supposez que je tire d'abord le trigramme *terre*; puis le trigramme *ciel*; la mutation de *terre* à *ciel* est faste, évidemment. Qu'au rebours je tire d'abord *ciel*, puis *terre*, la mutation est néfaste. Nous connaissons le résultat de plusieurs consultations : vers – 700, le marquis Li de Tch'en interrogea l'achillée sur l'avenir d'un jeune prince. L'annaliste tira deux hexagrammes, dont le trigramme inférieur était le même. Le trigramme supérieur du premier hexagramme signifiait *soleil*; celui du second, *ciel*. Le *ciel* l'emportant sur le *soleil*, pronostic faste : il s'avéra. En – 597, on consulte l'achillée au sujet d'une campagne : deux trigrammes supérieurs identiques; mais le trigramme inférieur du premier signifiait *fleuve*; celui du second, *marécage*. Pronostic néfaste : de fleuve en marécage, il y a déchéance : point de campagne.

Quant à pousser plus avant dans le *Canon des*

Mutations! Pour Maspero, les hexagrammes ne *symbo-
lisent* nullement les choses; ils *sont* les choses mêmes.
Pour Marcel Granet, chaque ligne, brisée ou continue,
« n'est que le symbole [...] du Pair ou de l'Impair ».
Quant à comprendre la formule même qui définit les
mutations! Legge la traduit : « Production et repro-
duction, voilà ce qu'on appelle (le processus du changement) »; chez Granet, les mêmes mots chinois signifient : « des productions alternantes, voilà ce que sont
les mutations ». Pour moi, je l'avoue, je n'ai jamais rien
compris et jamais ne comprendrai rien aux *Mutations*,
ni non plus aux commentaires dont on obscurcit ces
énigmes. Un peu plus stimulants les appendices. Le
plus ancien serait le *Hi ts'eu*, qui daterait (en fait, on
n'en sait rien) du – Vᵉ siècle; et dans lequel, pour la
première fois, apparaissent avec leur sens philosophique les mots *yin* et *yang*, qui désignent originairement
l'*ubac* et l'*adret* des vallées de montagnes : *yi yin yi yang
tche wei tao*, « un temps de yin un temps de yang, c'est
là le tao » : le *tao* serait donc le régulateur de l'alternance *yin-yang* (femelle-mâle, froid-chaud). Cela, c'est
l'interprétation de Marcel Granet. Pour Maspero, le
yin et le *yang* seraient plutôt des substances; pour
M. de Saussure, astronome, des « principes » localisés
au ciel. Pour M. Brangues, catholique de tendance
dominicaine, des « représentations » métaphysiques
du contraste pair-impair, droit-courbe, mâle-femelle,
jour-nuit; d'autres textes, peu discutables, assimilent
au coït le : *yin + yang = tao*. L'admirable est que, de
ces énigmes divinatoires et de ces obscurités métaphysiques, les rédacteurs du *Canon des Mutations* aient su
tirer, eux aussi, des principes de gouvernement. Rien
là qui nous surprenne, puisque la *Grande Règle* nous
enseigne que le Prince qui ne sait quel parti choisir et
que n'éclairent ni son cœur, ni ses conseillers, ni son
peuple, doit s'en remettre aux devins. Du fait que le roi

demande ce genre de secours, il avoue ne posséder
plus, dans sa plénitude, le fameux mandat céleste : il
n'est plus le *ta jen*, le grand homme, le saint. Mais, du
fait qu'il recourt à l'achillée, il prouve sa bonne
volonté, et peut acquérir une part au moins, l'indispen-
sable, de la vertu qui lui manque; sans prétendre au
titre de *ta jen*, il mérite encore celui de *kiun tseu*,
d'homme de qualité (si l'on attribue à ce mot le double
sens qu'il peut avoir en français : homme bien né, et
doué de belles qualités). Mais le gouvernement du
Saint l'emporte de beaucoup sur celui d'un homme de
qualité. On lit en effet aux *Mutations* : « les changements accomplis par le Saint, rayures de tigre : sans
même qu'on interroge les devins, on a confiance. Les
changements accomplis par l'homme de qualité, pom-
melures de léopard ». Pour mériter le titre d'homme
de qualité, il suffit au prince de respecter les rites et la
tradition, de cultiver son efficace pour la diffuser sur
le monde, de surveiller son cœur et de corriger ses
défauts, de sacrifier sa vie à son œuvre et de renoncer
sans regret au pouvoir.

Outre les travaux de l'école des scribes et ceux de
l'école des devins, la littérature chinoise, sous les
Tcheou, comprenait le *Canon des Poèmes*. De tous les
textes littéraires antérieurs à Confucius, c'est le seul
que j'aie lu avec agrément, soit dans l'original, soit
dans l'ingénieuse traduction, souvent frappante, qu'en
essaya Marcel Granet. Une bonne part de ces poèmes,
qu'on soutenait de musique, accompagnaient quelque
cérémonie. Plus libre en sa forme que les trois autres
parties, la section intitulée *Kouo Fong* représente les
vestiges d'une poésie authentiquement populaire.
Naïfs ou raffinés, lyriques ou moralisateurs, ces chants
nous renseignent sur les mœurs, les sentiments des
humbles et des grands; qui veut fréquenter les Chinois
du temps de Confucius, qu'il lise donc le *Che King*.

Truffés d'interpolations tardives, trois rituels nous sont parvenus, le *Tcheou Li*, ou *Rituel des Tcheou* (document administratif, celui-ci, plutôt que rituel au sens strict), le *Li Ki*, ou *Mémoires sur les Rites*, le *Yi Li*, *Etiquette et Rituel*. Etant donné le rôle que les confucéens accorderont aux rites, et que le texte actuel de ces volumes nous renseigne du moins sur l'idée que se formaient des rites la secte des « lettrés » qui, sous les Han, remania ces vieux ouvrages, on ne saurait les négliger. Ajoutons enfin le *Tch'ouen Ts'ieou*, la chronique des *Printemps et des Automnes*, annales du pays de Lou : Confucius étant natif de cette principauté, et ces annales nous renseignant sur la période de – 722 à – 481, elles nous importent.

Voilà les principaux ouvrages que, vers le temps de Confucius, lisait et méditait un homme cultivé. Quelques idées métaphysiques, vagues encore, valorisaient le mouvement des astres, l'alternance des saisons, et la différence des sexes. Qu'elle fût d'origine historique, ou magicienne, l'essentiel de la réflexion s'appliquait à situer l'homme dans la nature, à définir le bon gouvernement.

Par un curieux effet de l'influence dont bénéficia Confucius, sans doute aussi parce que le Maître affirmait n'avoir pas inventé sa doctrine, mais l'avoir tout entière cueillie dans la tradition, l'orthodoxie prétendit que Confucius compila, ou arrangea, une bonne part de la littérature dont je viens de parler. En fait, nous ne savons même pas ce qu'il en avait lu. Connaissait-il beaucoup de livres ? et quels ? Habile qui répondrait à bon escient, alors que nous découvrons peu à peu que tel ouvrage n'existait pas encore de son temps, que la tradition attribue néanmoins à la plus haute antiquité. On pense, ou du moins on présume, ou du moins on aime à croire et à dire, qu'il savait par cœur les cantiques et les chansons du *Canon des*

Poèmes; on assure qu'il en faisait grand cas : un seul mot (une citation) les résumerait tous : *Seu wou sie*, c'est-à-dire : « avoir des intentions droites » (*Canon des Poèmes*, IV, 32). Il aurait eu aussi quelque connaissance de plusieurs textes historiques. Qu'il s'intéressât aux bonnes manières et au rituel, on s'en doute; mais quels rituels pratiquait-il? A juger selon les *Entretiens familiers*, il se réclamait surtout du *Canon des Poèmes*; pratiquez-le, mes enfants, disait-il volontiers; « cela vous donnera d'excellents sujets de conversation ». Quant au *Canon de l'Histoire*, il ne le cite qu'une fois aux *Entretiens*, et encore, en forçant pour sa cause le sens du « document » auquel il prétend se référer!

Bien plus que les livres, Confucius déchiffrait le monde. Les temps qu'il a vécus, ceux dont il entendit parler, voilà ce qui l'instruisit sur les hommes et sur les dieux.

CHAPITRE IV

LA CHINE AU TEMPS
DE CONFUCIUS

C'est merveille aujourd'hui de considérer comme
nous justifions par la race, le milieu, la classe, le ciel
natal ou les générations, le style d'un poète, les rouges
d'un peintre, les dissonances d'un musicien. D'après
les ouvrages sérieux, ceux d'histoire littéraire, d'astrologie et de caractérologie, selon que vous naissez en
1899 ou vers 1910, vous voilà comme désigné, voire
déterminé, au romantisme de tendance surréaliste ou
plutôt à celui de couleur existentielle. En notre siècle
et en Europe occidentale, vous naissez fatalement afin
de mépriser la raison et la sagesse, c'est-à-dire la
volupté.

Pour décortiquer Confucius avec la même précision,
il nous importerait de connaître, sinon le lieu, le jour
et la minute de sa naissance (ce qui nous permettrait
de calculer les influences planétaires), du moins l'année qui le vit naître (moyennant quoi, nous le verrions
« en situation » dans telle ou telle conjoncture historique); mais Henri Maspero considère, et non sans
bonnes raisons, que les dates du philosophe « ne sont
pas plus sûres que celles des autres écrivains anciens;
tout ce que nous pouvons dire est qu'il a vécu dans la
seconde moitié du IVᵉ siècle et la première du Vᵉ, sans
préciser davantage : il n'y aurait, autant qu'il me
semble, aucune difficulté insurmontable à faire des-

cendre les dates traditionnelles d'un quart de siècle
environ ». Il ne saurait donc s'agir de le situer par
rapport à sa « génération ». Tout au plus imaginons-le
dans la Chine pour lui moderne et contemporaine. Par
chance, la chronique officielle de l'Etat de Lou, celle
des *Printemps et des Automnes*, nous renseigne sur les
deux siècles environ qui séparent de la naissance de
Confucius l'effondrement des Tcheou occidentaux; à
quoi s'ajoutent les renseignements que nous pouvons
tirer du *Tchou Chou ki-nien*, des *Annales sur Bambou*,
chronique de l'Etat de Wei, laquelle fut rédigée vers le
troisième siècle avant notre comput.

D'après la tradition chinoise, cinq Premiers Nobles,
que certains sinologues appellent les cinq Hégémons,
auraient suppléé les rois Tcheou entre – 685 et – 591;
Houan de Ts'i (de – 685 à – 641); Mou de Ts'in (de – 659
à – 621); Siang de Song (de – 650 à – 637); Wen de Tsin
(de – 636 à – 626) et Tch'ouang de Tch'ou (de – 613 à
– 591). Mais les historiens prudents soupçonnent là
une application à l'histoire officielle de la théorie des
cinq éléments, autrement dit : l'extension à la chronologie de ces correspondances que suggère la *Grande
Règle*, et que déjà nous connaissons.

Si l'on veut se former une image de ce qui advint
alors, évoquons plutôt la France du Xᵉ siècle : un
pouvoir royal tombé en faiblesse et dans le ridicule; le
pays morcelé en seigneuries qui ne cessent de guer-
royer; les plus forts ou les plus habiles regroupant peu
à peu sous leur suzeraineté un certain nombre de
petits fiefs et reconstituant de grandes baronnies, d'où
bientôt sortira l'idée d'un « premier noble », et l'élec-
tion de Hugues Capet.

Le détail des conflits armés, des négociations et des
intrigues de palais qui durant ces deux siècles environ
s'enchevêtrent serait aussi fastidieux, et aussi peu
éclairant, qu'un annuaire de téléphone. Je résumerai

donc fortement, pour dégager l'essentiel : le climat politique et moral.

En − 771, les Tcheou occidentaux subirent une attaque imprévue des barbares qui s'agitaient à leurs marches de l'ouest. Ravagée leur ville capitale, ils émigrèrent vers Lo-yang, dans la province qu'on appelle aujourd'hui le Ho-Nan. De − 771 à − 550, et malgré quelques sursauts, cette Chine que les premiers Tcheou avaient réussi à constituer en puissance hiérarchisée s'achemina vers le désordre, puis le chaos, l'impuissance. Jusque dans les dernières années du VIIIᵉ siècle, les Tcheou de Lo-yang parvinrent à maintenir une apparence de pouvoir; vers − 710, ils réussirent encore à imposer leur loi au Tsin, d'où un cadet usurpateur avait chassé le prince légitime; mais ils subissaient déjà la loi des comtes de Tcheng, lesquels, de père en fils, se réservaient la fonction de Premier ministre, maires chinois du palais auprès de souverains quasiment fainéants. Lorsque le prince Houan, petit-fils du roi P'ing, monta en − 720 sur le trône des Tcheou, il prétendit s'émanciper et choisit à cette fin le duc de Kouo pour ministre. Mal lui en prit : le comte de Tcheng en profita pour conquérir les petites principautés disséminées dans la plaine, au coude du fleuve Jaune. Pressentant le péril, le roi Houan essaya de dompter ce vassal trop puissant : à la tête d'une coalition, il attaqua le Tcheng; mais ses alliés se débandèrent, le laissant seul avec les troupes royales. Blessé, vaincu, il dut se replier. Cette fois, c'en est fait du pouvoir réel des Tcheou orientaux.

Sans doute, sur le cours moyen du fleuve, les principautés de Wei, de Song et de Tcheng, voisines du domaine royal, en subissaient encore le prestige ou la suzeraineté; mais aux marches de ce qui avait été un empire unifié, des barons ambitieux absorbaient l'une après l'autre les seigneuries souvent exiguës des petits nobles, rassemblant ainsi et organisant des Etats bien supérieurs au domaine royal en étendue, en hommes et en ressources : Tsin vers le nord; Ts'i au nord-ouest; Ts'in à l'ouest; Tch'ou au sud.

Avec ce mélange de sauvagerie et de ruse, de raffinements et de cruautés qu'on retrouve dans les cours de la Renaissance italienne, chacune de ces grandes principautés lutta pour établir son hégémonie sur tous les autres Etats d'importance qui formaient la Chine à l'époque des *Printemps et des Automnes* : Wei, Lou, Ts'ai, Tch'en, Wou, Yue, Tch'ou, Song, Ts'ao, Ts'i, Yen, Tsin, Tcheng et Ts'in.

Durant la première moitié du − VIᵉ siècle, l'hégémonie appartint à la principauté de Ts'i, qui organisa une ligue à sa dévotion. En − 651, la puissance du Ts'i incita le duc Houan à éliminer le roi Tcheng des Tcheou. Moins âgé, peut-être eût-il assouvi cette ambition; il mourut un peu trop tôt, riche de dix fils, dont six de six favorites. La succession se disputa si férocement que le cadavre de l'hégémon demeura sur un lit durant deux mois la proie des vers, tandis que sans merci se déchiraient les prétendants et leurs clients. Une négligence aussi calamiteuse des devoirs funèbres témoignait d'une crise morale pour un Chinois à peu près effrayante. Ce fut d'ailleurs la fin du Ts'i.

Le Song essaya de relayer l'hégémon défaillant, mais aucun des Etats situés au centre de la Chine ne disposait d'une supériorité matérielle qui lui permît de s'asservir les autres. Afin de réaliser son projet, le Song fit donc appel au duc Wen de Tsin, alors chargé de prestige car il venait de rétablir sur son trône le roi Siang des Tcheou, victime d'un frère indocile. En − 634, Wen de Tsin promit en effet son appui au duc de Song; il eut bientôt l'occasion de le lui accorder, puisque le roi de Tch'ou, en − 632, essaya de surprendre le Song. Vaincu, le roi de Tch'ou se suicida; tous

ses alliés s'égaillèrent. Le roi Siang des Tcheou se
déplaça en personne pour féliciter le duc Wen de Tsin,
et lui offrir la charge de Comte des Princes : *Heou po*.
Wen accepta, frustrant le Song. Durant un siècle
environ, non sans guerres épuisantes, et non sans
luttes intestines, ses descendants réussirent à conserver l'hégémonie. Mais le Tch'ou demeurait une puissance avec qui compter. Au début du – VIe siècle, Tsin
et Tch'ou représentaient des forces à peu près
équivalentes et se tenaient en mutuel respect. C'est
alors qu'un ancien ministre de Tch'ou, Wou Tch'eng,
qui s'était réfugié au Tsin après avoir enlevé dans son
pays une femme célèbre pour sa beauté, Hia Ki,
suggéra au duc King de Tsin de s'allier contre le
Tch'ou avec les Barbares qui peuplaient le cours
inférieur du Fleuve Bleu. Il négocia lui-même le traité,
enseigna l'école du soldat aux Barbares de Keou-Wou,
leur fournit des chars de guerre, et leur enseigna la
manœuvre des grandes unités. Profitant d'un moment
où le roi de Tch'ou se lançait contre le Tcheng, et
tandis que l'armée de Tsin se portait généreusement
au secours de la victime, les Barbares de Keou-Wou se
révoltèrent contre leur suzerain et le prirent à revers.
Contraint de lutter sur deux fronts, ce qui lui imposait
marches et contre-marches, le Tch'ou dut bientôt
signer la paix avec le Tsin (– 582). Cette trêve de huit
ans fut la plus longue paraît-il dont ait joui la Chine
d'alors. Le Ts'in essaya bien de contester cette nouvelle hégémonie; finalement, il dut la reconnaître, en
– 578. Deux ans plus tard, le roi Kong de Tch'ou se
lassa de la paix. A ceux de ses conseillers qui lui
rappelaient la parole donnée et le traité signé : « Si
nous pouvons l'emporter sur l'ennemi, répliqua-t-il,
faisons campagne; quelle importance ont les traités? »
Un combat indécis se livra en – 575 à Yen-ling. Par une
étonnante méprise, le Tsin resta maître du champ de

bataille mais incapable d'exploiter la retraite du roi de
Tch'ou, laquelle aussi bien résultait d'un malentendu :
chef des armées de Tch'ou, le prince Tsö avait tant bu
au soir de la bataille qu'ivre mort il ne put se rendre à
l'audience du roi, qui le crut vaincu, tué peut-être; Tsö
ne mourut pourtant qu'un peu plus tard, et de sa
propre main, pour se châtier de sa faute. En l'absence
du duc Li de Tsin, occupé à Yen-ling, plusieurs grandes familles – les K'i, les Louan et les Tchong-han –
fomentèrent une révolution de palais. La victoire et le
retour de Li leur dérobèrent leurs espérances. En
– 573, Li massacra toute la famille K'i. Pourquoi fit-il
grâce aux Louan et aux Tchong-han? Ceux-ci ne le
ratèrent point; ils le mirent en prison, pour l'y aider à
mourir, ce qui ne prit que quelques jours. Dès lors, les
princes de Tsin ne gardèrent une fictive hégémonie
qu'en dressant les uns contre les autres les plus
turbulents ou les plus forts de leurs vassaux. Belle
occasion pour le roi de Tch'ou, qui se piqua de
reprendre le dessus, ou du moins de recouvrer l'égalité. Une conférence de douze ministres se réunit à
Pouo, capitale du Song, en – 546 : le Tsin et le Tch'ou y
signèrent un compromis, qu'on reconduisit en – 541.

Trois ans plus tard, le roi Ling de Tch'ou, qui venait
d'obtenir le trône en étranglant un de ses parents que
désarmait la maladie, et dont censément il prenait
quelques nouvelles, signifia au Tsin qu'il avait organisé
une ligue rivale. Comme un peu plus tôt Houan de
Ts'i, il songeait à chasser du trône le roi Tcheou. Les
scrupules religieux ne le tourmentaient guère, lui non
plus : un jour que l'écaille de tortue refusait de lui
promettre l'Empire, il avait blasphémé le Seigneur
d'en Haut, brisé l'écaille récalcitrante, et proclamé
qu'il saurait bien prendre tout seul cette petite chose
que lui contestait le devin : le mandat céleste. Las

toutefois des expériences, et peut-être inquiets du
mécontentement populaire, plusieurs grands, dont
deux frères du roi, Pi et Ki-ts'i, complotèrent contre
Ling, égorgèrent le prince héritier. Ce qu'apprenant,
l'armée de Ling se débanda. Traqué par les sbires de
l'usurpateur, Ling finit par se suicider dans la maison
d'un de ses anciens fonctionnaires qui l'hébergeait, et
qui, pour honorer son maître, égorgea de sa main ses
deux filles afin de les enterrer, en – 529, avec le
souverain proscrit. Entre-temps, et comme dans une
tragédie de Racine, Ki-ts'i annonça fallacieusement le
retour de Ling. Eperdu de peur, Pi se suicida, et Ki-ts'i
se nomma roi, pour faire la paix avec le Tsin. L'accord
fut bref; les dissensions reprirent de plus belle. Les
anciens Barbares du Fleuve Bleu, qu'on avait instruits
dans l'art de la vraie guerre, et sur qui régnait désormais un roi fier, tinrent à Tsin la dragée haute.
Nominalement, le prince de Tsin présidait toujours la
ligue; seul la gouvernait le nouveau roi de Wou, celui
de ces anciens Barbares. Nous sommes en – 482. Le
Wou n'a pas plus tôt conquis cette position exaltée que
l'Etat de Yue, qui jadis avait eu à se plaindre du Wou,
ravagea la capitale de ce royaume, enleva le prince
héritier. Lorsque la nouvelle en parvint au roi Fou
Tch'ai de Wou, il fit décapiter les sept hommes qui
avaient assisté à l'entretien : nul ainsi ne saurait
combien précaire était sa situation. Il ne put néanmoins la rétablir. L'Etat de Yue, quant à lui, voyait trop
grand pour ses moyens; il ne put unifier la Chine. Une
époque particulièrement cruelle et confuse allait
s'ouvrir, celle des Royaumes qu'on dit Combattants
(– 403 à – 221), et dont le nom n'exprime que trop bien
le caractère.

Guerres sur guerres, meurtres sur assassinats, suicides sur enlèvements, pillages sur massacres, révolu-

tions de palais sur intrigues de pavillon rouge[1], voilà
Les Printemps et les Automnes, la décadence des
Tcheou : « Jamais en aucun temps on ne vit tant
de meurtres », écrit le sinologue allemand Richard
Wilhelm, qui sans doute exagère (nous eûmes depuis
beaucoup mieux).

Ils ont bonne mine à parler de chevalerie ceux qui
reconstituent ces siècles-là d'après les règles en effet
chevaleresques des plus anciens traités chinois d'art
militaire, comme le *Sun-tseu P'ing-fa* (l'*Art de la guerre*
selon *Sun-tseu*). Il a bonne mine, René Grousset, qui
raconte avec enthousiasme une de ces expéditions,
conduite par « l'arme noble » entre toutes, la charre-
rie. Que c'est noble à voir, un beau quadrige avec ses
deux timoniers et ses deux chevaux en ailes! Et mille
quadriges qui s'entre-heurtent dans le hennissement
des chevaux déchirés, le tintinnabulement des clochet-
tes de mors, quelle musique plus délicieuse? Qu'il est
droit sur son char, l'aurige! Plus martial encore, le
lancier! Plus séduisant, s'il se peut, l'archer! Cuirasses,
brassards et genouillères en peau de bœuf vernissée,
boucliers aux tons vifs, harpons des lances, ivoires des
arcs, ah! le beau défilé! Nul doute que certains nobles
au combat aient respecté les usages et les rites de
l'honneur militaire : le *Commentaire de Tso* en rapporte plusieurs exemples. A la cour, en revanche, au
milieu des pièges que se tendent les grands, les
concubines et les eunuques, nul honneur, nul sentiment filial, nulle pitié, nulle piété : la fourberie ren-
chérit sur la ruse; sur le meurtre, l'assassinat.

Cependant que, bafouant quotidiennement l'idéal
ancien de sa classe, les valeurs morales et religieuses

---

1. On peut lire désormais, dans la Pléiade, en deux tomes, *Le Rêve
dans le Pavillon rouge*, l'un des très grands romans chinois.

des Tcheou, la noblesse occupait ainsi sa décadence, le peuple chinois, lui, subissait, souffrait et mourait. Comme il regrettait le bon vieux temps où les seigneurs se contentaient de coucher les récoltes en chassant pour le plaisir, et de prélever comme impôt le revenu des *champs publics*! Depuis que le Fils du Ciel ne maintient plus ses vassaux dans l'ordre et l'obéissance, ce ne sont que corvées épuisantes, et dont pâtit l'agriculture : toutes ces fortifications à édifier! et ces impôts qui s'alourdissent à mesure que, plus négligée, la terre donne moins de fruits! et ces réquisitions, pour le ravitaillement des troupes, des chevaux! Certains sinologues s'aventurent à supposer que la décomposition de l'empire Tcheou avait « aboli toutes les anciennes distinctions de classes ». Que tel prince ait perdu son trône, tel grand officier son office; sorti de peu, ou de rien, que tel usurpateur ait évincé un souverain certes celui-là « légitime » puisqu'il régnait depuis deux ans après avoir expédié les six personnes qui le séparaient du trône, cela ne prouve nullement que la paysannerie dans son ensemble ait accédé à la propriété, aux privilèges du savoir et de la beauté, aux cérémonies religieuses de l'aristocratie. Par une année de pluie et de paix relative, le laboureur survit dans le dénuement; que boude la mousson ou que sévisse la guerre, il se couche dans le fossé pour y mourir de faim.

Tel à peu près le monde où vécut notre Confucius.

DEUXIÈME PARTIE

La gestion

Je transmets, je n'invente pas.

Confucius.

PREMIER ÉTAT
DU MYTHE CONFUCÉEN : LA VIE

Au tome cinquième de la traduction qu'il nous laissa du *Che Ki*, ou *Mémoires d'un historien*, par Sseu-ma Ts'ien, Edouard Chavannes en donne le chapitre quarante-sept, *K'ong-tseu*, première biographie de ce K'ong-tseu que nous appelons Confucius. L'historien ayant vécu de – 145 à – 85, et sous la dynastie des Han, qui instaura une première forme d'orthodoxie confucéenne, voilà deux raisons de lire son texte avec circonspection. Quand on sait à quelles erreurs, à quelles monstrueuses légendes donne prétexte, en 1950, la vie de ce Rimbaud qui mourut en 1891 et dans un siècle qui se targue de scrupules historicistes, comment s'étonner si celui qui écrit trois cents ans après Confucius ne nous transmet qu'une fable ? Comme cette hagiographie a gouverné la Chine entière, et qu'en plein XXᵉ siècle M. Lin Yu-tang, pourtant formé aux disciplines occidentales, la reproduit telle quelle dans son ouvrage sur la *Sagesse de Confucius*, c'est elle d'abord qu'il faut déchiffrer pour comprendre l'idée que les Chinois lettrés se faisaient de leur Maître. Je résumerai donc Sseu-ma Ts'ien, respectant jusqu'à ses redites, ou ses erreurs.

K'ong-tseu naquit à Tseou, ville de l'Etat de Lou. Par son père Chou-leang Ho, il descendait d'un prince de

Song, lequel s'apparentait aux empereurs de la dynastie Chang. A l'âge de soixante-quatre ans, Chou-leang Ho se maria contre les règles[1] avec une fille de la maison Yen; celle-ci s'en fut prier sur la colline Ni, et l'année vingt-deuxième du duc Siang, c'est-à-dire en − 551, mit au monde K'ong-tseu : « A sa naissance, le sommet de son crâne se relevait sur les bords; c'est pourquoi on tira de là son nom personnel, qui fut K'ieou; son appellation fut Tchong-ni; son nom de famille était K'ong. »

Tout enfant, K'ong-tseu jouait à disposer des vases comme en vue des sacrifices; il se passionnait pour les formes du rituel. Orphelin de bonne heure, il commit pourtant un impair, et se rendit avec sa ceinture de deuil à certain banquet qu'offrait le chef de la famille Ki : on le renvoya.

Il n'avait que dix-sept ans lorsque, sentant sa fin prochaine, un grand officier de Lou, Mong Hi-tseu, le désigna comme maître à son fils Mong Yi-tseu.

Homme fait, K'ong-tseu, qui, malgré sa naissance illustre, était pauvre, entra comme scribe dans la famille Ki. On le chargea de l'intendance : dès lors, les comptes furent exacts. On le chargea du bétail : dès lors, le cheptel prospéra.

En ce temps-là, K'ong-tseu atteignait la taille de neuf pieds six pouces. Les hommes l'en admiraient, et l'appelaient « le géant ».

Le prince de Lou lui donna un char, deux chevaux et un serviteur pour se rendre à Lo-yang, capitale des Tcheou, afin d'y approfondir sa connaissance des rites. Ce serait au cours de ce voyage qu'il rencontra Lao-tseu (l'auteur du *Tao-Tö King*) et qu'il fut rabroué par le vieux philosophe, lequel se moqua de l'intelligence,

---

1. Pour Lin Yu-tang, l'expression chinoise « union sauvage » ne peut signifier que « liaison illégitime ».

de la piété filiale et du loyalisme, si chers tous trois à son rival!

Rentré dans l'Etat de Lou, K'ong-tseu y forma de très nombreux disciples. Son crédit se manifesta en plusieurs circonstances. Il avait tout juste trente ans, lorsque le duc King de Ts'in, qui visitait Lou, l'interrogea sur la politique : « Il faut, dit K'ong-tseu, gouverner selon la droiture et la justice. » Si le duc King fut satisfait! Comme aussi le jour où le Maître lui répondit que, dans un bon gouvernement, « le prince agit en prince, le ministre en ministre, le père en père et le fils en fils! ».

K'ong-tseu avait plus de quarante ans; l'anarchie corrompait l'Etat de Lou : grands officiers ou fonctionnaires subalternes, c'était à qui s'éloignerait de la voie droite. Refusant toute charge publique, K'ong-tseu se consacra au travail littéraire : il arrangea le *Canon des Poèmes*, ainsi que le *Canon de l'Histoire*, les rites et la musique.

En – 501, Kong-chang Pou-nieou, qui se révoltait contre la famille Ki, invita K'ong-tseu à venir le conseiller. Un disciple nommé Tseu-lou voulut dissuader K'ong-tseu de servir un hors-la-loi; mais le Maître lui répliqua : « Qui m'appelle à soi, il a sûrement ses raisons. S'il emploie mes services, ne suis-je pas en mesure de faire de lui un Tcheou oriental? » (c'est-à-dire de fonder une dynastie capable de remplacer les incapables de Lo-yang). A la fin, pourtant, K'ong-tseu se ravisa.

L'année suivante, le Lou signa la paix avec le Ts'i. Ce fut l'entrevue de Kia-kou, au cours de laquelle K'ong-tseu déjoua l'attentat par lequel le prince de Ts'i comptait se débarrasser du duc de Lou. Pour expier la tentation qu'il avait eue de commettre ce forfait, le duc de Ts'i rendit au Lou trois places qu'il lui avait prises.

Quand il eut cinquante-six ans, K'ong-tseu fut nommé conseiller du prince. Il mit à mort Mao, grand officier qui causait du trouble dans le gouvernement. Trois mois plus tard, les bouchers vendaient la viande au juste prix, les hommes et les femmes cheminaient sur le côté de la route qui leur revenait rituellement; les étrangers se voyaient traités comme chez eux. Du coup, inquiétude dans la principauté de Ts'i : gouverné par un homme aussi éminent, le Lou allait obtenir et exercer l'hégémonie! On choisit donc quatre-vingts des plus belles filles de Ts'i et trente quadriges de chevaux, qu'on expédia au prince de Lou. Sensible à ces blandices, celui-ci, durant trois jours, négligea le gouvernement; de surcroît, lors du sacrifice *kiao*, il oublia d'en distribuer la viande à ses grands officiers. C'en était trop pour K'ong-tseu, qui résigna ses fonctions et quitta Lou.

De – 496 à – 492, il vécut en exil. Chez le duc Ling de Wei, d'abord, qui lui offrit soixante mille boisseaux de riz, autant que Maître K'ong en recevait du prince de Lou. Mais on le calomnia. Il dut partir.

Il passa dans le Tch'en; on le prit pour un certain Yang Hou qui jadis avait molesté les gens du pays. Emprisonné, il obtint son élargissement, et regagna le Wei. Pour dépravée que fût la princesse Nan-tseu, l'une des femmes du souverain (le duc Ling), K'ong-tseu lui rendit la visite qu'elle sollicitait; à son heureuse surprise, elle le reçut derrière une tenture, selon les rites. Mais comme un peu plus tard Ling lui commandait de suivre le char princier, dans lequel avait pris place l'eunuque Yong K'iu, K'ong-tseu ne put supporter cet attentat aux bonnes mœurs : une fois de plus, il quitta le Wei.

Arrivé dans le pays de Song, il y échappa de peu à une tentative d'assassinat, et passa dans l'Etat de Tcheng, puis dans celui de Tch'en, où il s'attarda trois années, cependant que le Ts'in et le Tch'ou, qui prétendaient chacun à l'hégémonie, attaquaient ce malheureux pays que ravageait aussi le roi de Wou. Dégoûté, K'ong-tseu s'en alla vers la ville de P'ou, dont les habitants le mirent en difficulté et ne le laissèrent en paix qu'après qu'il leur eut promis de ne point aller dans le Wei. Promesse que K'ong-tseu s'empressa de violer, se justifiant ainsi devant un de ses disciples : « Un serment extorqué par la violence, les dieux ne l'ont pas entendu. »

Arrivé dans l'Etat de Wei, K'ong-tseu conseilla au duc Ling d'attaquer la ville de P'ou : Ling se déroba. Il ne confia du reste aucune charge au philosophe, qui déclara en soupirant : « Qui se servirait de moi, en douze mois il obtiendrait un résultat; en trois ans, tout irait pour le mieux. »

Quittant cet ingrat pays, K'ong-tseu se disposait à passer dans le Tsin; arrivé aux rives du Fleuve Jaune, il apprit la mort de Teou Ming-tou et de Chouen Houa, grands officiers de cette principauté, assassinés par Tchao Kien-tseu, à qui précisément K'ong-tseu voulait rendre visite. Il revint sur ses pas, et rentra dans le Wei. Le duc Ling l'interrogea sur l'art militaire : « Ce qui concerne les armées et les bataillons, répondit le philosophe, je ne l'ai jamais étudié. » Ling en marqua un tel dépit, un tel mépris, que K'ong-tseu partit pour le Tch'en qu'il abandonna pour le Ts'ai l'année suivante.

Il avait alors soixante ans bien sonnés. C'est vers ce temps qu'il déclara : « Les oiseaux et les bêtes sauvages, nous ne pouvons nous associer à eux ni vivre en leur compagnie. Si je ne fréquente pas les hommes tels qu'ils sont, avec qui frayer? Si l'Empire était bien gouverné, aurais-je besoin de le changer? »

En − 489, le roi de Wou attaqua le pays de Tch'en, que secourut le Tch'ou. Le prince de Tch'ou invita

K'ong-tseu, qui se trouvait alors entre Tch'en et Ts'ai. Les grands officiers de ces deux principautés s'inquiétèrent : « K'ong-tseu est un sage, dirent-ils. Il ne cesse de blâmer les défauts des seigneurs. Il vient de longtemps séjourner entre Tch'en et Ts'ai : il connaît notre conduite à nous autres grands officiers; or elle n'est point du tout conforme à ses principes. Pour peu que le prince de Tch'ou lui confie un emploi, nous serons à sa merci. » Ils cernèrent K'ong-tseu et ses disciples, qui se virent bientôt à court de vivres. Un disciple alors déclara : « Votre sagesse est extrême. Aussi nul dans l'Empire ne peut vous tolérer. Vous devriez en rabattre quelque peu. » Sur quoi K'ong-tseu : « L'homme de qualité pratique la sagesse, maintient les règles essentielles, observe les grands principes; quant à savoir s'il peut se faire accepter... » Grâce au roi Tchao de Tch'ou, que le sage fit prévenir, il sortit néanmoins de ce fort mauvais pas.

Ce roi de Tch'ou faisait de K'ong-tseu si grand cas qu'il voulait lui offrir en fief un territoire de sept cents familles; mais un grand officier du royaume lui représenta qu'un sage de cette qualité, entouré de disciples aussi valeureux que Tseu-lou, Yen Houei, Tseu Kong, Tsai Yu, et décidé à remettre en vigueur les principes qui régissaient l'Empire sous le duc de Tcheou, pourrait fort bien acquérir un pouvoir considérable, dont à son tour pâtirait le Tch'ou. K'ong-tseu ne reçut aucun fief.

A soixante-trois ans, il quitta donc le Tch'ou et passa dans le Wei, dont le prince, marié à l'impudique Nan-tseu, songeait à lui confier le gouvernement. A l'un des disciples qui lui demandait quelle serait sa première tâche, K'ong-tseu répondit que l'essentiel était de « corriger les dénominations ». Comme on s'étonnait du propos : « dénominations incorrectes, discours incohérents; discours incohérents, affaires

compromises; affaires compromises, rites et musique
en friche; rites et musique en friche, punitions et
châtiments inadéquats; punitions et châtiments inadéquats, le peuple ne sait plus ni sur quel pied danser, ni
que faire de ses dix doigts ».

L'année suivante, un disciple de K'ong-tseu conduisait l'armée de Lou contre le Ts'i et défit à Leang les
troupes de cette principauté : « C'est en étudiant près
de K'ong-tseu que j'ai acquis mes talents militaires »,
déclara-t-il au prince qui le félicitait. Du coup, le
prince désira les services du philosophe. – Soit, répliqua en substance le disciple; mais alors traitez-le selon
ses vrais mérites; ce n'est pas un homme de peu.

Après tant d'exil, Maître K'ong regagna le pays de
Lou, sa patrie. On ne lui confia point de charge, et le
philosophe n'en demanda aucune.

En ce temps-là, le pouvoir des rois Tcheou péricli-
tait; on négligeait les rites et la musique. Maître K'ong
étudia donc les rites des trois premières dynasties, les
Hia[1], les Yin (ou Chang) et les Tcheou. Il écrivit des
notices sur le *Canon de l'Histoire*, et en remania les
chapitres; il rédigea des mémoires sur les rites, régle-
menta la musique, aménagea le *Canon des Poèmes*.
Grâce à lui, on connut enfin les rites et la musique, on
put mettre au point les règles du bon gouvernement,
et parfaire les six disciplines (l'écriture, le calcul, le tir
à l'arc, la conduite des chars, la musique et la danse;
d'autres entendent : le *Canon de l'Histoire* et celui *des
Poèmes*; le rituel, la musique, le *Canon des Mutations,
Les Printemps et les Automnes*). Il aurait voulu consacrer un demi-siècle encore à étudier les *Mutations*.

Il appuyait son enseignement sur le *Canon des
Poèmes* et celui de *l'Histoire*, les rites et la musique. De

1. Dynastie antérieure aux Chang. On l'a crue longtemps légendaire;
il y eut pourtant une civilisation Hia.

ses trois mille disciples, soixante-douze comprirent à la perfection les six disciplines. En − 481, au cours d'une chasse, un conducteur de char captura un animal qu'il jugea de mauvais présage. K'ong-tseu identifia la licorne; son heure était venue. « Nul ne me connaît », dit-il, et encore : « Puisque ma doctrine n'a pas été mise en pratique, comment parviendrais-je à la postérité ? » Alors, utilisant les annales des historiens, il rédigea la chronique des *Printemps et des Automnes* : « Voilà le livre grâce auquel les générations à venir me rendront justice, ou me condamneront. »

Après avoir chanté : *Voici que le T'ai Chan s'écroule, que cède la maîtresse poutre, et le sage s'en va comme la fleur fanée*, il mourut en − 479, âgé de soixante-douze ans (à la française); ou de soixante-treize (à la chinoise). On l'enterra au nord de la capitale. Ses disciples portèrent trois ans son deuil. Les princes de Lou lui offrirent des sacrifices. Près de sa tombe, les lettrés bientôt célébrèrent tirs à l'arc et banquets. Cela dura plus de deux siècles, et jusqu'à l'avènement de la dynastie Han. Lorsque l'empereur Kao Tsou des Han traversa Lou, il immola pour K'ong-tseu un mouton, un porc et un bœuf. Désormais, tout haut dignitaire nommé au pays de Lou se rend d'abord sur le tombeau du Maître.

CHAPITRE II

PREMIER ÉTAT DU MYTHE :
LES « CLASSIQUES » CONFUCÉENS

En plein XXᵉ siècle, il se trouve encore des lettrés chinois pour considérer qu'on a tort de commencer l'étude de Confucius par les *Entretiens familiers*. « La plus grande difficulté éprouvée par un lecteur occidental, ajoute Lin Yu-tang, s'il débute par les *Entretiens familiers*, elle résulte de ses habitudes de lecture. Il lui faut un discours suivi; en lisant il demeure passif, et laisse à l'auteur le soin de développer toute sa pensée. Pas question pour lui de lire une maxime, d'y penser un jour ou deux, de la remâcher, de se l'assimiler, après l'avoir passée au crible de ses propres réflexions et de son expérience. Or les *Entretiens familiers* doivent se lire comme les aphorismes qu'on imprime sur les feuilles d'un calendrier : chaque jour, le lecteur en méditera un; pas un de plus. Cette méthode, seule orthodoxe, permet de bien pénétrer chacune des pensées, et d'en tirer les conséquences. Un lecteur d'aujourd'hui ne saurait évidemment procéder de la sorte. En outre, qui commence par les *Entretiens familiers* ne peut ni se former une vue générale de la pensée confucéenne ni en saisir la liaison logique. »

Là-dessus, Lin Yu-tang compose tout un volume sur la *Sagesse de Confucius*, volume qui, pour nous autres Français, offre au moins cet avantage de nous exposer une pensée qui ressemble à celle que déduisait de celle du Maître un lettré chinois d'il y a deux mille ans, celui qui croyait aux « classiques confucéens », et les tenait un peu pour ses livres sacrés puisque Maître K'ong ou bien les avait rédigés, ou bien les avait classés, préfacés, aménagés. N'est-ce pas écrit dans Sseu-ma Ts'ien ?

Quels sont donc les livres saints ? Le *Canon des Poèmes* : rien là d'étonnant puisque, parmi les trois mille poèmes que lui léguait la tradition, Maître K'ong est censé avoir choisi les trois cents et quelques chants du recueil actuel. Le *Canon de l'Histoire* : rien là que de naturel, si Maître K'ong en a réellement rédigé les notices et arrangé le texte. Le *Canon des Mutations* : cela va de soi, puisque au soir de sa vie le vieux Maître voulait lui consacrer cinquante années encore d'étude et de réflexions. Le *Rituel des Tcheou, Etiquette et Rituel, Mémoires sur les Rites* : ce qui s'impose, puisque chacun sait que Maître K'ong est l'homme avant tout du cérémonial; tout enfant ne jouait-il pas aux rites ? *Les Printemps et les Automnes* enfin, dont Sseu-ma Ts'ien nous assure que le Maître le rédigea et en espérait quelque gloire. S'il n'était aujourd'hui perdu, à l'exception de quelques fragments recueillis dans un des rituels, le *Livre de la Musique*, le *Yo Ki*, compléterait les *Cinq classiques*.

Depuis que le philosophe Tchou Hi (1130-1200) rénova les études confucéennes, on ajoute aux cinq « classiques » les textes des *Quatre Livres* : c'est là qu'on trouve les *Entretiens familiers* (le *Louen Yu*), le *Mong-tseu*, notre *Mencius*, et deux études extraites des *Mémoires sur les Rites* : le *Ta Hio*, la *Grande Etude*, et le

Tchong Yong, l'*Invariable Milieu* (où le *Milieu Juste,* ou encore...) [1].

Sous la même dynastie, celle des Song (960-1276), apparut un autre ensemble de « classiques » non moins « confucéens », le *Che-san king tchou-chou,* ou les *Treize classiques,* souvent réimprimés. Outre les « cinq classiques » traditionncls, mais en versions remaniées (le *Canon des Poèmes,* dans la version dite de Mao, avec le sous-commentaire de K'ong Ying-ta, lequel vécut mille ans après Confucius; le *Canon de l'Histoire,* avec le sous-commentaire du même annotateur; le *Canon des Mutations,* avec le commentaire de Wang Pi, qui vécut au IIIe siècle de notre ère, et le sous-commentaire de K'ong Ying-ta; les trois rituels, celui des *Tcheou, Etiquette et Rituel,* avec le commentaire de Tcheng Hiuan et le sous-commentaire de Kia Kong-yen; le commentaire de Tcheng Hiuan et le sous-commentaire de K'ong Ying-ta, *Les Printemps et les Automnes,* assorti du *Commentaire de Tso* – avec commentaire de Tou Yu et sous-commentaire de K'ong Ying-ta – ainsi que les commentaires de Kong-yang et de Kou-leang avec leurs commentaires et sous-commentaires), les *Treize classiques* donnent les *Entretiens familiers,* avec le commentaire de Ho-yen et le sous-commentaire de Hing Ping; le *Hiao King,* ou *Canon de la Piété filiale,* avec un commentaire attribué à l'empereur Hiuen-tsong des T'ang, et un sous-commentaire de Hing Ping; le *Eul Ya,* le plus ancien dictionnaire chinois, une façon de *Thesaurus,* avec le commentaire de Kouo P'o et le sous-commentaire de

---

1. En même temps qu'il codifiait ainsi, à l'usage des vrais lettrés, l'essentiel pour lui du confucianisme, Tchou Hi compilait le *Siao hiue* (traduit en français par de Harlez, en 1889, sous le titre *La Siao Hio*), quelque chose comme la morale des familles ou le catéchisme de persévérance : *La Petite Etude* (il existait avant lui un ouvrage analogue, portant le même titre).

Hing Ping; le *Mencius*, enfin, avec le commentaire de
Tchao K'i et le sous-commentaire de Souen Cho.

On veut bien me croire : si je donne tous ces noms
propres, ce n'est point pour simuler une facile érudi-
tion; car il me suffit de recopier les titres de mon
édition des *Treize classiques*, naguère imprimée à
Changhaï avec les textes dans cet ordre : *Tcheou Yi*, ou
Mutations; Chang Chou, autre nom chinois du *Canon
de l'Histoire*; *Mao Che*, ou *Canon des Poèmes*; *Tcheou Li*
ou *Rituel des Tcheou*; *Yi Li* et *Li Ki*, les deux autres
rituels; *Tch'ouen Ts'ieou, Tso Tchouan, Les Printemps et
les Automnes* avec le *Commentaire de Tso*, de Kong-yang
et de Kou-leang; *Louen Yu*, ou *Entretiens familiers*;
Hiao King ou *Piété filiale*; *Eul Ya*, et *Mong-tseu* ou
Mencius. C'est pour donner un aperçu de ce mythe
confucéen, dont la forme la plus piquante et la plus
radicale apparaîtra en 1897 dans l'œuvre de K'ang
Yeou-wei, *Confucius le Réformateur* : si nous devions
en croire cet érudit, Maître K'ong, qui voulait transformer le monde où il vivait, aurait écrit lui-même, à cette
fin, *toute* la littérature que nous supposons antérieure
à son époque, et notamment les *Cinq classiques*, sans
oublier les trois rituels, celui des *Tcheou, Etiquette et
Rituel* et les *Mémoires sur les Rites* (qui font tous trois
partie des *Treize classiques*).

Ainsi, vingt-cinq siècles après la mort de Maître
K'ong, le premier mythe relatif aux *Cinq classiques*
confucéens non seulement survit, mais acquiert de la
virulence : K'ang Yeou-wei en fait sa vérité; Lin Yu-
tang s'en réclame tout au long de son essai sur la
Sagesse de Confucius. Hélas, on lit beaucoup Lin Yu-
tang.

CHAPITRE III

DU MYTHE À L'HOMME ET
DES « CLASSIQUES » À L'ŒUVRE

Lorsque je décidai d'étudier du chinois, en 1929, j'acquis plusieurs ouvrages qu'on m'avait indiqués comme devant m'initier à Confucius et à son œuvre; entre plusieurs, *La Vie de Confucius* par Georges Soulié de Morant retint mon attention à cause de son agrément et de sa charge d'anecdotes. Assidûment, je la pratiquai, comme aussi *Les Préceptes de Confucius*, traduits et présentés par le même compilateur. Vingt-cinq ans après cette naïve initiation, je relis cette *Vie de Confucius* et la compare à Sseu-ma Ts'ien. Voici le résultat, pour deux événements de l'année – 496 :

SOULIÉ DE MORANT	SSEU-MA TS'IEN
Les disciples remarquèrent que le Sage, lors de sa nomination, avait une figure joyeuse. Ils l'en reprirent : *– Vous nous enseignez que le vrai seigneur, quand le malheur l'accable, ne doit pas*	*La quatorzième année (496) du duc Ting, K'ong-tseu, alors âgé de cinquante-six ans, quitta la charge de ministre de la Justice pour exercer les fonctions de conseiller. Comme il avait l'air*

éprouver de crainte ou de regrets. Quand le bonheur survient, il ne doit se laisser aller à sa joie. C'est là l'Invariabilité dans le Milieu. Comment se fait-il que vous manifestiez tant de satisfaction?

– Votre remarque est juste, répondit-il. Cependant, si je me réjouis, ce n'est pas de mon bonheur, mais de celui que je vais donner au peuple.

Ce bonheur consistait en ce que, sept jours plus tard, il fit enchaîner un ministre, membre de la famille souveraine, ainsi que tous les officiers qui avaient abusé de leur puissance. Le lendemain, après un jugement sommaire, il les faisait tous décapiter sur la voie publique.

content, un de ses disciples lui dit : « J'ai entendu dire que le sage, lorsque le malheur arrive, n'est pas saisi de crainte, et, lorsque le bonheur arrive, n'éprouve pas de joie. » K'ong-tseu dit : « Ce dicton existe en effet. Mais ne dit-on pas aussi : Il se réjouit de ce que, s'étant élevé en dignité, il s'humilie devant les autres ? » – Puis il mit à mort le chao tcheng Mao, grand officier de Lou, qui jetait le désordre dans le gouvernement.

et voici, chez l'un et l'autre auteur, l'anecdote des quatre-vingts belles filles :

Une commission choisit alors, dans le pays de Tsri, où la beauté des femmes est exceptionnelle, quatre-vingts parmi les plus ravissantes jeunes filles. On tailla pour elles les robes les plus élégantes et les plus riches. On les chargea de parfums grisants; on les couvrit de bijoux. On leur enseigna les danses lascives et les chants qui bouleversent le cœur.

Alors, on choisit dans le pays de Ts'i quatre-vingts belles femmes qui, revêtues toutes d'habits élégants, jouaient en dansant la musique k'ang.

On voit le procédé, celui-là même de la fable : toujours un peu plus de ces détails qui frappent l'imaginaire. Chez Soulié de Morant, Mao subira donc un « jugement sommaire », cependant que les coupables seront « décapités sur la voie publique », « tous »; quant aux quatre-vingts « belles femmes », elles deviendront chez lui « ravissantes » parmi « les ravissantes », chargées de parfums « grisants », et entraînées aux « danses lascives ». Il faut bien que ces ajouts aient eu sur moi quelque crédit puisque alors je n'envoyai point au diable ces diableries. Comme chacun, je ne connaissais donc de Confucius que son mythe; et le plus orthodoxe, celui de Sseu-ma Ts'ien.

Par chance, dès l'année suivante, je suivais en Sorbonne le cours de Marcel Granet et lisais, de Maspero, *La Chine antique* : « Ce qu'on sait du vrai Confucius historique se réduit à peu de chose, m'enseignait ce savant : quelques noms, quelques dates : hors cela, des anecdotes d'authenticité douteuse. [...] Je crois d'ailleurs que la vie de Confucius (non écrite) ne prit corps dans l'école que bien après la composition du *Louen Yu*. [Les *Entretiens familiers*], à l'imitation des romans philosophiques qui eurent tant de vogue à la fin des Tcheou. » Marcel Granet aggravait mon doute, et mon trouble. Le nom même de K'ong-tseu me devenait suspect! Confucius, je l'ai dit, reçut pour nom personnel le nom de K'ieou; Granet me prouvait que K'ieou veut dire *tertre*. Or, en Chine, le nom personnel doit « exprimer la nature profonde » de qui le porte; eh bien, il se trouve que Confucius avait le crâne relevé sur les bords, et creux au centre. Apparente contradiction, qui s'explique aisément, puisque sa mère, pour qu'il naquît, avait prié sur un tertre du nom de Ni (*Ni k'ieou*), et que, d'après le dictionnaire *Chouo Wen*, le mot *ni* signifie : *tertre à sommet renversé, qui reçoit de l'eau*. Même interprétation dans le dictionnaire *Eul Ya* : « L'endroit où s'arrête un amas d'eau, on l'appelle *ni k'ieou*. » Pour comble, ce K'ong-tseu avait pour nom personnel *K'ong*; or le mot *k'ong* signifie *trou*. Par une coïncidence qu'il vaut de rappeler, cette *Colline de la Vierge*, encore dite la *Caverne*, où la tradition situe soit la conception, soit la naissance de Confucius, s'appelait auparavant le *Mûrier creux*; ce *Mûrier creux* que le fameux *Canon des Montagnes et des Mers*, le *Chan hai king*, associe au bœuf tigré dont l'apparition annonce à l'Empire de grandes eaux. Si l'on veut se rappeler que c'est en ce même endroit, au *Mûrier creux*, que naquit le fameux Yi Yin, ministre de ce T'ang le Victorieux qui fonda la dynastie Chang (ou Yin) et que le philosophe descend de cette illustre maison; si d'autre part on n'oublie pas que la dynastie Chang régnait en vertu de l'eau, les relations légendaires semblent admirablement cohérentes entre les noms de Confucius en chinois et la naissance légendaire de son fabuleux ancêtre. Il y a plus : décomposons en ses deux éléments le caractère de son nom personnel *K'ong* (孔); on identifie l'hirondelle (乚) et ce caractère *tseu* (子) qui signifie le *fils* ou l'*œuf*. Or le fondateur de la dynastie Chang naquit de Kien-ti, fécondée par un œuf d'hirondelle qu'elle avala en jouant. Il donna le jour à la famille Tseu (子). De plus en plus fort! Si le seul nom de K'ong-tseu nous plonge fort avant dans la légende et les croyances populaires, qu'attendre de sa vie? Des dates de sa vie? Pourquoi vit-il soixante-douze ans, sinon parce que ce nombre est en Chine chargé de valeurs et de sens? Pourquoi mesure-t-il neuf pieds six pouces? sinon parce que Chou-leang Ho atteignait les dix pieds et qu'un théoricien de la piété filiale se doit de mesurer un peu moins que son père. Pourquoi naît-il l'année de sa naissance? sinon parce que le duc de Tcheou, l'autre grand sage, et celui même dont se réclame Confucius, vivait cinq cents ans plus tôt; cinq cents ans, un grand total. Pourquoi l'entrevue de Kia-kou est-elle datée de l'année même où le philosophe atteint la cinquantaine? Parce que c'est pour l'homme l'âge de la plénitude : « Quel âge avait alors le Sage? se demande Marcel Granet. Il ne pouvait avoir que cinquante ans. Si Confucius est né en − 551, c'est que l'entrevue eut lieu en − 500 (à moins que l'entrevue n'ait eu lieu en − 500, parce que Confucius était né en − 551). Les faits historiques, centons déguisés, n'ont, dans les larges cadres de la chronologie abstraite, qu'une date rituelle. » Et si, dans l'ouvrage du même Granet sur les *Danses et Légendes de la Chine ancienne*, vous lisez le détail des diverses interprétations qu'on donna de cette fameuse entrevue, si vous consultez, en face de la page 216 du premier tome, le tableau synoptique où s'étalent toutes les variantes de cette histoire, comment ne pas conclure avec le sociologue : « Donnez à un chroniqueur une histoire à conter. Un schème directeur s'imposera à lui. Une série de thèmes en procèdent. Il n'y aura que la peine de les présenter au passé sous forme de faits historiques. » (N'est-ce pas le procédé même que nous révéla Dumézil quand il étudia les origines de Rome?)

Sans pousser l'évhémérisme aussi loin que Marcel Granet, prendra-t-on au sérieux cette histoire de Lao-tseu bafouant un jeune Confucius? Nul savant ne soutiendrait aujourd'hui que l'auteur quel qu'il soit du *Tao-Tö King*, celui qu'on nomme Lao-tseu, vécut avant Confucius. Touchant Confucius, et la connaissance qu'il avait ou non de l'art militaire, quelle anecdote croire? Celle qui lui refuse ou celle plutôt qui lui confère toute compétence? Tout à l'avenant, car la littérature de la Chine ancienne est bien de celles où la critique se voit condamnée « à un rendement minime. C'est une littérature à base de centons. Il est dans la

pratique impossible, et il serait en fait d'un intérêt à
peu près nul, de déceler les interpolations et les
contaminations des textes ».

Que ce soit impossible, c'est possible; que ce soit
d'un intérêt à peu près nul, certes non : à qui souhaite
isoler, dans la masse du confucianisme, ce qui fut la
pensée, ou (si le mot semble un peu fort) les idées
maîtresses du Maître, il importe au contraire, et déci-
sivement, de repérer l'interpolation tardive ou le
faux.

Granet lui-même nous y invite, qui feint de refuser à
cette recherche toute valeur, mais qui avoue qu'on
peut fort bien exclure du *Rituel des Tcheou*, comme
évidemment interpolées, trois anecdotes qu'il estime
pour son propos plus attachantes que la part du *Rituel*
qu'on espère authentique : « ces trois *passages interpo-
lés* se réfèrent à des croyances et à des coutumes qui
ont plus d'importance et de réalité *historiques* que tout
ce que le *Tcheou li* peut contenir d'*authentique* ». Point
de vue de sociologue, ou d'historien des religions.
Soucieux que je suis de rendre ici à Confucius ce qui
lui appartient, et cela seul, il me faut recourir, toute
malaisée qu'elle se découvre, à cette critique interne.

K'ang Yeou-wei prétend que Maître K'ong écrivit le
Canon des Poèmes. A preuve, pour lui, un texte de
Mö-tseu, qui déclare que les confucéens savaient ce
volume par cœur. Argument dérisoire, en un temps où
la littérature normalement se transmettait de la bouche à l'oreille. Le *Canon de l'Histoire* prétend que, de
trois mille poèmes ou chansons connus à son époque,
Confucius en choisit 300 pour former le *Canon des
Poèmes*; mais les textes littéraires anciens ne citent
pour ainsi dire aucun autre poème que ceux du
fameux recueil. Est-il vraisemblable que, des trois
mille chansons alléguées, on n'ait retenu que celles de
l'anthologie? De plus, Confucius se réfère à ces « trois

cents poèmes » comme à un recueil bien connu; s'il en est l'auteur, est-ce concevable? A deux reprises, enfin, il condamne comme licencieux certains vers qui s'y trouvent, et qu'il aurait choisis lui-même? Cela ne tient pas debout.

Tout au plus, et pourvu que le texte ne soit pas apocryphe où Confucius déclare que certains poèmes « trouvèrent leur juste place » lorsque, de Wei, il regagna l'Etat de Lou, peut-on supposer qu'il reclassa quelques-unes de ces chansons? Marcel Granet ayant démontré qu'une grande part de ces textes font partie du trésor folklorique et disent les mœurs populaires, en termes souvent assez naïfs (que les confucéens par pudibonderie essaieront ou de ne pas comprendre ou d'interpréter allégoriquement, ainsi que nous faisons le *Cantique des Cantiques*, où nous savons désormais célébrer les noces mystiques de Jésus et de son Eglise), inutile d'y chercher l'expression des idées de Maître K'ong. Qu'il les jouât sur le luth ou la cithare, qu'il les chantât, rien là que de naturel : qui de nous n'a braillé *Les Filles de Camaret*, ou fredonné *La belle, si vous vouliez...*? En serions-nous pour autant les auteurs? Selon notre humeur et les circonstances, nous choisissons celle-ci ou celle-là de ces chansons pour exprimer nos sentiments; voilà tout.

Sseu-ma Ts'ien prétend aussi que Maître K'ong « fit des préfaces aux récits du *Canon de l'Histoire* », qu'il « groupa et classa les sujets » (en puisant à sa guise, paraît-il, dans un ensemble de 3 240 documents, pas un de moins, pas un de plus).

Relativement, je ne dis pas au confucianisme, mais à Confucius en personne, que tirer d'un texte dont nous savons désormais que la moitié au moins est constituée de faux, compilés quelque huit siècles après la mort de celui qui les aurait mis en ordre et préfacés! A supposer enfin que Maître K'ong ait trempé dans cette

compilation, comment se fait-il que Mencius, son disciple et son admirateur, opine que plutôt que de leur
accorder une créance générale, mieux vaudrait n'avoir
aucun des documents qui composent le *Canon de
l'Histoire* ?

Serons-nous plus heureux avec celui des *Mutations*,
dont on affirme, aujourd'hui encore, que Confucius
rédigea les appendices, les « dix ailes » (qui sont sept :
le *T'ouan*, le *Siang*, le *Hi ts'eu*, le *Wen yen*, le *Chouo
koua*, le *Siu koua*, le *Tsa koua*), et que, dans leur
enthousiasme inconsidéré, certains confucéens firent
inscrire en tête de la liste des *Cinq classiques* ? Voilà un
demi-siècle, Edouard Chavannes concluait de leur
examen : « Les appendices du *Yi king* existaient avant
Confucius ; mais ils ont été remaniés à une date
postérieure à Confucius et c'est alors qu'un ou plusieurs auteurs anonymes y ont introduit les paragraphes commençant par la formule : *Le Maître dit.* » En
fait, le peu que nous savons de ce que fut sans doute la
pensée de Confucius nous impose de conclure que le
Maître n'éprouvait que méfiance, voire dégoût, à
l'égard des ruses magiciennes ; de sorte que le texte
des *Entretiens familiers*, sur le grand et curieux cas que
Maître K'ong faisait des *Mutations*, a dû être interpolé.
Herrlee Glessner Creel, lui, rejetterait volontiers tous
ces appendices après le temps de Confucius, et repor-
terait jusqu'aux Han plusieurs d'entre eux. Il ajoute
que si tel ou tel de ces bavardages était l'œuvre du
philosophe, quelle étrange façon pour un auteur de
citer : *Le Maître dit* ! Il estime enfin que ces appendices
n'ont pas beaucoup plus d'importance philosophique
que nos traités d'astrologie, de phrénologie ou de
chiromancie, dont le prétentieux vocabulaire ne cache
point tant qu'il n'affirme les impostures. Je pense un
peu comme lui et respecte trop ce que je crois
entrevoir de Confucius pour lui attribuer ces ouvrages.

Au reste, et Siun-tseu, et Mencius, qui passent à juste titre pour docteurs confucéens, ou bien omettent, ou bien condamnent les pratiques divinatoires.

Mais le *Tch'ouen ts'ieou*, dont Maître K'ong attendait tout, et le reste? Mais *Les Printemps et les Automnes*, ces annales du pays de Lou? Cette fois, en effet, Sseu-ma Ts'ien et Mencius les attribuent à Confucius. A la suite de quoi, paraît-il, « grands officiers rebelles et fils indisciplinés furent frappés de terreur ». Par la Si Wang Mou (qui n'existe pas, et que l'étymologie populaire déduisit subtilement du nom de quelque tribu tributaire), fallait-il qu'ils fussent benêts, ou timorés, ces ministres prévaricateurs, ces fils indignes, pour trembler de peur en apprenant que cette année-là le Prince Un tel épousa la fille Une telle, ou que ce printemps-là « il n'y eut point de gel »! Oui mais – du moins, on nous l'assure – chacune de ces formules est chargée de sens ésotériques. Cherchez; vous ne trouverez pas. Et comme les *Entretiens familiers* ne soufflent mot de ce qui devait à jamais illustrer le Maître dont on rassemble les moindres mots...

Pas plus qu'on ne peut attribuer à Confucius le *Canon des Poèmes*, le *Canon de l'Histoire*, le *Rituel des Tcheou*, le *Canon des Mutations*, *Les Printemps et les Automnes*, on ne peut le rendre capable, ou coupable, des *Mémoires sur les Rites*, tels du moins que nous les lisons. Indépendamment de l'anecdote hagiographique rapportée dans Sseu-ma Ts'ien, selon qui l'enfant Confucius jouait aux rites, nous avons maintes raisons de penser que le philosophe s'appliqua sérieusement aux bonnes manières et qu'il leur accordait dans ses soucis réformateurs une place fort importante (moins importante néanmoins qu'on ne le croit communément). Mais rien ne nous permet d'affirmer qu'il ait mis la main aux *Mémoires sur les Rites*.

CHAPITRE IV

LE CONFUCIUS DES *ENTRETIENS*
FAMILIERS : L'HOMME

Ainsi récusées toutes les sources traditionnelles du mythe de K'ong-tseu, force nous est de revenir au seul texte qui offre quelque garantie, aux *Entretiens* du *Louen Yu*. Qu'y trouvons-nous donc? Des propos, des anecdotes, de brèves paraboles, des maximes, arbitrairement répartis en vingt sections, et presque toujours sans contexte. Alors toutefois qu'il n'est pas une question un peu grave sur laquelle on puisse rencontrer deux sinologues du même avis, tous ceux qui comptent aujourd'hui s'accordent pour ne plus chercher qu'aux *Entretiens* le visage le moins fabuleux, les idées les moins truquées de Maître K'ong. Un érudit chinois, M. Ts'ouei Chou, a supposé que les cinq derniers chapitres furent ajoutés un peu tard au bloc des quinze premiers; il se peut : cela ne signifie nullement ni qu'il faille récuser les quinze premiers ni que les matériaux des cinq derniers ne fussent pas rassemblés à l'époque où l'on rédigea le début du recueil.

Sseu-ma Ts'ien en fait un fréquent usage, et même ingénieux, trop ingénieux. Quand il insère dans son *K'ong-tseu* une anecdote, un propos des *Entretiens*, c'est toujours ou peu s'en faut en les situant à telle époque – bien déterminée – de la vie du héros; en leur attribuant de ce fait soit une valeur philosophique, soit une signification historique tendancieuses.

Le premier effort de celui qui lira ces *Entretiens* sera donc d'oublier les effets qu'en tira Sseu-ma Ts'ien et de les aborder d'un esprit non prévenu.

Un seul exemple, mais démonstratif : deux excellents spécialistes de philosophie chinoise, Fong Yeou-lan et Marcel Granet, tiennent la théorie qu'on appelle communément du *tcheng ming* pour la clef de voûte de l'Etat que Maître K'ong se proposait de rebâtir; or, interprétant *tcheng ming* comme ils font : par « dénominations correctes », ils prennent un parti grave, car en chinois cette expression peut avoir deux sens au moins.

« Si le duc de Wei, Maître, vous attendait pour administrer avec vous ses affaires, quel serait votre premier soin? », lit-on aux *Entretiens* (XIII, 3). Le Maître répliqua : « Avant tout, il faudrait *tcheng ming* ». L'érudit Tcheng Hiuan, qui vécut de 127 à 200, décréta que *tcheng ming* signifiait ici « rendre corrects les caractères de l'écriture » (nous dirions : fixer, ou régulariser l'orthographe). En 425, lorsque l'empereur Che Tsou, de la dynastie Wei, ajouta au lexique chinois mille caractères neufs, il signa un décret dans lequel il se réclamait expressément de Confucius, de la doctrine du *tcheng ming*, qu'il interprétait comme Tcheng Hiuan : « Lorsque Maître K'ong déclare que, si les caractères de l'écriture ne sont pas corrects, les entreprises des hommes échouent », il condamne les inconvénients d'une graphie incohérente. Un siècle plus tard, le grammairien Li Hiuen, qui composa un *Traité des Caractères*, déplore les fautes de graphie, communes à son époque, et d'autant plus que « Maître K'ong a dit qu'il est essentiel de dessiner exactement les caractères ». Une fois au moins, il en donne un exemple.

Que le prince, qui doit par sa vertu assurer la bonne
marche de toutes choses dans l'Empire, ait notamment
pour fonction de veiller à l'exactitude, à la beauté des
caractères, cela va de soi; mais au chapitre XIII, 3 des
Entretiens, le mot *tcheng ming* n'a-t-il que ce sens-là, ou
celui plutôt que proposent Fong Yeou-lan et Granet :
« corriger les dénominations » ? Sens qu'ils déduisent
du texte où Sseu-ma Ts'ien inséra ce précepte des
Entretiens. La femme du duc de Wei, la princesse
Nan-tseu, poussait le désordre des mœurs jusqu'à
commettre l'inceste avec son fils; dans cette famille,
par conséquent, le fils jouait le rôle du père. Afin de
remettre un peu d'ordre dans la principauté, Confucius suggérait donc de « corriger les dénominations »,
c'est-à-dire de rendre au père sa fonction de père, au
fils, celle de fils. Premier temps de toute réforme
politique et morale, la théorie confucéenne paraît le
bon sens même.

« L'essence du souverain est ce qu'il doit être idéa-
lement, c'est-à-dire la *voie du souverain*. En agissant
selon cette voie, il est vraiment un souverain, aussi
bien de fait que de nom, il y a accord entre nom et
réalité. Mais si le souverain n'agit pas ainsi, il n'est pas
souverain, même si le peuple le considère comme tel.
Tout nom, dans les relations sociales, implique certaines responsabilités et certains devoirs. » (Fong Yeou-
lan.) Souverain, ministre, père, autant de noms qui
engagent : royauté, noblesse, paysannerie, paternité
obligent. Granet ne dit pas autre chose : « La doctrine
confucéenne affirme qu'il n'y a d'ordre dans l'Etat que
si tout, dans la famille princière, est conforme à
l'ordre. A Wei, Nan-tseu, l'épouse, ne se conduisait pas
en épouse, ni le mari en mari, ni le père en père, ni le
fils en fils. Cela s'exprime en disant soit que personne
n'était à sa place (*kiu*), soit que le père et fils avaient
troqué leurs désignations (*yi ming*) : les rapports de

situation se trouvant inversés, c'était comme si les désignations avaient, elles-mêmes, été inversées. »

Chez Sseu-ma Ts'ien, Confucius profère la théorie du *tcheng ming* à l'occasion des désordres de Nan-tseu; il est donc impossible que cette formule y signifie autre chose que ce qu'y lisent et Granet et Fong Yeou-lan. Malgré l'autorité de l'historien chinois, Edouard Chavannes opta cependant pour l'autre glose, si plate et si scolaire qu'elle puisse paraître : « Si un lecteur européen peut s'étonner que Confucius fasse de la correction de l'écriture le premier principe d'un bon gouvernement, et voie dans les caractères fautifs l'origine des plus graves désordres de l'Etat, il convient [...] de considérer, d'une part, l'importance officielle que les Chinois ont de tout temps attribuée à leur écriture, et, d'autre part, la propension fâcheuse qu'a l'esprit chinois de raisonner par voie de propositions successives qui partent d'un fait particulier pour y rattacher des conceptions de plus en plus vastes et aboutir à la considération de l'empire entier ou de l'univers. »

Interprétation d'autant plus contestable que, dans les *Entretiens*, et bien que l'anecdote ne se réfère pas explicitement à la conduite de Nan-tseu, elle est située avec assez de précision : c'est bien le duc de Wei qui interroge le philosophe. De plus, on peut, on doit rapprocher ce texte-là de celui-ci (*Entretiens*, XII, 11) : « que le prince agisse en prince, le ministre en ministre, le père en père, le fils en fils ». Ces deux fragments des *Entretiens* qui se rapportent au *tcheng ming* nous imposent donc d'interpréter cette doctrine, essentielle au confucianisme, au sens de Sseu-ma Ts'ien, de Granet, de Fong Yeou-lan : *corriger les dénominations*; donner aux mots leur sens vrai, mais sans exclure la rectification de la graphie chinoise.

Pour une fois, les *Entretiens* confirment la vie de

K'ong-tseu par Sseu-ma Ts'ien. Le plus souvent, il en
va autrement, et la bonne méthode consiste à se défier
des éléments hagiographiques dont se compose l'œuvre de celui qui pourtant se voulait historien.

Non pas qu'il ait exclu de son récit toutes les
anecdotes qui pourraient embarrasser un disciple
orthodoxe ou puritain : qu'à deux reprises le Maître
ait pensé accepter de servir un rebelle, voilà qui
semble malaisé aux bien-pensants (rien pourtant que
de moral, selon la fameuse théorie du *mandat céleste*;
sans compter que Maître K'ong lui-même se justifie);
qu'il ait accepté d'aller voir Nan-tseu, la princesse
dévergondée, voilà qui gêne aussi plus d'un tartufe
chinois. Reste que le *K'ong-tseu* de Sseu-ma Ts'ien
offre l'image d'un surhomme, d'un prophète assez
imbu de sa mission pour pactiser avec le démon, d'un
illuminé qui se sent protégé par le Seigneur d'en Haut;
à ses disciples qui dans le péril s'inquiètent, ne
répond-il point sur le ton de Jésus aux pêcheurs, dans
la tempête?

Rien de tel aux *Entretiens*, qui consignent un état
plus ancien de la légende. Que de mots ou d'anecdotes
à consterner les hagiographes! Au chapitre XIX, par
exemple, s'adressant à Tseu Kong, un autre disciple,
Tch'en Tseu K'in pose la question que voici : « Vous
êtes trop modeste : Tchong Ni serait-il donc plus sage
que vous? » Il est vrai que Tseu Kong, lui, n'avait pas
rendu visite à la scandaleuse Nan-tseu! On y revient,
précisément, à cette affaire (*Entretiens*, VI, 26) : « Le
Maître alla voir Nan-tseu. Tseu-lou [l'un des disciples]
désapprouva. Prenant le Ciel à caution, le Maître
alors : « Si j'ai mal fait, que le Ciel me rejette! que le
Ciel me rejette! » Ce qui est proprement refuser de se
justifier, et affirmer que le Sage ne s'en remet qu'à son
discernement; et tant pis pour les convenances! (Il
n'est pas encore question, aux *Entretiens*, du pudique

rideau derrière lequel Sseu-ma Ts'ien dissimule cette
princesse, pour la surprise et pour la joie du visiteur.)
Ce qui pourrait les inquiéter bien davantage encore,
les thuriféraires, c'est le ton général des *Entretiens*, et
le portrait qu'on en peut extraire de Confucius.

L'été, sous une tunique tissée de chanvre, il n'en
portait qu'une autre, également légère. Sur sa tunique
doublée en peau d'agneau noir, il enfilait l'hiver un
autre vêtement noir; à moins qu'il ne mît sa robe
doublée en peau de cerf blanc, auquel cas il l'assortis-
sait d'un survêtement blanc. Il avait une troisième
robe, doublée de renard jaune, sur laquelle il en
passait une autre, de même couleur. Ces robes four-
rées étaient longues, mais la manche droite, il la
voulait plus courte que la gauche (afin de mieux
travailler). Pour coiffure, le bonnet de soie, qui tendait
à remplacer l'ancien bonnet de chanvre. Quand il
n'était pas en deuil, il suspendait toujours divers
objets à sa ceinture. La nuit, il s'enveloppait dans un
vêtement qui avait une fois et demie la longueur de
son corps.

Soucieux par conséquent de toilette, voire d'élégance, il estimait pourtant que le sage ne doit pas
souffrir quand il ne peut s'offrir les vêtements de son
choix. Il aimait le riz pur, le poisson frais, la viande
irréprochable (qu'il préférait hachée). Vous ne lui
auriez pas fait goûter d'un fruit blet, vert, ou talé,
d'une sauce mal assaisonnée. Il équilibrait son régime : beaucoup de légumes, autant que de viande.
Pour friandise, du gingembre. Il buvait, bien sûr, et
non pas seulement de l'eau; les boissons fermentées ne
l'effrayaient nullement : trop maître de soi pour
jamais s'enivrer à perdre le jugement. Que les circonstances ou la pauvreté le privassent de ce qu'il aimait, il
ne gémissait point, et mangeait à la fortune du pot,
pourvu toutefois que les mets ne fussent point gâtés.

Durant les repas, il ne s'appliquait qu'à mastiquer et ne se dispersait point en discussions, ou propos de table; mais il n'oubliait jamais – et quand même il se fût agi d'un simple brouet clair – d'offrir à ses ancêtres la libation et les offrandes requises.

L'appelait-on chez le prince, il s'y rendait à pied sans attendre qu'on lui attelât sa voiture; lui qui, dans son village, poussait la simplicité jusqu'à feindre d'à peine savoir parler, devant le prince il s'exprimait avec distinction; avec respect aussi, comme il se doit. Au palais, le chargeait-on d'accueillir les hôtes, il joignait les mains, les tournait vers la droite et la gauche, puis d'un pas vif introduisant les visiteurs, il marchait les bras étendus un peu à la façon des ailes d'un oiseau. Près du trône, il changeait de visage, prenait un air modestement embarrassé.

Rien là, mais rien du tout, qui signale un héros, un messager du Ciel; un homme heureusement né, plutôt, avec un nez, un palais délicats, du goût pour s'habiller, et qui, dans le monde, joue le jeu mondain, quitte à se rattraper chez soi, à s'y détendre, ce qui ne veut nullement dire s'y relâcher, s'y vêtir comme un souillon.

Comme toutes les grandes natures, Confucius ne prise rien tant que le naturel : « discours étudiés, attitudes composées », c'est pour lui la fin de tout, et le parfait moyen de passer à côté de la vertu parfaite. Cérémonies et pratiques ne valent qu'autant que les exige et les anime le sentiment; bref, seules comptent la droiture de l'intention et la pureté du cœur.

Il n'est pas homme à se jeter dans le puits où vient de tomber quelqu'un. Il courra vers le puits, fera tout pour sauver l'imprudent ou le malchanceux, tout sauf de s'y jeter à l'aveuglette, dans un beau geste vain. N'allez pas non plus lui demander de jeûner, de se priver de sommeil, de se briser le corps afin de mieux penser ou de s'acquérir des mérites. La vertu à laquelle il ne cesse de réfléchir, de se former, elle fait confiance au corps, et commence par la santé, par le sourire : « Lorsque le Maître était de loisir, qu'il paraissait détendu et joyeux! » Modeste, avec cela, il ne dissimule pas ses humbles débuts ni ne se pique de prophétisme; je ne suis, disait-il volontiers, qu'un homme de bon sens : « J'écoute et mets à profit ce qu'on m'apprend de bon [...] bien inférieur aux grands sages, qui ont la vertu infuse »; il ne se pique même pas de vertu : « En savoir, je vaux peut-être autant qu'un autre; mais je n'arrive pas encore à me conduire sagement. »

Nulle morgue, nul besoin de morigéner. Un disciple en sa présence manque-t-il de modestie, Maître K'ong ne le blâme que d'un sourire (XI, 25). Avertir nos amis avec franchise, mais sans rudesse, les conseiller avec douceur, et, s'ils refusent nos avis, ne point s'obstiner, telle pour lui amitié. La droiture qu'il approuve ne se tend pas jusqu'à l'inhumain : un prince lui déclarant un jour qu'en son pays les hommes font à ce point profession de droiture que si le père dérobe un mouton son fils va le dénoncer : « Dans mon pays, répliqua le Maître, les hommes droits agissent tout autrement. Le père en faveur de son fils reste discret; le fils en faveur de son père reste discret. A mon avis, c'est eux qui ont raison. »

Il y a du Socrate en lui; on l'a dit et redit; du Montaigne aussi. Moins dialecticien que le premier, moins psychologue et moins artiste que le second, il séduit par une bonhomie, une bonne humeur, une générosité, une gentillesse, qui savent concilier la vigueur des principes et les faiblesses des humains. Ah! que j'aime ses mouvements d'humeur, comme celui qu'on nous rapporte au chapitre XV, 46, quand, d'un coup de bâton dans les jambes, il rabroue un importun! J'aime aussi qu'au scandale de ses disciples il s'abandonnât à pleurer un ami cher plus longuement, beaucoup plus, que ne le permettent les bonnes manières. J'aime qu'il chantât des chansons, de vieilles chansons populaires, en s'accompagnant sur son luth, et je le vois très bien, comme Socrate lui-même, ou ce dieu dont rêvait Nietzsche, esquisser un pas de danse.

Tous ceux qui ne l'abordent que par les grandes machines philosophaillantes qu'on déduisit de ses propos, ou par les discours bigots dont on affadit sa mémoire, comment le reconnaîtraient-ils aux instantanés que donnent de lui les *Entretiens*? A celui-ci (XVII, 19) : « Jou Pei voulait voir Maître K'ong. Maître K'ong se prétendit malade. Quand celui qui portait la réponse franchit le seuil, Maître K'ong prit son luth, dont il joua, et se mit à chanter, pour que Jou Pei l'entendît. »

CHAPITRE V

LE CONFUCIUS DES *ENTRETIENS FAMILIERS* : LE POLITIQUE

S'il condamne les politiciens de son temps – « des cervelles étroites; méritent-ils qu'on parle d'eux? » – ne croyez pas que ce soit par détachement d'esthète, ou d'ascète. Moins soucieux de réformes, Maître K'ong apparemment serait plus indulgent aux petits princes qui ne voient, quand ils les voient, que leurs tout petits intérêts!

Pour le comprendre, imaginons, plus près de nous, la Chine du XXᵉ siècle : de 1911 à 1949, la pseudo-république dont rêvait Sun Yat-sen était retournée au chaos : à coups de mitrailleuses, d'opium, de pillages, de prévarications, les Seigneurs de la Guerre se taillaient dans la terre chinoise, et dans la chair des paysans, des écrivains, des façons de principautés. Plus de lois ni de morale; la force brute, et la police. Yuan Chi-kai, Feng Yu-hiang ou Tchang Kai-chek, tout cela se vaut : cela ne règne que par le meurtre et le pot-de-vin. En haut, l'abjection; en bas, une misère, dont *La Terre chinoise*, de Pearl Buck, peut donner une idée atténuée. Mieux encore : pensons à nous, à l'Europe contemporaine : des Etats qui s'entre-déchirent, cependant qu'à droite, à gauche, d'énormes confédérations s'entre-disputent leurs dépouilles. Des féodalités économiques – les maîtres de forges, les betteraviers,

les tauliers, les mastroquets – auxquelles obéissent des
commis complaisants et des ministres incapables. Des
budgets militaires plus sacrés que la religion; aux
marchands d'alcool, des subventions; mais pour la
santé publique, pour les salariés, pour les maisons des
pauvres, pour les écoles de tous, où voulez-vous qu'on
trouve de l'argent?

Quel homme de cœur, ou de simple bon sens, ne
crie alors son refus et son dégoût? On feint de
s'étonner si tant d'écrivains aujourd'hui réfléchissent
au politique; il en allait de même durant notre
XVIIIᵉ siècle, qui mûrissait une révolution; il en alla de
même à la fin des Tcheou, qui foisonna d'écoles rivales
(confucéens, disciples de Mö-tseu, un peu plus tard
Réalistes, Légalistes ou Légistes). Ces princes félons,
ces ministres flatteurs, ces guerres incessantes, qui
pouvait encore y trouver l'ombre d'un ordre, l'apparence d'une politique?

A la crise que nous subissons depuis un siècle
environ, Maurras prétendit remédier par le *Politique
d'abord*; Karl Marx lui opposait quelque chose comme
Economique et politique d'abord, ex æquo. A l'anarchie
dont durant des siècles pâtit la Chine féodale, Confucius prétendit remédier, lui aussi; lui aussi se piqua de
« transformer le monde »; mais comment? Interro-
geons les *Entretiens*.

« Moi, dit Confucius, j'observe les lois des Tcheou »
(III, 14); « Je m'attache aux anciens avec confiance et
affection » (VII, 1). Le lui a-t-on reproché, ce fétichisme des anciens! Voilà bien le conservateur; pis : le
réactionnaire!

Quand il n'y a rien, mais plus rien à conserver,
quand les lois et les mœurs, quand les hommes et les
institutions se décomposent, revenir au passé, ce peut
être un moyen de préparer l'avenir; mieux, ce peut
être un leurre, un alibi. Chez un peuple formé au culte

d'un passé que justifient tous les ancêtres, quel réformateur peut se flatter de réussir en négligeant leurs enseignements? Plus grande son audace, plus nécessaire la référence aux chers anciens. Tout va mal, en France, répètent les maurrassiens : rétablissons la monarchie, c'est-à-dire les provinces, le cordon de Saint Louis, les lettres de cachet, et pour les Juifs la rouelle jaune. En bloc, ils acceptent tout : le Parc aux Cerfs et les mignons, l'Edit de Nantes et la Révocation, les folles guerres et les sages institutions. Leur parlet-on syndicalisme, ils répondent : corporations; assiette de l'impôt, ils vous renvoient aux Fermiers Généraux. Leur seul avenir, c'est le passé. Voilà bien la réaction (ce qui ne veut pas dire que tout soit mal de ce que créa, ou perpétua, la monarchie).

Avec Confucius, il en va tout autrement. Ce moraliste enthousiaste et désabusé savait que l'homme d'Etat ne doit pas considérer un certain homme idéal et inexistant, mais l'homme tel quel, avec ses défauts, ses manies, ses croyances et ses limites; il comprit tout de suite qu'il ne pourrait faire accepter ses dangereuses nouveautés qu'en les attribuant aux anciens, aux infaillibles, à ceux des temps paradisiaques. « – Moi? mais je n'invente rien; je transmets! » Le bon apôtre!

Autrefois, un officier qui se rendait au palais saluait son prince dès le bas des degrés; aujourd'hui, par orgueil, ou par démesure, il attend d'arriver en haut. Au rebours de tout le monde, Maître K'ong perpétue l'ancien usage. Ce n'est pourtant pas l'ancien comme tel qui le séduit : cela seulement le conquiert, dans la tradition, que peuvent justifier la raison ou les bienséances. Son disciple Yen Yuen lui ayant demandé comment gouverner au mieux, le Maître répondit qu'il suffirait d'adopter le calendrier de la dynastie Hia, le char des Chang et le bonnet des Tcheou. En chacune des trois dynasties, le Maître isolait donc et retenait ce

qui lui paraissait mériter de survivre. A propos de
bonnet, justement, on voit très bien qu'il savait opter
pour le « moderne » : les anciens portaient une coiffure de chanvre; les modernes, les Tcheou, lui préfé-
raient le bonnet de soie noire. Va pour le bonnet de
soie noire, dit Maître K'ong, car le sage vit avec son
temps dans la mesure du moins où ce temps respecte
les normes de la morale.

Sa seule ruse, mais si pieuse! fut donc de faire
endosser à trois empereurs mythiques, Yao, Chouen et
Yu, toutes ses idées subversives : « Je ne découvre
chez Yu aucun défaut : il ne mangeait, ne buvait que
frugalement; mais quelle générosité dans ses offrandes
aux ancêtres! Il se vêtait, pour l'ordinaire, sans recherche; mais que somptueux ses vêtements de cérémonie,
robe et bonnet! Son palais, ses appartements, des plus
humbles; tous ses soins, il les réservait aux canaux
d'irrigation. Je ne vois chez Yu aucun défaut. » (IX,
21.) Autrement dit, le parfait souverain ne dépense
rien pour soi et se donne tout entier au bien-être de
tout son peuple (car de l'irrigation dépendent la
nourriture et le vêtement de tous). Or, ne vous imagi-
nez pas que si Yao et Chouen ont gouverné pour le
bonheur de leurs sujets, c'est qu'ils avaient à leur
service quantité d'hommes exceptionnels. Non :
Chouen n'a pu trouver que *cinq* ministres compétents,
et l'Empire pourtant prospéra (sous-entendu; avec mes
quatre meilleurs disciples, dont chacun ferait un excellent ministre, nous sommes cinq; assez nombreux pour
rétablir la grandeur des anciens Tcheou, celle de
Chouen).

Dans une civilisation obstinément tournée vers le
respect des aïeux et le culte des aïeuls, cet éloge d'un
passé qu'on invente afin de cautionner un avenir qu'on
prépare, ne serait-ce pas la seule forme que pût
donner au messianisme un sage réformateur?

Ainsi fabuleusement ornés de toutes les vertus prin-
cières, Yao, Chouen, Yu le Grand, et le duc de Tcheou
(auquel Maître K'ong prétendit une fois qu'il rêvait
constamment au temps de sa jeunesse et de sa matu-
rité), vont prêter leur nom au réformateur, et morigéner les princes des *Printemps et des Automnes*. Sans
jamais se lasser (je ne dis pas : sans jamais nous lasser)
Maître K'ong revient sur les qualités du souverain
parfait : « Se perfectionner soi-même, diffuser dans le
peuple la vertu et la paix, Yao et Chouen eux-mêmes
trouvaient cela malaisé » (XIV, 45), et voilà pourtant
l'essentiel de la fonction. *Je suis maître de moi comme
de l'univers*? non. Parce que je suis maître de moi, je le
suis de l'univers; je suis digne en tout cas de le
devenir. Au *politique d'abord*, à *l'économique d'abord*,
Confucius oppose un : *morale d'abord*! Qui veut gouverner doit d'abord se gouverner : là-dessus, Maître
K'ong ne transige pas : « Qui gouverne par la vertu,
c'est la Polaire qui demeure fixe cependant qu'autour
d'elle se meuvent les étoiles. » (II, 1.) Toute-puissance
de l'exemple, à quoi succombent jusqu'aux Barbares :
« Le Maître aurait souhaité d'aller vivre parmi les neuf
tribus des Barbares de l'Est. – Y pensez-vous! lui
dit-on; ils sont si grossiers. Le Maître répondit :
– Qu'un sage vive au milieu d'eux, et finie leur gros-
sièreté! » Que dire de la puissance du prince, dont la
fonction est exemplaire! Ministres et sujets, sur lui
chacun se modèle : à bon prince, bon ministre (à
preuve, Yao et Chouen); à bons ministres, bons sujets.

La morale exige encore du prince qu'il renonce
volontiers à l'Empire, ainsi que le roi T'ai des Tcheou
(VIII, 1). S'ils n'y ont pas renoncé en esprit : « Quelle
force en Yao et Chouen : ils ont exercé l'empire
universel, mais ne s'y sont point complu. » (VIII, 18.)

Diffusant par son exemple sa vertu, le prince n'a nul
besoin d'être habile à parler (V, 4). Mieux vaut pour lui

se choisir des ministres, des conseillers qui l'aideront à s'amender. S'il les prend vertueux, comme il convient à sa propre vertu (II, 19), ils voudront ne pas le tromper et sauront lui résister pour son bien (XIV, 23); avec de l'intelligence, pour éclairer la vertu, et de la décision, pour la rendre efficace (VI, 6), le ministre sera doué de toutes les qualités requises d'un ministre : les vivres alors ne feront point défaut, l'armée sera bien équipée. Le peuple lui fera confiance (XII, 7). S'il doit choisir entre les vivres et l'armée, il sacrifiera les chars, et quelques arcs. Il n'oubliera pas qu'il se doit de secourir les pauvres et de n'ajouter point à l'opulence des riches (VI, 3). Bien plus; il est tenu de distribuer son superflu aux pauvres de son ressort (VI, 3). Au-dessus de toutes les vertus, courage y compris, s'il place la justice (XVII, 22), comment n'obtiendrait-il pas l'amitié, l'amour du peuple? Justice que le Maître voulait équitable, et indulgente : à qui lui demandait s'il fallait punir de mort les voleurs : « Le prince qui sait gouverner n'a nul besoin de tuer. Veuillez fortement la vertu, et le peuple sera vertueux. » Car la vertu du prince est le vent qui courbe l'herbe (XII, 18). C'est cruauté que de laisser dans l'ignorance un peuple, et de lui infliger la mort pour l'en punir (XX, 2). Imitez plutôt Yao et Chouen, et sachez que si le peuple souffre de la disette, c'est que le Ciel retire au prince le mandat. Imitez plutôt le grand roi qui fonda le pouvoir des Tcheou : « Il s'attacha des hommes compétents, s'occupa des subsistances, faisant ainsi la joie du peuple » (XX, 1). Est bon tout ce qui procure au peuple des ressources; mauvais, tout ce qui lui impose des corvées inutiles, ou simplement inopportunes (XX, 2).

Etrange conservateur, étrange ami des féodaux, qui, non content de faire du prince le serviteur du petit peuple, à maintes reprises laisse entendre que nobles ou vilains, tous les hommes, pour lui, ont même qualité d'homme. « Qui que ce soit qui vienne à moi, je lui donne mon enseignement. » Ce qui classe les hommes, pour lui, ce n'est plus leur classe, mais leur vertu : « Ceux qui ont la sagesse infuse, ceux-là sont les hommes supérieurs; au-dessous d'eux, ceux qui acquièrent la sagesse : au-dessous d'eux, ceux qui, malgré leur peu de jugement, s'efforcent de l'acquérir. Ceux qui, n'ayant pas de jugement, n'ont pas non plus de zèle pour la vertu, ceux-là sont les derniers des hommes. » (XVI, 9.) Egaux à leur naissance, les hommes ne se différencient que par la qualité de leurs mœurs (XVII, 2).

Après avoir relu les *Entretiens familiers* pour en ordonner les préceptes, je m'aperçois que je me trouve d'accord avec Herrlee Glessner Creel : « Au lieu du gouvernement capricieux d'une aristocratie héréditaire (Confucius) estimait que les hommes les plus vertueux et les plus compétents doivent exercer le pouvoir, et l'exercer dans l'intérêt du peuple tout entier. Au lieu d'une jungle où les puissants ne vivent qu'en exploitant les faibles, il rêvait d'une société où chacun, selon son ordre, coopère au bien-être et au bien. »

Tel le sens du précepte fameux rapporté au douzième chapitre, celui des « dénominations correctes » : le prince King de Ts'i interrogea Maître K'ong sur l'art de gouverner; celui-ci répondit : « Que le prince agisse en prince, le ministre en ministre, le père en père, le fils en fils. » Cela ne signifie pas que chacun est irrévocablement placé par le destin à telle ou telle place : sur le trône, ou dans la chaumine. Cela signifie seulement que celui qui se trouve régner doit s'appliquer à régner de son mieux; et que celui qui se trouve ministre ou laboureur doit exercer au mieux de tous ses fonctions de ministre ou son métier de laboureur.

Sans doute Confucius n'enseigne pas explicitement que le peuple a le droit de *chasser* un mauvais prince; mais il affirme qu'un prince qui n'assure pas au peuple nous dirions un « niveau de vie décent » a perdu le mandat céleste. Or, selon la philosophie d'alors, le premier venu, s'il le peut, doit se subroger au prince défaillant. Qu'il réussisse, et, du fait même qu'il réussit, le Ciel lui octroie le *mandat*.

Je ne suis pas très sûr que Kou Mo-jo, l'opportuniste, le haut dignitaire de la République populaire chinoise, soit fondé à voir en Confucius non seulement un ami du peuple, mais un promoteur de la rébellion armée : si nous en croyons Sseu-ma Ts'ien, il est vrai qu'à deux reprises au moins, Maître K'ong pensa rallier des rebelles et leur servir de conseiller. Il en resta au désir; ainsi du moins va la légende. Elle corrobore ce que nous lisons dans les *Entretiens*, et nous autorise à confirmer Marcel Granet : assurément, Confucius ne fut pas un conservateur.

Ce qu'on pourrait lui reprocher, quand on se pique de réalisme, c'est l'extrême générosité, l'extrême naïveté, aussi, de son projet. Utopiste, plutôt que réactionnaire, voilà l'homme. Mais on sait le rôle et la valeur des utopies; celle de Moore, celle du Père Cabet, toutes les îles heureuses peuplées de bons sauvages, parfois ont en vain devancé l'histoire, parfois aussi l'ont infléchie. Confucius ne se leurrait point : des princes à son goût, des ministres selon son cœur, il n'en vit pas, et n'en espéra guère : « Que seulement paraisse un souverain digne de ce nom, trente ans plus tard régnera la vertu de *jen* (provisoirement, disons : la parfaite sagesse). » (XIII, 12.) Ses pérégrinations prétendues, et le peu de cas que sa légende avoue qu'on fit de lui comme conseiller des princes, l'avaient éclairé sur les chances de sa Réforme.

CHAPITRE VI

LE CONFUCIUS DES *ENTRETIENS*
FAMILIERS : LE MORALISTE

Déçu, je ne dirai pas dans ses ambitions (car il avait l'esprit trop noble et le cœur trop bien placé pour souffrir d'être méprisé, ou négligé par tant de princes de tant d'Etats), mais dans ses espérances et dans ses vœux, Maître K'ong n'en persévéra pas moins à proposer sa panacée. Un prince, un ministre avisés se gardent avant tout de l'opiniâtreté; soit. Mais l'obstination au bien n'est pas l'opiniâtreté : Confucius pense qu'il n'est pas nécessaire d'espérer pour entreprendre, ni de réussir pour persévérer.

Comme il ne sépare pas la morale du politique, peu lui importe en un sens qu'on se prive de ses services : du moment qu'il cultive en soi la vertu afin de se rendre digne des fonctions de ministre, ou de conseiller, un homme n'a perdu ni son temps ni sa vie. Argent, honneurs, pouvoir comptent moins pour lui que sagesse et vertu.

Sagesse, vertu, vertu, sagesse, ces deux mots obstinément reviennent dans les *Entretiens*; mais, selon les hommes, les civilisations, ces mots désignent des mœurs, ou des vertus, bien différentes.

On prétend communément que la vertu confucéenne se réduit à la pratique tatillonne des rites quels qu'ils soient. Qu'il demeure fidèle au deuil de trois ans, celui de la tradition aristocratique; contre Tseu Kong, son disciple, qu'il se prononce pour le sacrifice d'une brebis, lors de la nouvelle lune; qu'il se voulût scrupuleux à l'excès lorsqu'il s'agissait d'offrir aux ancêtres les libations requises, c'est vrai. Mais Lin Fang lui ayant demandé ce qui justifie les rites : « Question vraiment fondamentale », répliqua le moraliste : « mieux vaut trop peu que trop de rites; dans les rites funèbres, moins vaut la pompe que la douleur ». Aussi bien se fit-il reprendre, comme je l'ai dit, lorsque mourut son disciple Yen Yuen, qu'on lui reprocha de déplorer indécemment, bien au-delà des convenances. Il était coutumier du fait : mangeait-il à côté d'un homme qui venait de perdre un de ses proches : quel que fût l'appétit de l'endeuillé, à peine si Confucius, lui, pouvait grignoter un morceau; allait-il pleurer un mort, de la journée il ne savait retrouver goût à la musique. Ailleurs, et fort explicitement : « Trop de manières ennuie. »

Il affirmait pourtant les vertus de la bienséance, et qu'elles coopèrent à la vertu parfaite. Vivant des années rudes, et dans un siècle d'anarchie, comment, né Chinois, n'eût-il pas regretté tout le charme et l'ordre qu'elles ajoutent à la vie? Au sortir des guerres de religion ainsi verrons-nous les précieuses, ces calomniées, essayer de corriger les mœurs en raffinant sur les jupons et les fards. Par nos temps de muflerie, et quand, faute de courtoisie, nous voyons les rapports érotiques eux-mêmes s'avachir en « camaraderie », qui ne rêve de révérences et du baisemain? Un grand officier de Wei ayant insinué qu'au sage suffit la vertu, et que l'urbanité ne lui ajouterait que de vains ornements, Tseu Kong, un des disciples chers, répliqua sans hésiter : « Vous tenez d'habitude, Seigneur, un langage autrement sage. [...] Autant que l'intérieur, l'extérieur se cultive; raclez-leur le poil, et la peau du

tigre, celle du léopard ne se distinguent plus de celle
du chien. »(XII, 8.)

Les manières ne suffisent pas, certes non, et les
bienséances n'ont pour fin que de parfaire la vertu,
laquelle se compose avant tout d'un ensemble de
qualités, tout intérieures : courageux, constant, fidèle,
intègre, diligent, bienfaisant, voilà un homme de bien.
Pour en arriver là, qu'il lui faille dominer quelques-
unes de ses passions, cela va de soi : mais la maîtrise
des passions n'est pas encore, tant s'en faut, la perfection (XIV, 2). L'homme qui se veut vertueux ne cesse
de travailler sur soi-même. Fort des exemples et des
conseils de ses amis, fort des reproches qu'il s'adresse
à lui-même, il finira par se perfectionner. Non que ce
soit toujours facile; à de rares exceptions près, toutefois, l'homme naît perfectible (VII, 28). Il y a des
réfractaires, des récidivistes, et des incorrigibles : Tsai
Yu, par exemple, Tsai Yu le Paresseux. A son triste
propos, le Maître déclara : « Qui peut sculpter le bois
pourri? Qui peut crépir un mur de boue et de fumier?
A quoi bon réprimander Yu? » Rares par bonheur, les
humains si mal nés. Presque tous peuvent acquérir
quelques-unes au moins des qualités nécessaires à la
vertu parfaite; presque tous peuvent atténuer en eux
quelques-uns de leurs défauts : dans la jeunesse, il faut
surtout se garder de la débauche; dans l'âge mûr, de la
violence; dans la vieillesse, de l'avarice (XVI, 7). Ce qui
ne veut pas dire qu'il faille succomber à la prodiga-
lité : le prodigue, lui aussi, doit travailler à s'amender,
et l'égoïste, et l'homme qui toujours se défie de ses
semblables (attendez patiemment que d'abord on vous
dupe), et le têtu, et l'opiniâtre, et celui qui se livre à
toutes les variétés de désirs inconsidérés (IX, 4).
Confucius sait bien que lui-même n'a jamais pu se
guérir de trois défauts au moins : il aimerait ne
s'affliger de rien, ne jamais avoir peur, et ne point se

tromper; mais quoi, il est homme et par conséquent :
imparfait. Il sait d'expérience que nul n'estime autant
la vertu qu'une belle apparence (XV, 12); celui qui
sincèrement se reproche ses fautes, il ne l'a jamais
rencontré (VI, 26) : faut-il désespérer, se demande-t-il
alors. Que non! Ne jamais désespérer de l'homme en
général, tel est et restera l'un de principes de sa
morale.

Chez lui, la vertu toujours s'accompagne de prudence, voire de circonspection. J'ai conté l'histoire de
l'homme tombé dans un puits : le sage ne perd pas la
tête; ce n'est pas lui qui nous enseignerait à rendre le
bien pour le mal (que rendrez-vous donc pour le
bien?). N'est-ce pas tenter l'homme que de favoriser le
bon et le méchant? Ce n'est pas non plus Maître K'ong
qui nous commandera d'aimer notre prochain *comme
nous, autant que nous*, et quel qu'il soit, et de quelque
façon qu'il se conduise. La vertu consiste à savoir haïr,
aimer, avec discernement. A la bonne heure! Qu'on ne
me demande point d'aimer un tortionnaire, ou celui
qui rase un chat : je le hais spontanément; moralement, je dois le haïr.

La justice, en effet, voilà pour Maître K'ong la base
de la morale (XV, 17). La justice; non point la charité;
non point les extrêmes, qui peuvent le toucher, mais
ne doivent point le gouverner : le milieu juste, qui
jamais ne coïncide avec le juste milieu (XIII, 21).

Prudence, circonspection, elles aussi ont leurs limites, ou, si l'on préfère, leur milieu juste. La vertu
présuppose un ou deux postulats sur lesquels nul ne
peut sans manquer à soi transiger (XIV, 7). Confucius
a beau penser qu'aux purs tout est pur, ou du moins
presque tout (XVII, 7), il pense plus impérieusement
encore que l'homme vertueux, s'il préférait à la vertu
sa vie, perdrait sa raison d'être. Ne pas courir au-
devant de la mort, soit; Polyeucte lui répugnerait, et sa

fureur provocatrice. Sous un gouvernement tyrannique, il surveillera ses paroles, et pour cause. N'étant
pas moins entendu qu'en vain lui voudra-t-on forcer le
cœur ou pervertir l'esprit : alors, plutôt mourir (XV, 8).

Autre chose la vertu que je viens de cerner, autre
chose la vertu parfaite, cette vertu de *jen* en qui se
résument et s'accomplissent toutes les autres. La
vertu. L'humanisme. Que de fois on l'interrogea sur le
jen, Maître K'ong, et d'autant plus avidement que, de
soi-même, il n'en parlait pas volontiers. Chaque fois il
répondit, mais chaque fois différemment, comme afin
de signifier qu'elle est inépuisable, et peut-être ineffable : se dominer, se maintenir tout entier – yeux,
langue, oreilles – dans les bornes des bienséances,
parler toujours à cœur ouvert, et faire en sorte que les
mots jamais n'outrepassent les actes, exercer la vertu
de *yi* (ou Granet lit : « équité, Creel : « that which is
fitting and suitable[1] »), celle aussi de *chou*, qui
consiste à ne jamais infliger à autrui un traitement
qu'on ne voudrait pas subir, voilà quelques-unes des
conditions du *jen* : mais quand au respect de soi vous
aurez ajouté celui d'autrui, quand vous les aurez
enrichis de fraternité, relevés d'élégance et d'aménité,
il faudrait encore y introduire le fin du fin, ce *je ne sais
quoi* que Descartes, lui aussi, lorsqu'il définit la morale
du « généreux » – à tant d'égards si proche du confucianisme –, en considère comme la garantie. Ailleurs,
je lis que Fan Tch'e ayant une fois de plus demandé :
« Mais qu'est-ce donc que le *jen?* », *Tseu yue : ngai jen,
le Maître dit :* « *aimer les hommes* ». Or l'amour est par
excellence le domaine du *je ne sais quoi.* (Encore
faudrait-il nuancer cette définition du *jen* : relisant en
1985, en vue d'un hommage à mon maître Marcel
Granet, toutes les notes que j'avais des années durant

---

1. Ce qui est pertinent, et convenable.

prises à tous ses cours et séminaires, j'ai compris que,
s'il est bien vrai que le dernier mot du *jen* soit ce que
le Maître ce jour-là répondit à Fan Tch'e, on y peut
parvenir selon trois voies, et combien différentes! Par
la seule crainte du châtiment (mais alors, on se
condamnerait à rester « dans la ligne » de tout pouvoir quel qu'il soit, et l'on ne serait pas un *kiun tseu*, un
homme de qualité). On reste alors au plus bas degré
du *jen*. On peut aussi obtenir le *jen* parfait, celui de
l'homme en paix avec soi : le *ngan jen*; mais pour
pratiquer ainsi le *jen* « sans impulsion et sans
contrainte » il faut en quelque sorte y être génétique-
ment prédestiné. Alors oui, sans discussion aucune, on
est un *kiun tseu*, un homme de qualité. Par bonheur
pour moi, je n'entendais pas me contenter de la
crainte du châtiment, mais j'étais assez lucide pour ne
pas prétendre au *ngan jen*. Etais-je donc damné?
Condamné, du moins? Granet par bonheur me révéla
qu'il existait une seconde qualité de *jen*, qui s'élabore
peu à peu à partir d'un savoir inlassablement acquis,
aussi vaste que possible, et constamment remis en
cause. Voilà peut-être à quoi je pouvais modestement
m'appliquer : et si la littérature comparée, accompagnée de curiosité pour tous les autres modes du
savoir : sociologie, anthropologie, pathologie affective,
etc. était une des voies d'accès au *jen* confucéen?
Eh bien oui, je me contenterais du *jen* de seconde
classe.)

Curieux, tout de même, que cet homme que l'on se
plaît à traiter d'esprit sec sache préserver comme un
mystère de la vertu, et fasse de ce je ne sais quoi
l'objet de sa dilection : « Mieux vaut aimer bien la
vertu que de la connaître : plutôt que de l'aimer bien,
mieux vaut en faire ses délices. » (VI, 18.)

Mais la sagesse? Se distingue-t-elle de la vertu?
Certains traducteurs emploient ici *vertu, sagesse* ail-

leurs, pour définir les mêmes choses; on les excuse. Sagesse et vertu coïncident en effet dans le cœur du *kiun tseu*, celui que le Père Couvreur, S. J., appelle « le sage », et que plus volontiers j'appellerai l'*homme de qualité*.

Quelques nuances peut-être s'ajoutent à la vertu de *jen*, pour accomplir l'*homme de qualité* : il étudie (les morts et leurs livres, les vivants et leurs mœurs); ce qu'il sait, il sait qu'il le sait; ce qu'il ignore, il sait qu'il l'ignore (II, 17); ce qu'il croit qui est bien, il le met en pratique; ensuite seulement, il l'enseigne (II, 13); circonspect quand il parle et zélé quand il agit (IV, 23). Encore voit-on que plusieurs de ces traits concernent aussi bien l'homme vertueux que l'*homme de qualité* : il n'est de vertu, pour l'homme, que fondée sur un savoir (la vertu infuse, c'est le propre des héros, que Maître K'ong lui-même tenait peut-être pour légendaires). Ceci pourtant me paraît distinguer de l'homme vertueux l'*homme de qualité*, et le rapprocher de l'*honnête homme* tel qu'on le définissait durant notre XVIIᵉ siècle : « l'*honnête homme* ne se pique de rien », disait-on volontiers alors; or vingt-deux siècles plus tôt, et dans la Chine des Tcheou, Maître K'ong dit mot pour mot la même chose : *Kiun tseu pou k'i : L'homme de qualité n'est pas un spécialiste*, belle réponse à ceux qui nient la *nature* humaine; à ceux également qui prétendent que les valeurs morales ne font que réfléchir les intérêts de la classe dominante! Comment alors expliquer que le pouvoir centralisé de Louis XIV, qui brisa les grands féodaux, définisse l'*honnête homme*, ou le *généreux*, qui ressemblent si fort au *kiun tseu* confucéen, élaboré celui-ci dans un pays où les grands féodaux avaient bafoué, ruiné toute forme de pouvoir central?

Voici toutefois qui distingue du *généreux*, ou de l'*honnête homme*, le *kiun tseu* confucéen, l'*homme de qualité* : le rôle qu'il attribue, l'importance qu'il concède à la piété filiale. Se rappeler souvent l'âge de ses parents, se réjouir de leur longévité, et craindre qu'ils ne viennent à mourir, ce précepte des *Entretiens familiers* (IV, 20) pourrait se déduire du Commandement de Dieu : « Tes père et mère honoreras afin de vivre longuement. » Mais le précepte 19 du même chapitre pousse un peu loin déjà le devoir de piété filiale : « Le Maître dit : Tant que vivent vos père et mère, ne voyagez pas trop loin; si pourtant vous voyagez, qu'ils sachent exactement où vous allez. » Ailleurs, au chapitre second, Maître K'ong s'entretient encore de cette vertu pour lui capitale : elle comporte bien entendu le devoir d'assistance, celui que connaissent en Occident les codes laïcs, et qui se pratiquait religieusement sous les Tcheou : « Le Maître dit : De nos jours, la piété filiale ne consiste plus guère qu'à donner aux parents le nécessaire. Chiens et chevaux eux-mêmes, tous reçoivent leur nourriture. Si vous ne respectez pas vos parents, en quoi les distinguez-vous? » (II, 7.) Nécessaire, le respect ne suffit pas; on doit de plus se conformer aux rites.

Si original que nous semble cet aspect de la pensée confucéenne, en ce temps-là, en ce pays-là, c'étaient banalités. Pour autant que les os gravés des Chang nous renseignent sur les mœurs de cette dynastie, la piété filiale jouait déjà un rôle décisif dans la morale de la noblesse. Nous serions infondés à voir en Confucius celui qui s'efforce d'enfermer l'homme dans une famille dont le chef exerce impunément une autorité despotique : il enseigne bien plutôt que le fils peut reprendre ses père et mère; qu'il y mette quelque douceur, voilà tout. Fort éloigné enfin de séparer des autres hommes les membres d'une famille, ce sentiment filial ou fraternel n'est chez Maître K'ong que l'apprentissage de celui que nous devons éprouver

pour autrui : *à l'intérieur des quatre mers* [en Chine]
tous les hommes sont frères.

Non, pas plus de la piété filiale que de la notion
d'*homme de qualité*, on ne peut tirer une morale
réactionnaire, ou formaliste. Car enfin, cet *homme de
qualité* dont parle Confucius, et qu'il oppose à l'homme
vulgaire, au *siao jen*, ce n'est plus l'homme bien né au
sens que, dans tous les pays féodaux, l'entendent ceux
qui participent aux privilèges de la « naissance ».
Avant lui, *kiun tseu* ne désignait que l'homme de
naissance noble; *siao jen*, que le plébéien. Grâce à lui,
l'un et l'autre terme changent tout à fait de sens :
quelle que soit sa naissance, l'homme vulgaire devient
celui qui ne pense qu'à son bien-être (IV, 11) et à son
intérêt; celui, en revanche, qui n'aspire qu'à l'équité, à
la perfection, celui-là du coup s'ennoblira et de ce fait
s'anoblira. Autrement dit : « Non! non! la naissance
n'est rien où la vertu n'est pas. » Héritier d'une morale
aristocratique, où l'on distingue deux sortes d'hommes : les nobles et les plébéiens. Confucius, fort habilement, garde les mots, qu'il charge de sens neufs,
proprement révolutionnaires. Il appellera *peuple*, lui
aussi, quiconque pense bassement, fût-il prince, fût-il
le prince.

Jusqu'ici, nous ne parlons que de l'homme de qualité, de l'*honnête homme*. Mais la femme? En même
temps que notre XVII siècle adaptait le *Cortegiano* de
Castiglione et l'*Homme de cour* de Gracián pour élaborer le type de l'*Honnête homme*, il s'efforçait de définir
un type complémentaire, celui de l'*Honnête femme*.
Rien de tel aux *Entretiens*. Evoque-t-on le bonheur
parfait, la femme en est exclue, ou absente. En tant
que mère, elle a droit au respect, à toute l'assistance
que requiert la piété filiale. Pour le reste, qu'elle s'en
tienne à son rôle d'épouse : qu'elle tisse, qu'elle couse

les vêtements, qu'elle cuise les gâteaux rituels et nettoie les vases à offrandes.

Au chapitre XVII, 24, le Maître déclare que les gens vulgaires et les femmes sont les plus malaisés à gouverner : « Traitez-les familièrement, ils vous manqueront; tenez-les à distance, ils vous haïront. » Ce qui étend au sexe féminin tout entier le fameux dicton médiéval : « Poignez vilain, il vous oindra; oignez vilain, il vous poindra. » Ce qui, d'autre part, confirme le statut de la femme à l'époque des *Printemps et des Automnes*, statut qui fera d'elle, durant des siècles, un humain diminué : *La vertu de la femme est de manquer d'intelligence*, diront les *Règles de conduite de la femme*, et encore : *Qu'est-ce que la femme? Celle qui obéit à l'homme.*

CHAPITRE VII

LE CONFUCIUS DES *ENTRETIENS FAMILIERS* : LE PHILOSOPHE

Sa morale du *généreux*, si proche de celle du *kiun tseu*, Descartes la fondait sur l'existence de Dieu, l'immensité du monde et l'immortalité de l'âme (non point certaine, celle-ci, par chance, ce qui nous inviterait plutôt à nous suicider pour jouir de Dieu au plus vite; mais probable).

Sur quoi Maître K'ong a-t-il fondé la sienne? Max Weber considérait Confucius comme un rationaliste qui, dégagé de toute métaphysique et de presque toute influence religieuse, a bâti une morale sur les seuls besoins de l'homme et de la société. Depuis que l'Occident a découvert ce philosophe, telle semble en tout cas l'opinion la plus plausible. A lire les seuls *Entretiens*, qui penserait autrement? Persuadé que le travail de perfectionnement intime, qui fait l'homme de qualité, porte en soi sa récompense : la paix du cœur et de l'esprit; persuadé d'autre part que le bonheur d'un chacun se diffuse dans le groupe et en assure la cohésion, qu'a-t-il besoin de chercher à la morale caution divine, ou surhumaine? Nulle obligation descendue d'un empyrée; nulle sanction non plus; celui qui a conscience de vouloir passionnément la vérité, la justice, et qui, de ce fait, nourrit en soi une joie dont nulle circonstance, nul tyran ne sauraient le priver, il a fait tout ce qu'il peut exiger de soi-même et de l'homme : « Descendu en mon cœur, si je trouve que je suis le bon chemin, dit le Maître, je passerai à travers ceux qui s'opposent à moi, fussent-ils des milliers et des dizaines de milliers. »

Morale par conséquent la plus positive du monde. Tel pourtant qui extrait le bien d'une expérience, que filtre la raison, peut sauver en soi un coin secret pour les sentiments ou les pratiques religieuses. Dans un essai qui fit alors grand bruit, *Was Confucius Agnostic*[1]?, Herrlee Glessner Creel se proposa de montrer que, contrairement à l'opinion des lettrés et des sinologues, Maître K'ong n'était point agnostique. Creel tirait argument d'un passage des *Entretiens*, qu'on traduit ainsi d'ordinaire : le sage « respecte les esprits, mais les tient à distance ». Point du tout, objecte le savant américain. Le texte chinois signifie que le sage « respecte les esprits et garde à leur égard les distances requises » (tant par les rites que par l'horreur sacrée). Entre ces deux traductions, je ne me sens pas qualifié pour choisir. Mais plus d'un propos encore aux *Entretiens* renforcerait plutôt l'image que je me forme d'un Confucius à peu près agnostique. Celui-ci, par exemple (VII, 20) : « Le Maître ne parlait ni des prodiges, ni des tours de force, ni des troubles, ni des esprits. » De même, au chapitre IX, 1 : « Le Maître parlait rarement du profit, de la destinée, de la vertu parfaite »; ailleurs encore : « Il se refusait à discourir sur les esprits. Toi qui ne sais rien de la vie, que saurais-tu de la mort ? »

N'empêche que Maître K'ong observa quelques pratiques et retint quelques idées religieuses des Tcheou. J'ai dit son goût pour les rites, et qu'il rendait avec soin le culte minutieux que la religion de son temps

---

1. Confucius était-il agnostique ?

décernait aux ancêtres; à tel de ses disciples, qui protestait contre le sacrifice d'un mouton, nous savons qu'il rétorqua : « Vous aimez les moutons, et moi la cérémonie. » Apparemment convaincu que nulle société ne peut subsister sans des fêtes, il ne voyait aucune raison d'éliminer celles des traditions religieuses qui ne blessaient point sa morale positive. S'il entendait qu'on perpétuât le rituel de certains sacrifices (non point toutefois celui des sacrifices humains), il refusa fièrement, lors d'une grave maladie, les prières que proposait son disciple Tseu-lou : « Il y a longtemps que j'ai prié. » (VII, 34.) En cela d'accord avec les meilleurs des hommes de son temps.

Parmi les notions religieuses en vigueur sous les Tcheou, Confucius retient le *t'ien*. Quand nous traduisons ce mot-là, c'est toujours avec imprudence, car notre *Ciel* forme avec le Dieu chrétien et sa Providence un complexe quasiment indissoluble, dans la conscience du moins des fidèles moyens. Lorsque Maître K'ong se réclamait du Ciel, qu'entendait-il au juste, lui? Au milieu d'un péril : « Puisque le Ciel m'inspire, nul ne peut rien contre moi » (mais Sseu-ma Ts'ien tire assez volontiers Maître K'ong vers un prophétisme dont je ne vois pas trace aux *Entretiens*). A la mort d'un de ses plus chers disciples : « Le Ciel me détruit », gémit-il. Soit; mais combien d'agnostiques chez nous disent « *Dieu* merci », ou « *Dieu* sait que », sans pour autant affirmer l'existence de ce Dieu que paresseusement ils invoquent. Il me semble que le mot *t'ien* garde chez Confucius le sens moral, cosmique et lyrique à la fois qu'il a très souvent dans les textes chinois; on aurait tort de l'assimiler à quelque Providence, ou à quelque Nécessité.

Il y a aussi le *ming*, le « décret du ciel », et le fameux *t'ien-ming*. Maître K'ong ne l'emploie que rarement, ce mot fort malaisé. Ainsi : « A cinquante ans, je compris

le *décret du ciel* » (II, 4); « L'homme de qualité respecte trois choses : le *décret du ciel*, les grands hommes, et les maximes des Saints personnages. » (XVI,
8.) Qu'est-ce au juste que « décret du ciel ? » Tel
entend : la vie, tout simplement, ou même la durée de
la vie impartie à chacun de nous; tel autre, la loi
naturelle; un troisième, l'*anangkè* des Grecs, le *fatum*
des Latins, le *mektoub* des Musulmans, ou le *détermi-
nisme* des hommes de science.

Toute la morale, toute la politique de Confucius, qui
affirment, répètent et ressassent que l'application, la
bonne volonté, la culture du moi, peuvent transformer
en homme de bien un homme quelconque, nous
interdisent d'interpréter en un sens fataliste cette
notion de *ming*, de « décret », sur laquelle, au demeu-
rant, Maître K'ong reste d'une discrétion bien timide.
Imitons-le, et laissons au « décret du ciel » toute son
incertitude : tantôt il s'agit de quelque chose comme
l'ensemble d'os, de viscères, que nous lèguent nos
parents et qui, le plus souvent, n'est pas plus détermi-
nant que les astres, lesquels, de l'aveu même des
astrologues, ne savent que nous incliner; tantôt le *ming*
ressemblerait au Destin, mais dans la mesure où
l'homme se fait soi-même; tantôt enfin, c'est le hasard,
l'accident qui contrarient ou interrompent la destinée
individuelle.

Suprême entre tous les concepts confucéens, le *tao*
est moins encore que le *ming* contaminé de pensée
religieuse. Trop de gens veulent y reconnaître une
invention des taoïstes, et opposent un peu facilement à
la philosophie des rites et des contraintes (celle de
Confucius) une mystique du *tao* et de la liberté (celle
de Lao-tseu).

Outre le sens premier (*route, chemin*), *tao* évoque la
méthode, et peut signifier quelque chose comme la
vertu parfaite, la *sagesse accomplie*, ou comme dit

Granet « un art souverain » qui « embrasse tout le savoir ». Cette notion semble née sous les Tcheou : on ne l'a pas identifiée en déchiffrant les os gravés de la dynastie Chang. Dans les *Entretiens*, le *tao* reçoit toutes les acceptions que nous lui connaissons. Au bref glossaire dont il accompagne son édition des *Quatre Livres* confucéens, le P. Couvreur énumère dans cet ordre tous les sens qu'il trouve à ce mot, « chemin, voie, moyen pour atteindre une fin; suivre une voie; la voie de la vertu, les principes de la sagesse, la droite raison, la vertu parfaite; doctrine, principe, règle, raison d'être, action, influence; dire, parler, raconter, expliquer; gouverner, diriger ».

Point suprême de la pensée confucéenne, le *tao* participe de la loi non écrite; c'est la meilleure façon d'agir que l'homme puisse concevoir. Gardons-nous ici d'un contresens traditionnel : ceux-là mêmes qui ont entrevu dans le *tao* de Maître K'ong la norme par excellence, se hâtent souvent d'ajouter que cette perfection est immuable, et comme éternelle. Or s'il est clair que le Philosophe a le vif sentiment d'une fraternité qui, indifférente aux peaux, aux générations, apparente tous les hommes, s'il se prononce pour quelque chose qui ressemble à cette « nature humaine » que refusent nos existentialistes, le dernier mot de sa pensée sera pourtant le *panta rei*[1] d'Héraclite? « Le Maître, qui se trouvait au bord d'une rivière, déclara : « Tout passe comme cette eau; rien ne s'arrête, ni jour ni nuit. » (IX, 16.) Sur quoi le glossateur officiel : « L'homme de qualité imite ce mouvement », et, par conséquent, s'identifie au *tao*, ce *deus sive natura* de l'Asie. Ce disant, le glossateur ne trahit point Maître K'ong, car il est écrit aux *Entretiens* : « Celui qui le

1. Tout passe.

matin a compris le *tao*, il peut le soir mourir heureux. » (IV, 8.)

Plongé dans le flux général, le sage vit donc dans le
temps, avec son temps. La norme par excellence, le
tao, coïncide avec l'ordre du monde, qui est ordre en
mouvement. De même pourtant que le nouveau-né
devient un adolescent, celui-ci un adulte et l'adulte un
vieillard, l'espèce lentement se transforme sans que
pour autant sa nature se modifie, car il est dans sa
nature d'évoluer avec la nature. Mœurs, vêtements et
lois peuvent changer; dans la mesure où les coutumes
ne violent ni *cette* nature de l'espèce ni *la* nature, le
sage s'en accommode. Qu'elles soient contraires à
l'ordre du *tao*, son devoir strict sera de les modifier;
pour ce faire, quel autre moyen que d'accepter son
temps, et les hommes tels qu'ils sont?

L'étoile polaire, nous le savons aujourd'hui, s'enfuit
accompagnée de toutes les galaxies vers un certain
point de l'espace; n'empêche qu'elle nous paraît relativement fixe, et nous permet encore de définir le
Nord. Ainsi du *tao*, ce point sublime, en qui se récon-
cilient Héraclite et Zénon d'Elée.

CHAPITRE VIII

LE CONFUCIUS DES *ENTRETIENS*
FAMILIERS : MAÎTRE ET DISCIPLES

Pour qui s'efforce de lire sans préjuger, telles seraient donc, à peu près, les principales idées de Confucius aux *Entretiens*. Encore devons-nous considérer que ce sont là propos tardivement rassemblés par les disciples des disciples, et que tel ou tel passage est sûrement interpolé.

Confucius en effet n'a rien écrit; non plus d'ailleurs que Socrate, dont nous reconstruisons l'image en comparant au personnage de Platon celui de Xénophon : alors toutefois qu'on a pu écrire *Der echte und der Xenophontische Socrates* (*Le Véritable Socrate et le Socrate de Xénophon*), parce qu'on disposait d'autres sources d'informations, aucun ouvrage digne de confiance ne nous permet de recouper les *Entretiens familiers*. Prenons-en notre parti, et sachons que ce qu'ils nous livrent c'est la pensée de Maître K'ong telle que réfractée dans les consciences de ses disciples.

Plus encore qu'un réformateur, qu'un moraliste, ou qu'un philosophe, ce fut un enseignant; comme réformateur il échoua, du moins de son vivant; de son aveu il ne réussit pas à devenir un sage; si utile qu'on l'estime, sa pensée peut sembler un peu courte; mais son enseignement réussit.

Qu'il ait formé trois mille disciples, c'est peu proba-

ble (encore que n'importe quel bon professeur de
khâgne, Alain, disons, en puisse compter autant); qu'il
en ait conduit soixante-douze jusqu'à la vertu de *jen*,
c'est mythique, évidemment : ce nombre est aussi
celui des années que vécut le Maître; il ne fut choisi
que pour sa valeur magique.

Qui a lu les *Entretiens* voit toujours revenir les
mêmes noms des mêmes disciples favoris. Nous sommes loin des soixante-douze, et loin de la perfection.
Nous ne pouvons même pas affirmer que ceux dont les
Entretiens nous transmettent la mémoire aient vécu en
effet dans l'entourage du philosophe. Tel confucéen
tardif pourrait fort bien avoir été glorifié par ses
propres disciples et légendairement rapproché de Maître K'ong.

Reste que ces *Entretiens* nous transmettent un
aperçu de la façon dont enseignait le moraliste. Rien
en lui du professeur qui arrive juste à l'heure, sort sa
montre, la dispose devant soi près de ses fiches et des
livres dont il va commenter quelques extraits, puis,
l'heure achevée, rentre sa montre, ferme ses livres et,
selon son goût, va préparer un autre cours, jouer aux
boules, ou voir les filles. S'il lui arrive de recevoir dans
son bureau un étudiant, ce sera toujours entre deux
autres rendez-vous, pour un temps très limité, et en
vue de lui donner des renseignements, bio-bibliogra-
phiques de préférence, ou pour discuter les thèmes
d'un mémoire, arrêter le plan d'une thèse. Aucun de
mes professeurs, non pas même ceux qui me furent
des maîtres excellents de latin, de grec ou de chinois,
n'a connu, n'a souhaité connaître mes goûts, mes
défauts, mes aversions, et – si j'en ai – mes qualités. Ils
se sont tous mépris sur moi, qui ne les intéressais que
dans la mesure où je leur fournissais une bête à
concours. Nul jamais n'essaya de me guider, par les
humanités, vers un humanisme directement assimila-

ble. On gémit périodiquement sur l'amoralité, sur l'immoralité de la jeunesse française; on a grand tort : que ne condamne-t-on l'incompétence des adultes? Le catéchisme et la gifle, voire le martinet, pour eux résument la morale.

Que l'orthodoxie confucéenne ait fini par dégénérer en discussions livresques, en récitation ou commentaires des « classiques », des livres saints, plus d'un lettré chinois, plus d'un confucéen l'a déploré d'autant plus sincèrement que plus fidèle au Maître, lequel ne s'embarrassait guère, lui, d'exégèse et de références. « Le Maître, disent les *Entretiens*, enseignait quatre choses, les lettres, la morale, la loyauté et la bonne foi. » Les belles-lettres, qui ne constituaient qu'une part de l'enseignement, n'avaient d'autre fin chez lui qu'édifiante. On peut le regretter; peut-être le doit-on; mais c'est ainsi. « Mes enfants, pourquoi n'étudiez-vous point le *Canon des Poèmes* ? Le *Canon des Poèmes* nous stimule; il nous aide à nous mieux connaître; il nous aide à nous bien comporter [...], à bien traiter notre père, à bien servir notre prince; il nous enseigne beaucoup de noms d'oiseaux, de quadrupèdes, d'herbes et d'arbres. » (XVII, 9.) Encore : « Il y a trois cents textes dans le *Canon des Poèmes*; un seul mot de l'un d'eux les résume : *seu wou sie*, c'est-à-dire, *avoir des intentions droites.* » (II, 2.) Ou bien ceci : Le Maître dit : « La chanson *Kouan ts'iu* exprime la joie, et non la licence. » (III, 20.) Enfin, ce curieux dialogue : (Tseu-hia interrogeait son Maître) : « *Un sourire avenant plisse bien joliment les commissures de ses lèvres; ses beaux yeux brillent, noir et blanc; sur fond blanc, toutes sortes de couleurs. Que signifient ces paroles?* – Le Maître répondit : Avant de peindre, il faut un fond blanc. – Alors Tseu-hia : Autrement dit, les rites ornent les mœurs ? Le Maître dit : – Voilà quelqu'un qui m'entend; je peux désormais lui élucider le *Canon des*

Poèmes. » C'est trop loin pousser le souci moralisateur que de dévier en allégorie du rôle que jouent les bonnes manières dans la vie d'un homme sage quelques mots du *Canon des Poèmes*, anodinement érotiques!

Le disciple entre tous chéri, celui qui mourut trop tôt et que Maître K'ong pleura toute sa vie, a très bien défini la façon très simple, et pourtant si profonde, qui était celle de Confucius : « Plus je la contemple, plus la doctrine s'élève; plus je la creuse, plus elle me résiste; je la maintiens devant mon regard, et la voilà derrière! Le Maître excelle à enseigner méthodiquement. Il me nourrit de belles-lettres; il me discipline par les bienséances. Voudrais-je m'arrêter, je ne le puis. Quand j'ai épuisé mes forces, on dirait que quelque chose encore se dresse, et, bien que je veuille y atteindre, je ne le puis. » (IX, 10.)

Alors qu'on peut aisément étudier une leçon de littérature, et même une glose erronée, on ne saurait en effet « apprendre » au sens strict ce que Maître K'ong avait à dire sur le Ciel et sur le *tao*, sur les hommes et leur nature (V, 12). Cette image du vrai savoir comme inaccessible sommet est la plus familière qui soit aux sages de l'Asie. On la revoit au *Tao-Tö King* (elle deviendra chez nous le sujet du beau roman qu'a laissé René Daumal, *Le Mont analogue*). Madame Berès dans sa galerie exposait jadis un carnet de dessins originaux crayonnés par Hiroshigé. Entre tous j'y admirai un volcan, un Fuji, que l'artiste avait voulu décapité par le bord supérieur de la page : il me semblait parfaitement illustrer la pensée de Confucius, et toute leçon digne vraiment d'être reçue, celle qui manifeste le « principe unique grâce auquel tout comprendre » (XV, 2). Par infortune, ni les livres ni l'expérience ne peuvent nous y conduire. Au moment décisif, le seul enseignement devient donc celui du silence : « Je préfère ne pas parler, dit le Maître. – Alors Tscu Kong : – Si vous ne parlez pas, que pourrons-nous transmettre? – Le Maître dit : – Le Ciel parle-t-il? Les quatre saisons se succèdent : les êtres vivants viennent au jour; et le Ciel parle-t-il jamais? » (XVII, 18.)

On se méprendrait si, de cette anecdote, on prétendait tirer l'idée si chère à notre temps, et si sotte, que les plus beaux poèmes ne furent point écrits, que la parole ne s'accomplit qu'en se niant, que le mot c'est la mort. Nulle tentation pseudo-mystique, nulle feintise d'ésotérisme. Non seulement Confucius ne donnait à ses meilleurs disciples aucun enseignement confidentiel; pour son fils lui-même il ne faisait point d'exception (XVI, 13).

A lire le *Louen Yu*, on l'imagine qui, tout familièrement, vit devant ses disciples, et avec eux : à la maison, à la promenade, au bord des rivières, sur les chemins qui de principauté le mènent en principauté. Déférents, mais point timides, les jeunes gens l'interrogent. Il répond à la chinoise, par des anecdotes; plus rarement, par des citations du *Canon des Poèmes*. Il répond surtout par ses actes et son exemple. A preuve, l'étonnement, voire le scandale qu'il suscite lorsque tel ou tel de ses gestes semble contredire tel ou tel de ses principes. Tseu-lou avait si parfaitement assimilé la méthode qu'il ne voulait point recevoir une idée neuve qu'il n'eût d'abord mis en pratique celle qu'on venait de lui découvrir, ou de lui révéler. Savoir n'est rien; savoir vivre, tout.

Formation tout opposée à la nôtre, mais dans une certaine mesure analogue à celle que le chevalier de Méré dispensait à ses disciples, dans ses lettres, et qu'on a pu comparer sans trop d'invraisemblance à celle que recevaient dans leur *Public Schools* (c'est-à-dire dans leurs collèges chics) les fils de l'aristocratie britannique; quand ils traduisent les mots chinois *kiun tseu*, il arrive du reste que les Anglais optent pour : *gentleman*.

Formation qui se proposait notamment de préparer à ses tâches politiques une élite morale recrutée au seul mérite. Dans une société rudimentaire encore, l'homme d'Etat n'avait besoin que de son bon sens et de justice; dans un siècle sans lois ni mœurs, n'était-ce pas les meilleures leçons que celles de maintien, et de maîtrise de soi? Confucius refusait d'enseigner l'agriculture : on lui en fait grief. Autant reprocher au Pape de ne pas enseigner la résistance des matériaux. Mais Confucius, je l'ai signalé, louait l'empereur mythique Yu de « réserver ses soins aux travaux d'irrigation ».

En revanche, il n'hésitait jamais à former le cœur des disciples; Tseu Kong lui ayant demandé : « Que pensez-vous de moi? », il répondit : « Tu es un *k'i* »; formule discrète, mais sévère, puisqu'elle avouait au disciple combien il restait loin derrière l'*homme de qualité*; celui-ci se définit en effet par la formule *kiun tseu pou k'i*; le *kiun tseu* n'est pas un *k'i*, c'est-à-dire un outil qui ne sert qu'à une seule fin; l'homme de qualité n'est pas un spécialiste. En trois mots, *jou k'i ye*, « tu es un outil (qui ne sert qu'à une fin) », le Maître en disait long. Tseu Kong insista : « Mais encore? quel genre d'outil? – Un vase sacré », telle fut la réponse, un peu réconfortante, puisque du moins, s'il était spécialiste, le disciple, c'était de choses nobles. Reste que le sage confucéen n'est jamais un outil; pas même un vase sacré. Un autre jour, comme le Maître demandait au même Tseu Kong s'il s'estimait supérieur ou inférieur à Houei, autre disciple : « Comment oserais-je me comparer à Houei », répondit le bon disciple : « entend-il une chose, Houei en déduit dix : si j'entends une chose, moi, j'en déduis deux. » Sur quoi Confucius : « Je te l'accorde : tu lui es inférieur. » Pauvre

Tseu Kong! Un jour qu'il se flattait de ne point faire à autrui ce qu'il n'eût pas aimé qu'on lui fît à lui-même, s'accordant ainsi, sans excessive modestie, la vertu entre toutes précieuse de *chou*, de *réciprocité* : « Mon petit, tu n'en es pas là. »

Voyez-le qui reprend Tseu-lou, le brave garçon formaliste, un peu borné, celui qui lui reprocha de voir la princesse Nan-tseu, et par deux fois lui déconseilla de conseiller des rebelles : « On ne pratique point ma doctrine, dit le Maître. Si je montais sur un radeau que j'abandonnais au gré du flot, qui me suivrait, sinon toi (Tseu-lou)? » Tout heureux de se voir ainsi favorisé de ce qu'il croyait une telle confiance, Tseu-lou déchanta aussitôt, car Maître K'ong : « Tseu-lou me passe en courage; mais il manque de discernement. » Confucius en effet se méfiait de cette véhémence qu'il sentait en ce fidèle qui ne prisait rien tant que la vaillance : « L'homme de qualité, lui rétorqua quelque jour son bon Maître, met la justice au-dessus de tout. Courageux mais injuste, l'homme de qualité deviendra un rebelle. Courageux mais injuste, l'homme vulgaire deviendra un brigand. » (XVII, 22.) Tseu-lou mourut en effet de cette mort violente, que son Maître avait annoncée.

Maître K'ong ne cherchait donc point à fabriquer des hommes identiques; plutôt essayait-il de révéler à soi-même chacun de ceux qui lui demandaient conseil. Il les observait, qualités et défauts; il corrigeait les défauts, développait les qualités. Si obstinément qu'il accordât sa confiance, il finissait à l'occasion par se lasser; ainsi du paresseux incorrigible; ainsi de Jan Yeou. Lorsque ce disciple imparfait, qui avait tout au plus la qualité de ces hommes dont on fait des ministres ordinaires (XI, 23), profita de ses hautes fonctions pour s'enrichir en prélevant sa part sur les impôts : « Jan Yeou n'est plus mon disciple, déclara

Maître K'ong : battez le tambour, mes enfants, et
sus! » (XI, 16.)

Yen Houei, de tous, fut le meilleur : « Ce Yen Houei,
dit Maître K'ong, je lui parle un jour entier; il ne
souffle mot : à le croire idiot. M'a-t-il quitté, j'observe
sa conduite, dans le privé; alors, manifeste, je vois sa
perfection. Idiot, Houei? certes non. » (II, 9.) Le duc
Ngai de Lou lui ayant un jour demandé quels de ses
disciples montraient du zèle pour l'étude, Confucius
répliqua : « Yen Houei, en voilà un qui étudiait avec
zèle! Il ne transférait point sa colère. Il ne tombait pas
deux fois dans la même faute. Hélas, il n'a guère vécu,
et le voici mort. Maintenant, il n'y a plus personne. Je
n'ai jamais vu tant de zèle pour l'étude. » (VI, 2.) Alors
que ses autres disciples atteignaient tout au plus une
fois par jour ou par mois la perfection de l'humanisme, Yen Houei pouvait passer trois mois pleins
sans que son cœur s'en écartât. (VI, 5.) « Il n'avait
qu'un plat pour manger, pour boire qu'une calebasse,
et logeait dans une ruelle sordide. Nul autre que lui
n'aurait supporté tant de misère. Rien pourtant n'altérait sa joie. Voilà bien la sagesse! » (VI, 9.) Un homme
que son Maître vit toujours en progrès, comment ne
l'eût-il pas pleuré? (IX, 20.) Comment ne l'eût-il pas
pleuré plus même que ne le commandait la stricte
politesse? : « Ai-je donc trop de chagrin? Pour un
homme de cette qualité si je n'en avais pas trop, pour
qui serait-ce? » (XI, 9.)

L'essentiel est donc de former des caractères : car
seul mérite le nom d'homme celui qui, n'y parvînt-il
pas, du moins tend vers les vertus fondamentales. Il se
peut que son tempérament ne lui permette point de
les pratiquer toutes : aux défauts de chacun, on
connaît ses qualités : les individus ne sont pas inter-
changeables. Tseu-lou par exemple, Maître K'ong se
gardait bien de le considérer comme un humaniste

achevé; du moins lui reconnaissait-il, à défaut de ceux
du diplomate, les dons de l'homme de guerre : « Il
saurait commander les forces d'un Etat possédant
mille chars de combat » (V, 7); Jan Yeou non plus
n'atteignait point la perfection, tant s'en fallait; cela
n'empêchait pas Maître K'ong d'apprécier en lui les
qualités de l'administrateur, capable de gouverner une
ville de mille familles. De tel autre disciple, non moins
éloigné de la perfection, Maître K'ong disait pourtant
que son urbanité lui permettrait fort bien de jouer le
rôle d'un chef de protocole (V, 7). Qu'on n'aille pourtant point supposer que l'idéal suprême de Maître
K'ong soit de fournir au prince des ministres ou des
grands officiers : un jour que Tseu-lou, Tseng Si, Jan
Yeou et Kong Si-houa se tenaient près de lui : « Faites
donc comme si je n'étais pas d'un jour à peu près votre
aîné, leur dit le Maître, et supposez qu'au lieu de
laisser vos talents inemployés, le prince fît appel à
vous : que feriez-vous? » Tseu-lou s'imagine sur-le-
champ chargé de rétablir l'ordre dans une principauté
qu'ont ruinée de puissants voisins : en trois ans, il
saurait rendre courage aux habitants, et leur faire
aimer la justice. Jan Yeou se voit très bien gouvernant
une modeste chefferie : en trois ans, il donnerait au
peuple l'abondance. Pour moi, dit à peu près Kong
Si-houa, comme j'aimerais, vêtu de noir, faire office de
desservant au culte impérial des ancêtres!

Lâchant alors son luth dont les cordes vibrent
encore (tiens! c'est amusant! il jouait du luth, tandis
que les autres parlaient; Ying-chao écrira encore, au
IIe siècle de notre ère : « L'homme de qualité ne peut
souffrir de se séparer un instant de son luth »), Tseng
Si poliment se lève et avoue ne partager aucun des
goûts de ses condisciples. « Quel mal à cela? répliqua
Maître K'ong. Ici chacun dit ce qu'il pense. » Alors
Tseng Si : « Vers la fin du printemps [...] accompagné

de cinq ou six jeunes gens portant le bonnet viril, et de quelques autres plus jeunes, que j'aimerais aller me baigner dans les eaux de la Yi, prendre le frais sous les arbres où l'on offre les sacrifices pour obtenir la pluie, chanter quelques chansons, et là-dessus rentrer chez moi! » Avec un soupir : « Je suis de ton avis, dit Maître K'ong. » (XI, 25.) Vivre en paix dans la montagne, tel serait bien, pour lui, le dernier mot de la sagesse, l'avant-dernier étant de transformer le monde.

CONCLUSIONS SUR CONFUCIUS

Deux millénaires de gloses, et les plus contradictoires, la passion des zélotes, celle des ennemis, tout conspire à nous cacher Confucius : l'homme et l'œuvre. Ceux toutefois qui s'en tiennent aux propos qu'on attribue au Maître, c'est-à-dire au seul document où nous ayons quelque chance de rencontrer au premier état des pensées qui deviendront l'orthodoxie confucéenne, tombent à peu près d'accord sur le sens de cet enseignement, comme aussi sur sa valeur : Granet, Creel, ou Rygaloff.

De sa vie, autant reconnaître que nous ne savons rien. Elle ressemble par trop à ce qu'elle doit être. De son enseignement, nous savons peu de chose, ce qui en transparaît aux *Entretiens* : les quelques idées morales et politiques grâce auxquelles Maître K'ong souhaitait réformer l'Empire : « Si l'Empire était bien gouverné, aurais-je besoin de le changer ? »

Le texte des *Entretiens* nous invite d'abord à refuser la préface traditionnelle, celle qui figure aux *Quatre Livres* : « Avant sa naissance, à K'iue Li (son pays natal), une licorne vomit un livre orné de pierres précieuses. On y lut ces mots : *Un enfant, formé des parties les plus subtiles de l'eau, soutiendra l'empire ébranlé de la dynastie des Tcheou et sera roi sans royaume.* La mère de Confucius fut étonnée de ce prodige. Avec un cordon de soie, elle lia par la corne le mystérieux animal, qui disparut au bout de deux nuits.

« La nuit de sa naissance, deux dragons entourèrent le toit de sa maison. Cinq vieillards descendirent dans la cour. Leurs corps étaient formés des éléments les plus purs des cinq planètes. Auprès des appartements de la mère, on entendit le chant du Céleste Potier, ou Créateur. Des voix dans les airs prononcèrent ces mots : *Le Ciel accorde à la prière la naissance d'un fils parfaitement sage*[1] ».

Bref, Confucius (ou celui qu'on a modelé en Confucius) incarne la pensée de ceux qui, vers la fin calamiteuse des Tcheou, ont essayé d'offrir aux Chinois des recettes de bien public. Par ces siècles de sang, de félonie, de cruauté, ce souci s'imposait à tout homme intelligent et généreux.

Nul système; nulle orthodoxie, en dépit du fameux texte des *Entretiens* (II, 16) que le Père Couvreur traduisit à dessein fort mal : « Le Maître dit : Etudier des doctrines différentes (des enseignements des anciens sages), c'est nuisible », et qui probablement veut dire tout autre chose : « S'appliquer aux doctrines extravagantes, voilà qui fait du mal. » Pour déguiser Confucius en fanatique, il suffit d'ajouter entre parenthèses quatre ou cinq fioritures grâce auxquelles ne pas comprendre le mot *yi*, qui signifie *étrange, extravagant, extraordinaire, fabuleux* : bref, tout ce dont se méfiait Confucius : la tortue, l'achillée, la magie, toutes les fariboles du *Canon des Mutations.*

---

1. Je donne ici la traduction française du Père Couvreur. Ce fort savant Jésuite s'inspire ingénieusement des commentaires de Tchou Hi pour adopter des traductions qui font le jeu de sa propagande catholique.

De la religion, il ne retient guère que le culte des ancêtres, quelques cérémonies, et deux ou trois notions, *Ciel*, *décret*, *tao*, qu'il laïcise fortement. Après avoir tâté de l'ascétisme, il en revint au sommeil, à la santé, au poisson frais, au riz bien cuit. Il se refuse aux fantômes, et même, semble-t-il, aux formes laïques du merveilleux : de la poésie, de l'anecdote, il ne voit jamais la beauté, toujours la valeur morale.

Moraliste en effet, et avant tout. « Tseng-tseu dit : La voie du Maître (son *tao*), c'est la générosité » (au sens cartésien de ce mot). Cette vertu se décompose en deux qualités fondamentales, que Legge, le sinologue anglais, interprétait assez bien dès le XIXe siècle : *tchong* « fidélité aux principes de notre nature », *chou* « leur application bienveillante à autrui[1]. » (IV, 15.) Moraliste, et même : un peu moralisant, tel du moins que nous le présentent les *Entretiens* (mais dans quelle mesure ses disciples l'ont-ils ou non tiré à soi?). Nous qui vivons dans une civilisation aussi malade au moins que celle des Tcheou, peut-être saurons-nous excuser son idée fixe : changer le monde en lui offrant une morale.

Sa morale, il ne la descend point d'un Sinaï, toute faite une fois pour toutes et pour tous. Plutôt la construit-il peu à peu, et pour chacun, à petites doses de raison et d'expérience. Raison chez lui raisonnable, et non point rationaliste, et nullement ratiocinante. Raison modeste, oui; mais confiante en soi, en la nature humaine : « Le Maître dit : Dans un village de dix feux, certes il se trouve des gens au cœur *tchong* », c'est-à-dire des hommes nés généreux (V, 27). Ce qui

---

1. Quand le Père Couvreur traduit : « Tseng-tseu répondit : Toute la sagesse de notre Maître consiste à se perfectionner soi-même et à aimer les autres comme soi-même », il accumule deux contresens, dont un au moins, le dernier, évidemment est volontaire, et par trop apologétique.

leur manque, c'est de *connaître* les vertus vraies, et de s'y appliquer. Tel en effet ne naît pas vertueux qui, par une étude appropriée de soi, par un constant effort sur soi, peut acquérir toutes celles des qualités humaines qui ne sont pas incompatibles avec son tempérament. Trois de ces vertus font de vous un brave père de famille, six un prince acceptable, neuf un grand roi.

La politique se déduit donc de la morale. En se formant soi-même à la vertu, le souverain se rend capable de bien régner, le ministre de bien administrer; l'ordre règne alors dans l'Etat; dans la maison des humbles, le riz abonde, et le bonheur.

Peut-être insoucieux à l'excès de la technique administrative et des techniques, il enseigna du moins cette vérité, aujourd'hui oblitérée, qu'une société ne saurait se passer de héros sur qui se modeler, et que le vrai prince irradie son prestige. Contrairement à tous les réalistes de tous les temps, il affirme aussi qu'un roi vertueux est le plus efficace.

Lui reprochera-t-on de penser un peu court, de négliger l'épistémologie, et l'angélologie, et la théologie? Si ta maison brûle, je doute que tu persistes à longuement te demander si elle est autre chose qu'un état de conscience; ou à t'interroger sur le nombre des anges qui pourraient danser sur la pointe d'une aiguille; tu sonnes les pompiers, et tu as bien raison; ou tu cries aux voisins de venir faire la chaîne. Ainsi Confucius : il court au plus pressé : il n'y a plus de princes, mais des bandits; plus de nobles, mais des reîtres; plus d'hommes, mais des serfs; il n'y a plus de foi, plus de loi, plus de manières. Tous ces gens sont plaisants, béats devant le très subtil « abêtissez-vous » de Pascal – dont ils ne comprennent point le sens et où M. Camproux préférerait lire : « Alestissez-vous », soulagez-vous, délivrez-vous de vous – mais qui se raillent des « rites » confucéens, les fameux « rites » !

Or il s'agit surtout de bonnes manières : comment saluer, comment boire ou manger proprement; comment se tenir de façon bienséante. Ne pas cracher sur les pieds de son voisin, ne pas lui fumer au nez, cela compte, il me semble. C'est le rudiment, non négligeable et bien trop négligé, de l'humanisme. Ce n'en est qu'une part et Confucius le sait, qui a dit : « Plus de vertus naïves que de manières, tu es un rustre; plus de manières que de vertus naïves, tu es un cuistre; autant de manières que de vertus, voilà l'homme de qualité. » (VI, 16.)

Polies par les manières, les vertus tiennent donc lieu de foi et de lois. Elles définissent l'homme accompli, ce *kiun tseu* sur lequel on répète tant de sottises! Parce qu'il refusait les erreurs et les faiblesses du monde féodal, Confucius voulut en ruiner les valeurs. On vivait sur l'idée qu'à l'homme de *naissance noble* irrémédiablement s'opposait le *vilain*, le *roturier*. Fort bien, se dit Confucius. Il nous faut en effet des hommes, et des hommes de qualité. Bien ou mal nés, au sens féodal, que m'importe! Qu'ils soient bien nés, bien formés *moralement*, voilà qui compte. Or presque tous les hommes naissent pourvus de ces qualités au moins qui font le bon père de famille. Donnez-leur la discipline intellectuelle et morale que je préconise, et vous en formerez des hommes estimables. Pour peu qu'il naisse doué d'un noble naturel, et qu'il se polisse les manières, n'importe quel roturier peut devenir homme de qualité; car les hommes, tous, sont mes frères. Quiconque, en revanche, agit ou pense bassement, et fût-il né fils de prince, je le dirai vilain, ou vulgaire. La seule noblesse que j'avoue sera celle de l'esprit, du cœur et des manières.

Qui ne voit qu'au Ve siècle, dans la Chine des *Printemps et des Automnes*, ces idées-là sont révolutionnaires autant qu'au XVIIIe siècle français celles de

Diderot ou du *Contrat social*? Avant Confucius, dans
l'ordre des faits comme dans celui des valeurs, la
naissance primait tout. Après lui, dans l'ordre du
moins des valeurs, la naissance n'est rien où la vertu
n'est pas.

Si vous tenez à lui reprocher quelque chose, que ce
soit, oui, d'avoir trop peu pensé à libérer la femme du
statut diminué que lui imposait le régime féodal. Que
ce soit, surtout, de faire au prince et aux hommes une
confiance extrême, excessive, ou naïve. Les gens du
fa-kia, les réalistes, légalistes ou légistes, auront bientôt
leur mot à dire sur le rôle des lois, de l'administration
et de l'économie. Mais avant de reprocher à Maître
K'ong quoi que ce soit, tâchez d'imaginer le milieu où
il se forma, et demandez-vous honnêtement si vous
auriez mieux fait que lui, *en ce temps-là*.

TROISIÈME PARTIE

Le legs

> L'épistémologie ne s'est jamais développée dans la philosophie chinoise [...]. Il n'est sans doute pas exagéré de voir, en lui [Confucius], le Maître.
>
> Fong Yeou-lan, 1948.

> Confucius est certes un idéaliste en épistémologie comme dans d'autres domaines de la philosophie.
>
> Fong Yeou-lan, 1950.

> Nous soutenons l'esprit scientifique dans notre tradition culturelle. Confucius, lui, était inspiré par l'esprit scientifique.
>
> Fong Yeou-lan, 1956.

CHAPITRE PREMIER

GRANDE ÉTUDE ET MILIEU JUSTE

Confucius mort, qu'advint-il de ses disciples? Ils prirent le deuil rituel, cela va de soi, et le gardèrent, précise-t-on, durant les trois années que l'on déplore un père. Ce temps achevé, Tseu Kong choisit de rester trois ans de plus sur la tombe du philosophe. Si nous en croyons le *Canon de l'Histoire*, « les disciples, il y en avait 70, se dispersèrent et voyagèrent de-ci de-là, allant chez un féodal, puis chez un autre. Les meilleurs furent nommés ministres ou conseillers des princes; d'autres, moins éminents, s'attachèrent à de grands officiers, et les formèrent, à moins qu'ils ne choisissent la retraite, et ne fissent plus parler d'eux. » D'autres enfin auraient organisé, près de la tombe sainte, un village auquel on donna le nom de Maître : *K'ong-li*, le Bourg de K'ong. On y vénéra ses reliques, et le duc de Lou y vint régulièrement célébrer des sacrifices. Le petit-fils de Confucius, Tseu Sseu, aurait successivement administré deux principautés avec rang de ministre; ce qui ne l'empêcha pas, ainsi du moins le veut une tradition contestée, d'écrire les deux traités confucéens qui figurent aux *Quatre Livres*, le *Ta Hio, La Grande Etude*, et le *Tchong Yong, Le Milieu Juste*. Certains érudits attribuaient plutôt ces deux ouvrages à Tseng-tseu, ce confucéen exemplaire dont la mort édifiante est consignée aux *Entretiens* (VIII, 3-7) :

« Malade, Tseng-tseu convoqua ses disciples et leur dit : – Découvrez mes pieds et mes mains. Il est dit au *Canon des Poèmes* : *Prudent et apeuré, comme au bord d'un précipice, comme celui qui marche sur de la glace mince.* Maintenant et à jamais j'ai su me préserver, mes enfants. » Ce disant, il présentait à ses disciples un corps intègre, auquel ne manquait ni doigt ni ongle, heureux de rendre ainsi à la terre le dépôt parfait qu'il en avait reçu.

Quels que soient les auteurs (ou l'auteur) de ces deux essais, il importe ici d'en résumer la doctrine puisqu'ils connaîtront une fortune singulière, et deviendront, à partir de Tchou Hi, les deux premiers des *Quatre Livres*. Pour mieux dire : il importerait. En effet, bien que j'aie suivi un cours de Marcel Granet sur le *Tchong Yong*, je ne suis pas plus capable qu'il y a cinquante ans de donner du titre même une traduction qui me satisfasse. *L'Invariable Milieu*, telle est la version la plus banale de *Tchong Yong*, celle du Père Couvreur, qui se conforme à l'orthodoxie néo-confucianiste de Tchou Hi. Marcel Granet aurait plutôt traduit : *Puissance rayonnante de l'harmonie centrale*, au sens social et moral de ces mots. Selon cette version, l'Empereur, le Fils du Ciel, celui qui rayonne l'harmonie, se trouve au centre du monde en cet endroit particulièrement dense et organisé qu'éclairerait l'harmonie.

En fait, et pour autant qu'on puisse tirer au clair ces deux brefs efforts de synthèse « confucéenne », *La Grande Etude* et *Le Milieu Juste* représentent un premier état systématique de la pensée confucéenne, mais passablement étranger, surtout dans *Le Milieu Juste*, aux enseignements des *Entretiens*. N'empêche que, dans son avertissement à l'édition qu'il donna du *Ta Hio*, Tchou Hi attribue sans hésiter *La Grande Etude* à Confucius et à ses disciples, ajoutant qu'elle surpasse en intérêt les *Entretiens*, voire le *Mencius* : « Qui commencera par là son étude, il a grande chance de ne point s'égarer. » Voyons donc.

Très brève, la première partie du recueil est censée reproduire des paroles du Maître. De fait, on y reconnaît le thème dominant de sa pensée politique. « Les anciens, qui désiraient que la terre entière resplendît de la resplendissante vertu, commençaient par bien gouverner leur principauté. Comme ils désiraient bien gouverner leur principauté, ils commençaient par mettre en ordre leur famille. Comme ils désiraient mettre en ordre leur famille, ils commençaient par se perfectionner eux-mêmes. Comme ils désiraient se perfectionner eux-mêmes, ils commençaient par régler leur cœur. Comme ils désiraient régler leur cœur, ils commençaient par purifier leurs intentions. Comme ils désiraient purifier leurs intentions, ils commençaient par étendre leur savoir. » Etendre leur savoir, c'est *ko wou*, deux mots si malaisés que toute la philosophie chinoise continue à se demander ce qu'ils signifient au juste, et que deux écoles au moins se sont formées selon qu'on leur donnait le sens de : « scruter la nature concrète des choses », ou « scruter le mystère des êtres, et de l'Être[1] ».

Par bonheur, pour entendre *La Grande Etude* et pour

---

1. Couvreur traduit : « On développe ses connaissances en scrutant la nature des choses »; Rygaloff : « Pousser la sagesse à l'extrême, c'est atteindre la réalité des choses »; Lin Yu-tang : « Pour posséder le vrai savoir, il faut sonder les choses ». Quant à moi, je ne sais que penser de ce « ko wou ». Je préciserai que plus d'un érudit estime que Tchou Hi, égaré par la répétition d'une même formule, crut devoir rétablir un paragraphe présumé disparu et en profita pour insérer dans *La Grande Etude* des idées philosophiques de la dynastie Song, la sienne! Quant à trancher s'il faut traduire : *Grand savoir, Enseignement suprême, Enseignement pour les adultes...* Chaque interprétation a ses fervents, etc. On pressent quelques-unes des difficultés que je ne puis qu'évoquer.

en scruter les futiles arcanes, il suffit de comprendre le sens général de ce paragraphe, attribué lui aussi au vieux Maître : « Depuis le Fils du Ciel et jusqu'aux petits sires, tous et chacun doivent avoir pour principe de se perfectionner soi-même. » Et tant pis pour l'énigmatique *ko wou*! Jusque-là, nous reconnaissons facilement la doctrine du philosophe, son parti pris de lier la politique et la morale. Beaucoup plus longue, la seconde partie du traité consiste en un commentaire de dix chapitres, qu'on attribue à Tseng-tseu. Remarques philologiques (mais rien pour élucider les deux seuls mots vraiment malaisés, le fameux *ko wou*), amplifications oratoires, allusions aux *Canons* par excellence, celui *des Poèmes* et celui *de l'Histoire*, qui fournissent à point nommé des anecdotes ou des maximes moralisantes, cette paraphrase perpétuelle n'ajoute rien aux quelques lignes qu'on attribue à Confucius, lesquelles n'ajoutent rien à ce que nous avons lu dans les *Entretiens*. Au lecteur français, toutes ces gloses paraîtront d'une troublante et insigne insignifiance. Tchou Hi estime néanmoins que l'étudiant sérieux ne doit pas les mépriser à cause de leur simplicité (qui confine à la simplesse).

Le *Tchong Yong* qui, selon Tchou Hi, contient des enseignements moraux donnés par Confucius et transmis par son école, paraît plus ambitieux, et vouloir dépasser la recette de politique. Pour Lin Yu-tang, son importance est *primordiale*.

Si oui, tâchons d'abord d'en comprendre le titre. Aucune des traductions que j'ai vues ne me satisfait, ni non plus le *Juste Milieu*, qu'adoptent plusieurs sinologues, ou sinisants. Je m'étonne que tant d'hommes érudits, égarés par leur trop de science, ou peut-être abusivement soucieux de servir leur préjugé, n'aient pas mis à profit le quatorzième paragraphe du *Tchong Yong*, où je lis : « Confucius dit : L'archer ressemble à

l'homme de qualité : a-t-il manqué le centre de la cible,
il ne s'en prend qu'à soi-même. » Ce que vise le sage,
ce n'est donc pas je ne sais que trop quel ignoble
moyen terme, quel dégradant compromis, quelle solu-
tion chèvre-chou, quelle notion de congrès radical-
socialiste – M.R.P., U.D.F. : pareil au bon archer, il vise
le centre de la cible, le *milieu juste*, dont rien n'est plus
éloigné que le *juste milieu*.

Pour moi, le *Tchong Yong* serait donc quelque chose
comme *le Milieu Juste* (on aurait pu y penser un peu
plus tôt), puisque ce caractère *tchong* représente,
fichée au milieu de la cible, une flèche.

On reconnaît au *Milieu Juste*, mais systématisées,
bien des idées de Maître K'ong. Ceci notamment :
quand il naît, chaque humain reçoit avec son corps un
certain nombre de qualités naturelles, communes à
tous les hommes, qu'on peut appeler sa nature (et, en
lui, la nature humaine). Cette nature est telle que celui
qui scrupuleusement s'y conforme respecte le *tao*, la
norme suprême. La plupart des hommes éprouvent
des passions, plus ou moins violentes. La sagesse ne
consiste point à les brimer, à les anéantir, mais à les
contrôler, à les *harmoniser*. La sagesse suprême, le
milieu juste, c'est un état plus rare encore; celui de
l'homme qui a su exténuer en soi tous les conflits
passionnels, et qui se trouve, en somme, dans un état
voisin de celui qu'Epicure appelait : *plaisir en repos*.

La norme du *Milieu Juste* n'est pas plus transcen-
dante que celle de Maître K'ong. Ne la cherchez pas
« au loin », vous dit-on une fois de plus; la voici, toute
proche, en vous-même, en chacun de vous : « Qui
taille un manche de hache, il a près de soi son
modèle. » Ainsi le moraliste : veut-il former l'homme ?
il ne s'égare point à sonder les arcanes, à interroger les
démons ou les dieux, à feindre les thaumaturges.
Considérant et acceptant l'homme tel quel, d'après

l'homme il construit l'homme. A cette fin, il ne doit pas viser trop haut; plutôt viser juste et, pareil au bon archer, ficher la flèche au centre de la cible, au cœur de l'homme.

En ceci pourtant *Le Milieu Juste* améliore Confucius qu'il accorde à la femme le privilège de se construire une morale. Oui, quelque ignorant que vous soyez au départ, *homme ou femme*, vous pourrez parvenir à connaître la norme. Si vous n'en connaissez pas l'étendue tout entière, ne vous désolez point. Qui donc jusqu'au bout a suivi le chemin? Les saints eux-mêmes demeurent en deçà. Quant aux hommes de qualité... Homme ou femme, et si peu doué que vous vous sentiez, il vous faut de toutes vos forces vous proposer de vous conduire selon la norme; n'y réussiriez-vous pas mieux que les saints, votre effort déjà vous qualifie. Chacun ne peut agir que selon son tempérament.

Celui-ci possède en naissant la science infuse des lois morales, cet autre la découvrira en écoutant les leçons de son maître; d'autres encore y parviendront en la cherchant selon leurs propres et débiles moyens. Les premiers n'ont aucune peine à s'accomplir; les seconds en ont un peu; les derniers en ont beaucoup. En fin de compte, ils arrivent tous au même résultat.

Ainsi, selon les auteurs du *Milieu Juste*, tout être humain, quelle que soit sa naissance, son sexe et son tempérament, peut acquérir de la vertu. Quant au *milieu juste*, à la plus haute perfection, il n'appartient qu'à fort peu d'hommes d'y arriver et, surtout, de s'y maintenir.

Celui qui s'y maintient acquiert infailliblement le mandat céleste, c'est-à-dire le pouvoir suprême : « Confucius dit : Qu'elle était grande la piété filiale de Chouen! Sa vertu en fit un saint homme; sa majesté, un Fils du Ciel; sa prospérité, le maître de tout ce qui vit entre les quatre mers; ses ancêtres ont agréé ses offrandes; ses descendants ont perpétué sa lignée. » Tel se présente le prince vertueux, qui observe les neuf préceptes; il se perfectionne soi-même, respecte les sages, aime ses proches, honore les grands officiers, s'accorde avec les subalternes, traite en bon père tout son peuple, attire les artisans, accueille les étrangers, traite bien ses grands vassaux. On précise qu'il choisit avec soin le temps des corvées, n'impose aux sujets que des impôts légers, et que, par des récompenses proportionnées au travail de chacun – la prime de rendement, en quelque sorte, ou le stakhanovisme –, il encourage l'émulation laborieuse.

Jusqu'ici, rien que de confucéen. Malheureusement, le lecteur attentif discerne au *Milieu Juste* plusieurs paragraphes qui offrent un tout autre sens. Jamais Confucius n'a laissé entendre que le sage reçoit le don de prémonition, jamais il n'a donné à l'achillée ou à l'écaille de tortue l'importance que leur confère ce passage : « Lorsqu'une dynastie va périr, les animaux et les choses sont chargés de mauvais présages. Des signes apparaissent dans l'achillée, sur la tortue. » Et quand donc Maître K'ong a-t-il accordé aux génies, au démons, ce pouvoir que leur concède le traité qu'on lui attribue? « Le Maître dit : Immense est le pouvoir des esprits, des démons. L'œil ne les voit point; l'oreille ne les entend point »; à droite, à gauche, devant, derrière, ils nous entourent, de toutes parts, nous circonviennent! Si nous nous rappelons la discrétion, les réticences avec lesquelles Confucius aux *Entretiens* parlait des puissances obscures, ces quelques alinéas sentent bien plus leur école des devins que la doctrine confucéenne. Que, pour exalter Confucius, on assure ailleurs que le Maître égalait Yao et Chouen, passe encore : Maître K'ong volontiers se réclamait de ces deux mythes; mais qu'on ajoute : « Il imita les saisons, il imita l'eau et la terre », il se voulut semblable au soleil et à la lune qui brillent chacun à son tour, c'en est trop. L'alternance des saisons, sur quoi tout se modèle, et cette qualité du sage, qui se veut identique à l'eau, qui aspire à devenir motte de terre, je reconnais bien là Tchouang-tseu et Lao-tseu; que tous les vivants sans se nuire se nourrissent, que l'action du ciel se manifeste sans plus de confusion que celle de la terre, ce ne sont là que lieux communs taoïsants. Poussé à cet extrême naturisme, j'ai peine à reconnaî-tre ce précepte en effet confucéen que l'homme aussi est un morceau de nature et doit s'efforcer de s'accor-der aux forces de l'univers; car Maître K'ong n'oublie jamais que l'homme, ce morceau de nature, est aussi l'animal entre tous singulier qui se pose le problème moral, et qui discute de politique. Or, pour ces taoïstes dont je reconnais le ton au *Milieu Juste*, et la métaphy-sique, l'homme doit refuser tout ce qui le distingue des animaux, des plantes de l'eau, et de l'humus.

Si la morale et la politique du *Milieu Juste* perpé-tuent le confucianisme et en un sens le perfectionnent, la métaphysique s'en éloigne pour se rapprocher de celles qui, durant les trois siècles qui suivirent la mort du Maître, se disputèrent la gouverne des esprits chinois. D'où je conclurais volontiers que *Le Milieu Juste* n'est pas l'œuvre du petit-fils de Confucius, mais une compilation sensiblement plus tardive, où des penseurs qui avaient subi d'autres influences que celles de Maître K'ong mêlèrent son enseignement à celui de ses rivaux et ennemis, lesquels, entre le Ve et le IIe siècle avant l'ère chrétienne, furent nombreux et puissants.

CHAPITRE II

LES ÉCOLES COMBATTANTES

Durant la période des Royaumes Combattants et jusqu'à l'avènement de Ts'in Che Houang Ti, tant s'en faut en effet que le confucianisme ait la partie gagnée. Si imparfaitement que dans le détail nous connaissions cette période, nous en savons sur elle assez pour affirmer, tout au contraire, que le combat resta longtemps douteux entre les sectes qui proposaient aux rois et roitelets ce que Marcel Granet appela les « recettes de bien public ».

Sectes qu'on ne doit pas imaginer aussi rigoureusement enfermées dans leur doctrine que nos Églises ou nos partis monolithiques : à telles enseignes qu'on a longtemps désigné d'un terme assez curieusement ambigu, *jou-mö*, des gens qui censément pensaient la même chose, alors que le mot *jou* désigne traditionnellement les disciples de Confucius, les « lettrés », et *mö* les partisans de ce Mö-tseu que Fong Yeou-lan considère comme le « premier adversaire de Confucius ». Pour obtenir un équivalent français des *jou-mö*, imaginons un groupe d'intellectuels contemporains qui s'appelleraient : hitléro-socratiques ou maurrasso-mendès-franciens!

Le plus âpre sinon le plus subtil ennemi de la pensée confucéenne fut en effet Mö-tseu. On croit qu'il vécut entre − 480 et − 381; on considère parfois ce

prédicateur fanatique comme celui qui élabora en
système les sentiments et les idées d'une couche
sociale issue de la féodalité décadente, les *hie*, ces
chevaliers errants qui tenaient aussi du reître et du
condottiere. Interprétation un peu simplette, mais au
goût du jour. Les disciples de Mö-tseu formaient du
moins une façon d'ordre paramilitaire, commandés
par un Grand Maître qui avait sur les sectateurs un
droit de vie et de mort. Une discipline impitoyable
exigeait qu'on fût « toujours d'accord avec le supérieur », « jamais avec l'inférieur ». On lit au *Houai
Nan-tseu*, traité philosophique du second siècle : « Mö-
tseu pouvait ordonner à ses disciples d'entrer dans un
brasier ou de marcher sur le fil d'une épée. »

Esprit fanatique, moine-soldat qui se complaisait
aux galoches, à la vie la plus rude, Mö-tseu condamnait
en Confucius un ennemi du genre humain. Il lui
reprochait de ne croire ni Dieu ni Diable; de soumettre l'homme à une façon de Destin; d'attribuer aux
rites funéraires ainsi qu'au deuil de trois ans une
importance pernicieuse; enfin, d'accorder aux arts
libéraux beaucoup trop, et notamment à la musique :
« Les disciples de Maître K'ong exaltent la beauté
d'arts pervers, et corrompent le souverain. Leur doctrine ne répond plus aux besoins de ce temps, et
néglige de former le peuple. »

Habitué à leur grossière fraternité, comment les
sectateurs de Mö-tseu pouvaient-ils tolérer que des
« lettrés » donnassent à la famille, à la piété filiale, un
tel rôle dans la société, tant de valeur en morale? A
l'intérieur de la confrérie mohiste, on se partageait
égalitairement les austères plaisirs et toutes les souffrances. De quel droit distinguer l'étranger du parent?
Tout homme est homme. Confucius a beau prétendre
que l'humanisme ne s'accomplit que dans l'amour des
hommes, les mohistes voient bien qu'il aime toujours

avec discernement. Pour eux, ce discernement devient *discrimination*; ils s'en indignent : voilà bien le principe et la racine de tous les maux! Si l'on veut guérir la Chine, que ravagent les guerres féodales, un seul remède : renoncer à l'amour partial, l'amour *de clan*, et professer *l'amour universel*, le *kien ngai*. Cet *amour-là*, gardons-nous de l'imaginer en élan du cœur, en passion généreuse, en charité. Notion plutôt que sentiment, recette plutôt qu'émotion, *l'amour universel* est posé comme un principe intellectuel d'altruisme utilitaire. En fait Mö-tseu se moque de *l'amour* humain, et s'en méfie, il soumet la société à la tyrannie la plus triste.

Alors que Confucius situe la norme au cœur de l'homme, et n'imagine même pas que l'homme de qualité puisse agir en vue d'une récompense, Mö-tseu, qui ne cesse de prêcher son *amour universel*, fonde explicitement sa morale sur l'existence de Dieu, sur celle des démons et sur l'espoir d'un au-delà rémunérateur; alors que Confucius se persuade que le sage doit gouverner et fatalement gouvernera, Mö-tseu fonde sa politique sur une façon de contrat social que corrobore la volonté de Dieu : « Jadis, quand Dieu et les esprits fondèrent les principautés... » Instrument de la divine volonté, le prince dit le juste et l'injuste. Aux sujets convient l'obéissance passive. Conservateur pessimiste, au dire de Marcel Granet, qui voit en lui le champion d'une théocratie; fondateur d'un système que Creel à certains égards doit comparer à l'hitlérisme, et que Fong Yeou-lan lui aussi qualifie de « totalitaire », Mö-tseu de son temps dut séduire plus d'un esprit par la vigueur surprenante avec laquelle ce chef de reîtres s'élevait contre la guerre. « Le meurtre d'une personne est appelé injuste; le criminel encourt la peine de mort; le meurtre de dix personnes doit être dix fois plus injuste : il vaut dix peines de mort; le meurtre de cent personnes doit être cent fois plus injuste : il vaut cent peines de mort [...]. Mais lorsque, comble d'injustice, on attaque les Etats [...] c'est à qui applaudit et parle de justice. » Pour Mö-tseu, la guerre ne se justifie en aucune circonstance : le vainqueur lui-même en pâtit, quant au vaincu! N'empêche que neuf chapitres au moins du *Mö-tseu* traitent d'opérations militaires, de tactique, et de fortifications; n'empêche que cet ennemi de la guerre la distingue avec soin de l'expédition punitive, digne celle-ci de tous éloges.

Tous les Chinois d'alors subissaient les horreurs de guerres incessantes. Mö-tseu leur parlait un langage auquel ils ne devaient pas se montrer moins sensibles que j'y fus moi-même entre les deux guerres, lorsque, tout juste remis des affres de celle de 1914, je vécus, avec ceux de ma génération, l'attente d'une guerre dont nous attendions chaque été qu'elle nous étripât. Si, des années durant, et malgré toutes les réserves que m'imposaient son fanatisme, son refus de la beauté, et son agaçant recours à l'« utile », je comptai le *Mö-tseu* parmi mes livres de chevet, j'imagine assez bien le réconfort qu'y pouvaient chercher ceux qui vivaient à l'époque des Royaumes Combattants. En ces siècles d'anarchie, de chaos économique, de misère et de famines, Mö-tseu se recommandait encore aux Chinois par un programme politique et nous dirions « économique » dont les formes extrêmes de fascisme aujourd'hui peuvent nous donner quelque idée. Si atroce et proprement intolérable que nous paraisse la tyrannie nazie, c'est un fait qu'à des fins exécrables Hitler a commencé par nourrir et vêtir ses chômeurs, ne serait-ce qu'en les enrôlant dans ses formations paramilitaires! c'est un fait que la *Winterhilfe*, que le *secours d'hiver* a fonctionné efficacement. Comme son archi-ennemi, comme Maître K'ong, Mö-tseu observe

la décomposition du régime féodal; mais alors que
Maître K'ong s'en remet à la morale, et par elle seule
veut transformer le monde, tandis qu'il veut recons-
truire une société où l'homme vertueux se confond
avec l'homme civilisé, voire avec le raffiné, Mö-tseu,
plus « réaliste », se moque de la morale. Confucius
disait qu'il voulait assurer le bonheur des jeunes gens,
et la sécurité des vieillards; qui veut que les jeunes, les
orphelins bénéficient d'un foyer, que les vieux et les
veuves soient secourus dans leur grand âge, que le tien
et le mien soient oubliés de tous et de chacun, doit en
vouloir les moyens, dit Mö-tseu. Pour que les forts ne
dévorent pas les faibles, pour que les riches ne bri-
ment plus les pauvres, il importe que le prince dispose
d'un pouvoir absolu et soit obéi sans réplique. *L'amour
universel* exige la tyrannie.

Comme dit Marcel Granet, Mö-tseu « a compromis
l'idée de devoir social qui inspire sa morale en la liant
à une utopie conservatrice et à l'apologie de la macé-
ration, du travail sans délassement, de la discipline la
plus frugale. Ses compatriotes lui ont reproché son
manque d'humanité, le peu de cas qu'il fait des sentiments individuels les plus profonds, le mépris qu'il
semble professer pour l'idéal confucéen de vie policée
et de culture personnelle ».

Comme au temps de l'*Affaire* on vit en France des
familles que scinda la passion dreyfusarde ou anti-
dreyfusarde, aux temps chinois des Royaumes
Combattants plus d'une famille se divisa, certains de
ses membres optant pour Confucius, d'autres pour
Mö-tseu. La lutte resta longtemps incertaine entre les
deux doctrines, et la confusion que j'ai dite, celle que
marque si bien l'expression *jou-mö*, se perpétua d'autant plus facilement que, tout hostile qu'il s'affichât au
confucianisme, Mö-tseu lui empruntait plus d'une
notion morale (le *jen* et le *yi*, par exemple) sans

compter l'idée de *tao* : « Ceux qui connaissent le *tao*, inlassablement devront enseigner autrui. » Nous avons lu aux *Entretiens* une formule de ce genre. Elle est aussi de Mö-tseu.

Il est vrai que cette notion de *tao* servit alors à d'autres philosophes, également hostiles à Confucius et à Mö-tseu; ceux notamment qu'on croit parfois qui en furent les inventeurs et que plus tard, pour cette raison en particulier, on nommera les taoïstes. Comme si *tao* fût alors un mot de passe, chacun s'en sert contre tous en lui donnant un sens neuf. Pendant les deux siècles qui suivent la mort de Confucius, l'histoire du mot *tao* ressemble à celle de notre *liberté* entre le XVIIIe et le XXe siècle. Pour un bourgeois libéral, pour un stalinien, pour un membre du Comité de Salut Public, les lettres *l, i, b, e, r, t, é* signifient des notions parfaitement incompatibles. L'homme est ainsi né qu'à certains moments de son histoire, certains mots se chargent pour lui d'un tel prestige affectif que chacun, s'il entend qu'on l'écoute ou le suive, est réduit à les employer, quitte à leur faire dire, selon le cas : blanc, noir, vert, jaune ou violet. Au temps des Royaumes Combattants, aucun des « cent philosophes » que Tchouang-tseu comptait alors ne peut se dispenser de se référer au *tao*. Au nom de leur *tao*, ceux qu'on dira les taoïstes condamnent également le *tao* de Mö-tseu et le *tao* de Maître K'ong; et réciproquement.

Que reprochaient à Confucius, à son *tao*, les partisans du *tao* taoïstes?

Mieux vaudrait dire : que ne lui reprochaient-ils pas? Pour eux en effet, tout le mal au monde procéderait de l'homme et de son esprit. Heureux les premiers humains, que ne brimait aucune loi, aucun rituel, aucune piété filiale, aucun devoir envers le souverain. Point de sentiers aux flancs de leurs mon-

tagnes; sur leurs mers, point de bateaux. Dociles à la
nature, qui ne fabrique ni routes ni voiliers, toutes les
créatures menaient en ce temps-là une existence para-
disiaque. Survinrent hélas des « héros » civilisateurs.
Jolis héros! Sous leur délétère influence, on tortura le
bois pour en modeler des vases rituels; afin d'en tailler
des sceptres ou des bijoux, on tourmenta le jade à qui
l'on imposa des formes contre nature; pour définir un
art du peintre, on viola l'ordre et la qualité des
couleurs; les bienséances et la musique vinrent enfin
porter la disgrâce et la cacophonie sur une terre
qu'avant toutes ces intrusions le *tao* harmonisait. Arts,
sciences, techniques et philosophies, tout bientôt
conspira contre l'homme et son bonheur. Houei-tseu
le logicien, qui veut élaborer une idée du concept, les
taoïstes le condamnent aussi radicalement qu'ils font
les ingénieurs et autres techniciens. Détruisons les
équerres et les compas, escamotons les fils à plomb;
tout recouvrera l'ordre vrai; celui du *tao*. Plus que
tous les philosophes, Confucius devait exaspérer ces
naturalistes forsenés : n'exaltait-il pas les héros civilisateurs?

L'anecdote du jardinier, au *Tchouang-tseu*, illustre et
motive cette durable inimitié : un brave taoïste peine
pour arroser son carré de légumes. Passe Tseu Kong,
le disciple de Maître K'ong, qui suggère une invention
technique bien modeste (le *chadouf* des fellahs égyp-
tiens) mais grâce à quoi le travailleur décuplerait son
rendement et diminuerait sa fatigue. Refus du jardinier : « Mon Maître disait : à invention astucieuse,
action astucieuse; et l'action astucieuse, cela veut dire
cœur astucieux [...]. Non pas que j'ignore cette invention. Je rougirais de m'en servir. » Si tout va si mal
entre les quatre mers, on ne doit s'en prendre qu'à ces
gens actifs et brouillons, réformateurs, hommes d'Etat,

faiseurs de morales et de codes. Sans lois, point de
criminels. Sans confucéens, point d'immoralité.

Ce Confucius! disent encore les taoïstes : il ne cesse
de chanter sa complainte sur le triste état de l'Empire.
A l'entendre, il va tout changer; mais que propose-t-il?
des remèdes d'un autre temps, d'un autre monde. La
petite principauté de Lou, qui le vit naître, ce pédant
feint de croire qu'elle peut servir de parangon à
l'Empire entier des Tcheou; or l'Empire, dans lequel il
faut convenir que tout va très mal, ressemble autant à
la principauté de Lou qu'à la barque ressemble un
char. Et puis, ces temps passés, auxquels nous renvoie
ce soi-disant réformateur, ils ressemblent au présent
comme la terre à l'eau. Curieux penseur, ce Maître
K'ong : qui nous suggère de naviguer en char sur les
flots de la mer!

Il ignore les rudiments du *tao*, qu'il invoque à tort et
à travers. En eût-il entrevu la profondeur, il saurait
que celui-là seul gouverne bien l'Etat qui ne gouverne
pas. « Aujourd'hui que s'empilent en monceaux les
cadavres de ceux qui tombent sous la main du bour-
reau, aujourd'hui que les prisonniers qu'appesantit la
cangue cheminent en troupeaux si drus qu'à peine
ont-ils la place de passer sur les chemins, aujourd'hui
qu'une foule de mutilés et d'estropiés va cahotant, les
disciples de Maître K'ong et ceux de Mö-tseu ne
trouvent rien de mieux à faire, parmi ces porteurs de
chaînes et de menottes, que de se planter sur leurs
jambes, de retrousser leurs manches, et de se cogner
aussi dur que possible. »

Arguments de polémique et de mauvaise foi, car ces
taoïstes, qui reprochent aux confucéens leurs remèdes
d'un autre âge, que proposent-ils pour sauver l'Empire
déclinant? De rétablir l'homme en sa pureté première,
celle de notre Eden avant la chute. A l'homme de
raison, d'expérience, de bonnes manières, et de bonne

volonté, bref : à l'homme confucéen de qualité, ils
opposent leur « homme vrai » : celui que l'eau ne
mouille pas, que le feu ne brûle jamais, qu'en son
sommeil nul songe n'importune, et que durant sa
veille n'émeut nulle passion; celui qui respire avec ses
talons mêmes, et qu'une égale indifférence à tout, un
mépris serein de l'action, fait naturel, joyeux, parfait
enfin; digne du parfait *tao*.

Suivez le *tao*, dit Confucius; point du tout, suivez le
tao, protestent les sectateurs de Mö-tseu; absurde,
répliquent les taoïstes : il faut suivre le *tao*. Encore
que le dernier mot de Maître K'ong sur le *tao* soit une
façon de *je ne sais quoi*, son *tao* ne bafoue point la
raison, et ne condamne point l'homme à refuser la
civilisation. Chez les philosophes qu'on a choisi d'appeler taoïstes, le *je ne sais quoi*, l'ineffable deviennent
le tout du *tao* : « Le *tao* qu'on peut nommer n'est pas
le *tao* éternel, sans nom », etc. Ce *tao*-là ressemble à
notre Absolu, mais aussi à la nuit d'avant le *fiat lux*.
Principe suprême d'où procèdent le Ciel, la Terre,
toutes choses vivantes ou non, c'est l'Etre, par la vertu
de quoi les êtres obtiennent leur existence individuelle; un Etre toutefois qui surgit du Non-être.
« Avant l'être de l'être, il doit y avoir le non-être, à
partir duquel l'être vient à l'être. Ces propositions sont
de l'ordre de l'ontologie, non de celui de la cosmologie. Elles n'ont rien à faire avec le temps et la réalité.
Car dans le temps et la réalité, il n'y a pas l'être, mais
seulement les êtres », écrit très bien Fong Yeou-lan.

Mais alors, si le *tao* est soustrait au temps comme à
la réalité, les taoïstes sont-ils sérieux quand ils reprochent aux confucéens de ne proposer que des remèdes
anachroniques?

Au reste, on peut se demander si le *tao* des taoïstes,
ce *tao* qu'ils opposent à Confucius, est bien ce principe
éternel, ce quasi-noumène kantien, cette Idée platoni-

cienne que savent y déceler Chinois et sinologues.
Tout récemment, un des meilleurs sinologues européens, M. Duyvendak, proposait une interprétation
pour une fois nouvelle du *Tao-Tö King*. Dans sa
traduction, le *tao* n'est plus ni quelque façon d'Absolu
installé dans l'éternité, ni le lieu métaphysique des
valeurs morales, esthétiques et politiques. Non. Pour
lui « le *tao* vraiment *tao* est autre qu'un *tao* constant ».
En d'autres termes : il n'y a rien de stable : la vie, la
mort, l'être et le non-être alternent constamment;
aussi étranger que possible à l'éternel, le *tao* des
taoïstes collerait au flux et reflux de l'histoire; il
évoquerait Héraclite, devenant à très peu près ce que
nous savons qu'entendait Confucius quand il identifiait la norme et le flux du monde.

Quoi qu'il en soit d'une querelle que les seuls
érudits seront peut-être un jour capables de vider, et
encore, j'en douterais, il est patent que le conflit des
taoïstes et des confucéens, plutôt que des conflits de
classes, ou d'intérêts, reflète l'opposition de deux
tempéraments. En tous temps et tous lieux, la plupart
des hommes qui pensent ont pensé selon leur époque;
mais aussi, mais surtout, ils ont exprimé ce que leur
corps les autorisait à penser de la vérité qu'ils cherchaient. Durant les siècles si féconds et si cruels que
nous considérons, je ne suis donc pas surpris de voir
surgir, parmi les cent philosophes, des sophistes du
genre de Kong Souen Long, des logiciens du type de
Houei-tseu, des partisans fanatisés d'une théocratie
totalitaire, égalitaire (Mö-tseu), quelques avocats d'un
ordre tempéré, juste et raisonnable (les disciples de
Confucius), et, pour finir, des contemplatifs, des anarchistes, ces fous de l'Absolu, ces amants du *tao*, les
taoïstes.

Avouons que l'échec de tous ceux, mohistes ou
confucéens, qui colportaient en vain leur panacée,

pouvait inciter l'homme sérieux à tenter tout seul son salut. Tel fut le propos avoué de Yang Tchou, le premier de ceux qu'on peut considérer comme de vrais taoïstes.

Que disait donc ce Yang Tchou? Selon Mencius : que le sage, et s'agît-il de sauver le monde, ne sacrifierait pas un seul de ses cheveux. Selon le *Han Fei-tseu*, que, fût-ce en échange du monde entier, le sage ne donnerait pas un seul poil de sa jambe. Selon Mencius encore : « Chacun pour soi. » Selon le *Lu-Che Tch'ouen-ts'ieou*, que l'égoïsme est la sagesse. Sous des formes diverses, en tout cas, les philosophes taoïstes ont ressassé cette fable du poil de la jambe : on la trouve encore au *Lie-tseu*. A l'utilitarisme de Mö-tseu, au moralisme de Maître K'ong, Yang Tchou et ses adeptes opposent la vertu de l'inutilité. Un chêne sacré, dont le bois ne valait rien, se félicite en rêve, chez Tchouang-tseu, de n'avoir jamais servi : « Si je servais à quelque chose, serais-je devenu si grand? » A la culture, à la politesse, au zèle des lettrés confucéens, Yang Tchou oppose le mépris de tout ce qui n'est pas l'Absolu, le *tao*.

Pour bafouer Confucius, Tchouang-tseu, le plus éclatant des prosateurs taoïstes, controuve des anecdotes, souvent jolies, où Maître K'ong se voit ridiculisé par le fabuleux Lao-tseu (ce qui veut dire *Le Vieux Maître*, et me rappelle que les trotskistes, quand ils parlaient entre eux de leur patron, volontiers l'appelaient *Le Vieux*). C'est ainsi que, selon Tchouang-tseu, Lao-tseu interrogea un jour Maître K'ong sur le nœud de sa doctrine. Celui-ci répliqua : bienveillance, équité. Sur ce, Lao-tseu : voilà qui me semble bien dangereux : « Parler d'aimer tous les hommes est une folle extravagance; décider d'être impartial constitue déjà une sorte de partialité. Si vraiment vous désirez que les hommes ne perdent pas leurs qualités naturelles,

étudiez plutôt comment il se fait que le Ciel et la Terre
entretiennent leur course éternelle; le soleil et la lune,
leur lumière; les étoiles, leurs rangs serrés; les oiseaux
et toutes les bêtes, leur foison. » Plus habile encore, et
plus perfide, le procédé qui prête à Confucius des
thèses taoïstes. « Pourquoi faites-vous des bienséances
le fondement de votre morale? » lui aurait un jour
demandé son disciple Tseu Kong, qui revenait, bouleversé, d'un enterrement au cours duquel on avait
chanté fort peu rituellement autour du cadavre. Maître K'ong avoue alors qu'il feint de respecter les rites,
mais qu'il n'y croit plus du tout : poussant plus loin la
confidence, il renie toute sa doctrine : « Celui qui, au
regard du ciel, est un homme vulgaire, les hommes
[lisez : les confucéens, mes disciples] le disent homme
de qualité. » Réciproquement, celui que le Ciel jugerait homme de qualité, les hommes [c'est-à-dire : mes
disciples] en font un homme vulgaire.

Les *Entretiens* mentionnaient plusieurs sages qui
vivent en marge du monde (XIV, 39) et qui raillent les
confucéens, leur volonté de réformer l'Empire :
« Tseu-lou passa la nuit à Che Men. Le portier lui dit :
– D'où viens-tu? Tseu-lou répondit : – De l'école de
Maître K'ong. L'autre alors : – C'était un homme qui
savait ne pouvoir réussir, mais qui s'entêtait à vouloir
faire des choses. » (XIV, 41.) Au XVIIIᵉ chapitre du
même ouvrage, autre historiette, d'un sage qui vit
caché et que Tseu-lou désapprouve en ces termes :
« Refuser les charges politiques, c'est contraire à la
justice. S'il n'est pas licite de négliger les devoirs entre
vieux et jeunes à l'intérieur de la famille, comment
serait-il loisible de compter pour rien les devoirs du
sujet envers son prince? A vouloir préserver sa pureté
personnelle, on ruine les rapports sociaux. »
(XVIII, 7.)

Autant que les anecdotes inventées par Tchouang-

tseu pour dénigrer Confucius, ces « histoires confucéennes » manifestent les conflits de pensée qui dressaient alors contre les confucéens les fidèles de Yang
Tchou. Ainsi, entre la mort de Confucius et l'avènement de Ts'in Che Houang Ti, les « lettrés » furent
combattus sans merci par des théoriciens d'un ordre
totalitaire, les mohistes, et par des adeptes de l'anarchie contemplative, les taoïstes. Si vertement, si plai-
samment, et si injustement qu'on s'injuriât de part et
d'autre (sans jamais aucun souci de comprendre l'adversaire), on survécut de concert durant plus de deux
siècles. Comme dira bientôt, avec agacement, Mencius
le confucéen : « Les paroles de Yang Tchou et de
Mö-tseu remplissent le monde. »

CHAPITRE III

LE CONFUCIANISME DE MENCIUS

Ce Meng-tseu, que nous appelons Mencius, vécut probablement de – 370 à – 290, ou du moins vers cette époque. Il aurait reçu de Tseu Sseu, le petit-fils de Confucius, la vraie parole du Maître. En ce temps-là, le prince de Ts'i jouait les mécènes et, pour en imposer aux moindres principautés, attirait à soi philosophes et lettrés, qu'il retenait en les entretenant; on prétend que Mencius bénéficia de cette faveur. On prétend également que, fidèle aux méthodes itinérantes de son Maître, il passa une bonne part de cette longue vie que lui prête la tradition à colporter de-ci de-là sa bonne nouvelle : sa recette de bien public.

Il n'eut guère de succès chez les rois de Wei; le premier qui le reçut lui demanda de quel profit serait cette visite : « D'où vient que Votre Majesté parle de profit? Si Votre Majesté demande : Quel profit pour mon royaume? ses grands officiers bientôt demanderont : Quel profit pour ma famille? ses petits fonctionnaires et ses sujets : Quel profit pour moi-même? Cependant que ceux d'en haut et ceux d'en bas s'exciteront sur ce profit, votre royaume périclitera. » Ce roi-là valait pourtant un peu mieux que Siang, son successeur, dont Mencius n'attendit rien. Mais quelle victoire pour le réformateur lorsqu'un nouveau duc, et vertueux, prit le pouvoir sur les douze ou quinze

kilomètres carrés que comptait alors la principauté de
T'eng, voisine de l'Etat de Lou! On allait enfin essayer
de gouverner à la confucéenne : par la seule « bienveillance ». Le règne s'ouvrit sur un deuil rituel de
trois ans, au cours duquel, vêtu d'étoffes rudes et
nourri de mets vulgaires, le duc héritier vécut dans
une cabane et sans gouverner son domaine. Scandale
des parents et des grands officiers, qui citèrent le
Canon de l'Histoire : « Durant le deuil, il faut continuer
les sacrifices aux ancêtres. » Le duc fit demander l'avis
de Mencius, qui répondit en substance : la volonté du
prince est le vent qui courbe l'herbe. Fort de ce
conseil, le prince poursuivit son deuil. Si féru qu'il
s'avouât des valeurs confucéennes, ses puissants voisins, le Tch'ou et le Ts'i, le considéraient avec concupiscence : ils auraient bien voulu s'annexer ce lopin de
terre. « Qui dois-je servir, le Ts'i ou le Tch'ou? »
demanda le duc de T'eng. Mencius lui répondit :
« Creusez vos douves, haussez vos remparts et doublez
vos gardes; montrez-vous résolu à mourir; vos gens
alors ne vous abandonneront point. – Le Tch'ou ni le
Ts'i n'approuvant ces méthodes, que dois-je faire? »
demanda une fois encore le bon prince. Par un apolo-
gue tiré de l'histoire ancienne, Mencius lui conseilla de
feindre la retraite : tout son peuple alors viendrait le
chercher, décidé cette fois à mourir pour le duché.

De la morale, encore de la morale, toujours de la
morale, et tout pays sera sauvé : telle serait en somme
la politique de Mencius. Qu'elle fût alors efficace, on
en peut douter : la principauté de Song, située entre le
Tch'ou et le Wei, essayait elle aussi de se gouverner
selon les bons principes. Mal lui en advint, car le Ts'i
et le Tch'ou commencèrent à calomnier les princes de
Song; après les avoir ainsi déconsidérés, le Ts'i les
attaqua, très pieusement, au nom de la morale. Un
des disciples de Mencius, Wan Tchang, aurait aimé

comprendre pourquoi un Etat qui, selon les leçons du Maître, aurait dû rayonner son exemple et son influence, devenait ainsi victime des Etats de proie. Mencius ne put s'en tirer que par un sophisme un peu lâche : s'il avait gouverné selon la bienveillance, le prince de Song aurait trouvé pour défenseurs tous les hommes qui vivent entre les quatre mers; il fallait donc supposer qu'il ne mettait pas en pratique les bons principes. Etc.

Qui ne comprend ceux qui, avec Arthur Waley, condamnent ce refus de la réalité : « Nous ne sommes pas en mesure de décider si les efforts du gouvernement de Song répondaient ou non à l'idéal préconisé par Mencius. Ce qu'il y a d'intéressant pour nous dans ce passage, c'est qu'il montre quelle accablante validité avait conservé le passé légendaire, même lorsqu'il se voyait confronté avec l'évidence. Mencius, à ce moment-là, résidait dans le Song; en tout cas, il ne s'en trouvait pas très loin; or, au lieu de discuter ou de chercher à vérifier ce qui s'y passait au juste, il se bornait à invoquer des légendes, et les plus anciennes du monde, afin de prouver que ce qui arrivait ne pouvait pas arriver. »

On assure que Mencius résida dans le Ts'i, dont le prince, le roi Hiuan, prétendait à l'hégémonie, au titre de *pa*. Mencius détestait les hégémons, auxquels obstinément il opposait les *wang*, les vrais rois. Afin de persuader à ce prince ambitieux qu'il avait les qualités du vrai roi, plutôt que celles de l'hégémon, Mencius alla jusqu'à lui faire un peu la cour : n'avez-vous pas sauvé un taureau qui marchait au sacrifice? « Bien des gens ont cru que vous agissiez ainsi par mesquinerie; je savais, moi, que c'était pour ne pouvoir supporter l'image de cette bête qu'on allait égorger. » Le roi objectant que sans doute il avait sauvé le taureau, mais qu'il aimait le luxe, la musique, les belles filles, qualités plus familières à l'hégémon qu'au vrai roi, Mencius répliqua qu'il ne voyait rien là de reprochable, mais qu'on pouvait obtenir ces avouables plaisirs sans aucun recours au dol, à la violence : « Constituez dès aujourd'hui un gouvernement fondé sur la bienveillance; tous les grands officiers de la Chine tout entière accourront se mettre à vos ordres; tous les laboureurs voudront cultiver vos terres en friche; les marchands fourniront vos marchés de leurs produits; tous les voyageurs emprunteront vos routes; tous ceux qui ont à se plaindre de leur prince viendront vous soumettre leurs griefs. Tous auront si grand désir d'aller vers vous que nulle puissance ne les arrêtera. »

Là-dessus, Mencius fit au prince un cours complet d'économie politique : quand on crève de faim, on se soucie fort peu des manières et de la morale; commencez donc par garantir à tous vos sujets de quoi manger, et assurez la subsistance des leurs. « A chaque famille, donnez cinq arpents de mûriers, et nul quinquagénaire ne manquera de vêtements de soie. Donnez-lui le moyen d'élever des poules, des chiens, des porcs, et nul septuagénaire ne manquera de viande. Avec cent arpents de terre, si vous lui laissez le loisir de les cultiver, une famille de huit personnes jamais ne connaîtra la faim. Veillez sur l'enseignement qu'on reçoit aux écoles : qu'on y prône la pitié filiale, et l'on ne verra plus sur vos routes des hommes grisonnants porter sur l'épaule ou sur la tête un lourd fardeau. Quand les gens d'âge sont vêtus de soie et mangent de la viande, quand les petits sires ne souffrent ni la faim ni le froid, ne seriez-vous pas encore un vrai roi, vous le deviendrez. » (III, I, 7.) Lors de son entretien avec le roi Houei de Leang, Mencius n'insista pas moins expressément sur les conditions économiques sans lesquelles point de gouvernement selon la bienveillance. Si attentif que se voulût ce souverain au bien-être de ses sujets, ceux-ci ne croissaient point ni ne multipliaient. Comme il s'en étonnait : « Sire, lui répondit Mencius, vous aimez trop la guerre. » Sur ce, nouveau cours de judicieuse économie : ne prenez point pour les travaux de la guerre un temps que les laboureurs emploieraient mieux à ceux des champs; organisez plutôt la conservation des eaux et des forêts : que désormais on ne pêche plus dans vos étangs avec des filets à mailles trop serrées; dans vos montagnes, dans vos vallées, qu'on distribue avec discernement les coupes de bois : les vivants vivront bien; les morts mourront avec les honneurs nécessaires. (I, i, 3.)

Ces principes, Mencius les viola pourtant lorsque, le Ts'i ayant attaqué et soumis le Yen, non sans l'aveu semble-t-il du philosophe, celui-ci une fois de plus s'en tira par une dérobade : j'ai bien dit qu'il fallait châtier le Yen; je n'ai pas précisé que le Ts'i fût qualifié pour cette expédition punitive; je me suis borné à dire que le Yen devait être châtié par celui qui en aurait reçu le mandat céleste...

N'empêche que Mencius eut le mérite et le courage d'affirmer que les « superstructures », comme diraient les marxistes, dépendent et strictement de l'état des « infrastructures »; qui connaît la vie que mènent aujourd'hui les *fellahs*, ou les Africains, sait que ventre affamé n'a point d'oreilles, point d'oreilles en tout cas pour les bons sentiments que lui prêchent leurs exploiteurs. Confucius avait exalté la justice. Mencius essaya de préciser quelles formes prendrait une économie raisonnable. Qu'il en fasse état comme d'une heureuse institution, ou qu'il en prône les mérites anciens afin d'obtenir qu'on le mette en pratique, toujours est-il qu'il exposa le système de tenure individuelle à la fois et collective qu'on appelle le *tsing* : un lot de terrain est divisé en neuf carrés de chacun cent arpents : huit champs privés, qui enveloppent un champ public[1]; chacune des huit familles de la communauté cultive à son profit son champ privé, et participe à la mise en valeur du champ public, dont le prince perçoit les produits. « Une administration bienfaisante doit donc commencer par répartir et délimiter les terres. Que les limites des champs ne soient pas tracées avec exactitude et les produits du champ public ne sont pas équitablement répartis. C'est pourquoi les princes cruels et les grands officiers prévaricateurs négligent de fixer les limites des champs. » (III, I, 3.) Mencius propose donc une politique agricole si raisonnable que les fermes collectives du type kolkhozien n'innovent guère, quant au principe; et puis, lorsqu'il distingue avec soin le *pa* du *wang*, l'hégémon du vrai roi, il pense comme ceux de nos « philosophes » qui opposaient aux *tyrans* les *souverains éclairés*.

Pourquoi faut-il que le même réformateur ait si peu souci de réaliser ses projets? qu'à cette fin il s'en remette obstinément, voire obtusément, à la contagieuse vertu des souverains? Une assez longue anecdote, qui occupe une bonne part du chapitre premier de son troisième livre, marque bien cette naïveté : un certain Hiu Hing, qui se réclamait (à tort) de Chen Nong, le fondateur mythique de l'agriculture, émigra du Tch'ou vers cette petite mais confucéenne principauté de Tch'eng. Il manda au duc Wen : « Des gens qui viennent de loin et qui ont entendu parler d'un prince qui gouverne selon la vertu de générosité (*jen*) souhaitent obtenir de vous un lot de terre et s'établir comme vos sujets. » Le prince lui assigna un lieu de

---

1. Système ainsi nommé, selon Mencius, parce que le dispositif des neuf champs évoque les neuf cases, dont huit ouvertes, et une fermée, au centre, que forme le caractère *tsing*, qui veut dire puits (III, I, 3).

résidence. Hiu Hing s'y installa avec quelques dizaines de disciples, vêtus de fibres grossières; ils gagnaient leur vie en tressant des nattes et des sandales de chanvre.

Vers le même temps, Tch'en Siang et son frère cadet Tch'en Sin, disciples du confucéen Tch'en Leang, arrivèrent du Song, leurs charrues sur l'épaule : « Nous avons entendu dire qu'un prince gouverne selon les saints hommes de l'antiquité, bien plus, qu'il est lui-même un de ces saints; nous souhaitons devenir ses sujets. »

Cette anecdote, qui veut prouver qu'un prince vertueux voit affluer vers soi tous les sujets des autres principautés, veut prouver autre chose encore. En effet, Tch'en Siang alla bientôt voir Hiu Hing; il en fut si charmé qu'oublieux de tout l'enseignement confucéen il devint lui aussi son disciple. Tch'en Siang alla voir Mencius. Se réclamant des propos de Hiu Hing, il déclara : « Le duc de T'eng veut être un prince vertueux, mais il ignore encore le *tao*[1]. Un prince vertueux cultiverait sa terre aux côtés de ses sujets, pour en tirer sa nourriture. Or le duc de T'eng a des greniers, des magasins, des trésors; c'est opprimer le peuple pour se nourrir soi-même. Mérite-t-il qu'on loue en lui un prince vertueux? »

Ce Hiu Hing et ses fidèles, nous le connaissons très bien : c'est Lanza del Vasto et sa communauté. Contre ces illuminés, Mencius ne manque point de pertinence : Votre Hiu Hing laboure-t-il avec un soc de métal? – En effet. – Le fabrique-t-il de sa main? – Pas que je sache; il se le procure en échange de grain. – Ce faisant, il ne pense point opprimer le forgeron. – Mais, objecte Tch'en Siang, s'il faisait tout lui-même, tout absolument, il n'aurait plus le temps de cultiver sa

---

1. Une fois de plus, le même mot à quelque sauce neuve!

terre. – Alors, conclut Mencius, pour que vous le disiez vertueux, faut-il que le prince cultive si bien sa terre qu'il ne lui reste plus le temps de gouverner?

Si fidèle qu'il nous paraisse à l'esprit civilisateur de Confucius, Mencius s'en distingue par certains traits de caractère dont je veux bien que certains lui soient propres, mais dont il se peut que plusieurs autres, il les doive aux circonstances. J'ai dit les écoles combattantes et Mencius confirme que bien des « intellectuels en chômage » (comme nous dirions) passaient leurs loisirs forcés en discussions extravagantes. J'ai dit également quels reproches adressent à Maître K'ong, à ses disciples, les sectateurs de Mö-tseu et les adeptes de Yang Tchou. Ne nous étonnons guère si Mencius, qui se propose de divulguer la doctrine de son Maître, leur répond du tac au tac, et sans plus qu'eux se soucier de la pertinence d'un argument : suffit qu'il déshonore l'adversaire qui lui-même a cherché à vous déshonorer! A l'en croire, fidèles de Mö-tseu et de Yang Tchou « incitent les bêtes sauvages à dévorer les humains »; s'il est vrai que Yang Tchou et après lui certains taoïstes réduisent à rien le pouvoir du prince, il n'est pas moins vrai qu'une autre tendance taoïste, celle que Creel qualifie d'*agissante*[1], accorderait au prince plutôt trop pour mon goût, et pour celui de ceux qui aiment les libertés. Mencius n'entre pas dans ce détail. Est-il mieux inspiré quand il accuse Mö-tseu de ravaler l'homme au rang des bêtes sauvages? dans la mesure où Mö-tseu se raille des rites, je veux bien qu'il nous animalise; mais dans la mesure précisément où c'est une idée abstraite, sa thèse de l'amour universel ne semble pas plus le fait des sociétés animales que celui des fauves ou des animaux de proie. Enfin cette assurance de Mencius, si

---

1. Jean Grenier traduirait volontiers : *orientée*.

surprenante et quelque peu choquante, pour peu que
nous nous rappelions la modestie de Confucius et
combien il doutait de soi, faut-il l'attribuer aux exigences de la polémique, ou à l'esprit de système?

Qui compare le *Mencius* aux *Entretiens*, non seulement y reconnaît un ton, un style, une vivacité qui
manquent aux propos familiers de Maître K'ong, mais
encore y voit les pensées de Confucius s'organiser en
doctrine; en système à la fois plus cohérent et moins
abstrus que celui du *Milieu Juste*.

Chez Confucius, le passage était explicite, sans
doute, de l'homme de qualité (au sens nobiliaire) à
l'homme de qualité (au sens moral); c'est Mencius
pourtant le premier qui affirme avec force que « n'importe qui peut devenir Yao et Chouen », c'est-à-dire un
parfait souverain; que, comparé au sage, le plus grand
roi n'est rien; bien avant Pascal en effet il a distingué
de la vraie grandeur, qu'il dit « céleste », celle de la
vertu, de la sagesse, une fausse grandeur, qu'il nomme
« terrestre », et que Pascal dira « d'établissement »;
comme d'être riche, duc, empereur; qui donc enfin
avant Mencius osa dire au prince que n'importe qui a
le droit, le devoir, de tuer de sa main le souverain
cruel, injuste ou négligent. Au roi de Ts'i qui lui
demandait quelque jour : « Est-il permis à un sujet de
tuer son souverain? », Mencius répondit en ces termes : « Qui viole la générosité (*jen*) on l'appelle un
brigand; qui viole la justice (*yi*), on l'appelle un scélérat; un brigand, un scélérat ce ne sont que simples
particuliers; le particulier nommé Tcheou fut mis à
mort [par le roi Wou], mais je ne sache pas qu'en
tuant Tcheou on mît à mort un souverain. » (I, II, 8.)
Voilà donc justifié le meurtre du tyran, et la pensée
politique de Confucius conduite avec rigueur à son
extrême conséquence.

Mencius développa de la même façon les pressenti-

ments de Confucius relatifs à la nature humaine.
L'homme est-il bon? est-il méchant? Durant des siècles, les Chinois ne se lasseront pas de ce débat. Tel
affirmait que la nature de l'homme n'est ni bonne ni
mauvaise; d'autres philosophes, qu'elle peut, indifféremment, nous porter au bien ou au mal; d'autres
encore, que, parmi les hommes, les uns sont naturellement bons, les autres non moins naturellement
méchants; à tous ces philosophes, Mencius répondait :
« Nos tendances, toutes, peuvent servir au bien; d'où
je conclus que la nature de l'homme est naturellement
bonne. » Si tel semble deux fois, cinq fois, mille fois
meilleur ou pire que tel autre, c'est que les hommes
n'arrivent pas tous également à bien gouverner leur
tempérament. « Quant au sentiment de compassion
pour les malheureux, tous les hommes en sont pourvus. » Poussée à l'extrême de l'optimisme, c'est bien la
thèse implicite chez Maître K'ong. Mencius la reprend
ailleurs : supposons que plusieurs hommes aperçoi-
vent un enfant sur le point de trébucher dans un
puits : ils seront tous émus de crainte et de compassion. Celui-là du reste ne serait pas un homme qui
n'éprouverait pas ce sentiment. « La compassion est le
rudiment de la générosité (*jen*); la vergogne et l'horreur du mal sont les rudiments de la justice; la
modestie et l'humilité sont les rudiments des bienséances; le sens du juste et de l'injuste est le rudiment
de la sagesse. De même qu'il naît avec quatre membres, l'homme naît avec ces quatre rudiments. »
(II, I, 6.) Le bon gouvernement permettra donc à tous
de cultiver ces quatre tendances bénéfiques; moyennant quoi, du prince au dernier sujet, tout le monde
sera vertueux. Reste la notion, plus mystérieuse
encore que fameuse, qu'une fois dans son œuvre il
appela le *hao jan tche k'i*, et de laquelle Fong Yeou-lan
a voulu déduire un prétendu « mysticisme ». Kong

Souen Tch'eou demandait un jour à son Maître en
quoi celui-ci estimait surpasser certain philosophe.
Mencius répondit : « Je comprends ce qu'on dit (je
discerne le vrai du faux), et je cultive en moi le *hao jan
tche k'i*. » Le Père Couvreur traduit : « Je cultive et
règle parfaitement la sensibilité qui est largement
répandue en moi. » Fong Yeou-lan : « Je cultive mon
grand moral. » Pour le Père Couvreur, le *hao jan tche
k'i* « prête secours à la justice et à la raison »; pour
Fong Yeou-lan, « il est produit par la combinaison de
la justice et du *tao* ». Il ne me déplaît pas que Waley
donne à ces quelques mots un sens tout différent :
« Comment donc pouvons-nous protéger ce sentiment
du bien? [...] Evidemment par la discipline respiratoire. Le passage dans lequel Mencius traite de sa
technique respiratoire est inextricablement obscur et
vicié. Mais c'est un fait d'expérience que des respira-
tions profondes et régulières calment et fortifient
l'esprit. Qu'une technique respiratoire pratiquée pendant un temps assez long puisse conduire à un état où
la conscience normale est volontairement tenue en
suspens, est un autre fait que ne saurait nier quiconque est familiarisé avec les techniques du " zen " ou du
" yoga " indien. Mais ce qu'on ne peut pas dire, c'est
jusqu'à quel point Mencius avait poussé sa technique
du yoga, ce qu'était exactement son " flux respiratoire "
(*hao jan tche k'i*). Lui-même, interrogé sur le sens de
cette expression, répondait : *c'est très difficile à dire*. »
La seule chose sûre, pour Arthur Waley, c'est que le *k'i*
de Mencius est d'abord et avant tout un « souffle
respiratoire ». Comme Matthews traduit : « the natu-
ral greatness of a soul », c'est-à-dire « la grandeur
innée d'une âme », cependant que Waley affirme
qu'on ne saurait y voir « une énergie, un esprit, une
passion ou quelque chose de semblable », mieux vaut
avouer que nous ne savons pas, et probablement

jamais ne saurons le dernier mot de Mencius, son *hao jan tche k'i*; ou du moins ce que les gens qui n'aiment rien tant que ce qu'ils ne comprennent pas s'obstinent à considérer comme le dernier mot d'un philosophe soudain qualifié de « mystique » et d' « idéaliste ». Malgré son optimisme et son goût de l'utopie, je vois plutôt en lui un esprit positif, pour qui nul n'a le droit d'exiger que pratiquent la morale ceux qui n'ont pas de quoi mener une vie au moins décente. Est-ce donc un féodal, celui qui affirme que tout l'homme, entre les quatre mers, a l'étoffe dont on fait un très grand roi? Est-ce donc un réactionnaire, celui qui toute sa vie dénonça les hégémons, et leur proposa de se changer en souverains éclairés? Peut-on lire en lui comme une première ébauche de la psychanalyse? J'en doute! mais je crois que si la Chine avait appliqué son économie politique, elle eût montré au monde le chemin du socialisme.

Mais le deuil de trois ans, cette superstition si fatale au rendement, à la productivité? Arthur Waley, qui n'aime guère Mencius, sait pourtant justifier, par des raisons sérieuses, une pratique dont les esprits légers font volontiers des gorges chaudes : « Une institution qui présentait de tels inconvénients [...] n'aurait pas survécu pendant des siècles si elle n'avait pas comporté quelque avantage social réel. Dans la vie officielle, elle présentait un intérêt très net. Elle constituait une sorte de retraite spirituelle, ce " congé sabbatique ", qui se produisait généralement vers le milieu d'une carrière officielle. Cela procurait au fonctionnaire une sorte de répit propice à l'étude et à la réflexion, bienvenu pour la rédaction du livre rêvé qu'on n'a jamais le temps d'écrire, pour la restauration d'une santé ravagée par les banquets officiels, ou d'une constitution ébranlée par les exigences combinées du mariage et du concubinat.

« Celui qui prenait le deuil recevait généralement une indemnité lui permettant de subsister pendant ce long congé. Et – quelque étrange que puisse paraître à première vue une telle institution – je suis certain que si elle était introduite dans nos mœurs occidentales, nos fonctionnaires s'y attacheraient avec autant de ténacité que le fit la bureaucratie de le Chine antique. » C'est mon avis : ne lui devrions-nous que les poèmes de Po Kiu-yi, notamment *Le Chant du paresseux, En pêchant dans la Wei* (ils furent écrits entre 811 et 813 de l'ère chrétienne, pendant qu'il savourait ses trois années de deuil rituel), cette institution mériterait notre respect, notre reconnaissance. Je regrette seulement que l'on n'ait pas deux pères à perdre et je trouve que, dans une vie tout entière perdue à la gagner, trois ans de paix, de travail fécond, c'est trop peu. Mais nous autres Occidentaux, qui célébrons et le jour du père et celui de la mère, peut-être saurons-nous améliorer la doctrine confucéenne, mettre au point deux deuils rituels, bref : accorder aux travailleurs intellectuels six années de congé payé : les seules vraiment productives, sur les trente-cinq ou quarante d'une « carrière ».

CHAPITRE IV

LE CONFUCIANISME DE SIUN-TSEU

Alors que Mencius figure aux *Quatre Livres*, et que ses œuvres complètes ont contribué à former, depuis Tchou Hi, tous les lettrés confucéens, Siun-tseu a mauvaise presse. Si riche que soit la Chine en philosophes, elle en compte peu qui l'égalent : aussi doué pour la logique et l'épistémologie que pour la réflexion morale et politique, aussi métaphysicien que sociologue, aussi précis que virulent, ces dons éclatants le destinaient à la plus haute gloire. Il la goûta, c'est vrai, de son vivant; on ne lui contesta ni le respect, ni les grandeurs d'établissement que jamais n'obtint Confucius; mais, depuis sa mort, on boude celui qu'un de ceux qui le connaissent le mieux, le sinologue Homer H. Dubs, considère comme l'organisateur de l'ancien confucianisme.

Il naquit vers – 298 dans l'Etat de Tchao (qui occupait les provinces que nous appelons aujourd'hui le Ho-Pei et le Chan-Si), étudia au Ts'i, brilla dans l'Académie de Tsi-hia; mais, persécuté par des jalousies, dut quitter la principauté, pour gouverner Langlin, dans le Tch'ou. Il revit plusieurs fois le Tchao, visita le Ts'in, enseigna. Après – 237, on ne sait rien de lui; mais la plupart des trente-deux chapitres qui constituent le *Siun-tseu* nous transmettent ce qui fut la

pensée d'un des hommes qui ont le plus compté dans
la philosophie et dans l'histoire de la Chine.

Négligeons les classifications sommaires, selon lesquelles Mencius serait un homme de « gauche », Siun-
tseu, un homme de « droite »; Mencius, le théoricien
du confucianisme « idéaliste », Siun-tseu, le maître du
confucianisme « matérialiste » ou « réaliste ». Un
homme qui a pensé mérite qu'on se dispense de lui
coller une étiquette.

Lorsqu'il naît, l'Empire des Tcheou n'existe plus que
nominalement. A la fin du IVᵉ siècle avant notre ère, le
Ts'in avait conquis des territoires dont la possession
lui permettait de commander toutes les grandes voies
chinoises de communication. Après une première victoire sur le roi Houei-wen de Tch'ou, il devenait donc
l'arbitre, c'est-à-dire le maître virtuel, de la Chine. On
put croire un instant que les Trois Grands Seigneurs,
le Ts'i, le Tch'ou et le Ts'in, se partageraient le pouvoir
entre les quatre mers; mais, prenant prétexte de divers
incidents bénins, le Ts'in bientôt montra ses intentions
et infligea au Tch'ou de si cruelles défaites qu'en – 292
celui-ci dut implorer la paix, dont il sortit débilité. De
sorte qu'en – 288, les rois de Ts'in et de Ts'i purent
signer un traité fixant leurs sphères d'influence;
comme afin de marquer que c'en était fini de l'Empire
Tcheou, ils se décernèrent les titres respectifs de *Si Ti*,
et de *Tong Ti*, Empereur d'Occident, Empereur
d'Orient. Deux ans plus tard, en – 286, le Ts'i s'annexait
le Song; il se crut alors tout permis et attaqua des
territoires que le traité signé avec le Ts'in lui commandait de respecter. Rassemblant tous les mécontents
(parmi lesquels le prince de Yen, que le Ts'i avait
perfidement attaqué en – 314) le roi de Ts'in se rua de
toutes parts. Partout vaincu, le Ts'i subit la pire
humiliation : le général Yo Yi, celui qui commandait
en chef les troupes du Yen, conquit la capitale, qu'il

pilla, incendia, et dont il confisqua tous les trésors. Il organisa le Ts'i en protectorat, qu'il gouverna durant six ans; après quoi on le disgracia. Le Ts'i se reconstitua, trop faible cependant pour inquiéter le Ts'in, dont les alliés comprirent alors qu'ils avaient tiré les marrons du feu. Le Ts'in en effet se tourna contre le Tch'ou, qu'il défit, et dont en – 277 il s'annexa une partie. Les efforts conjugés du Premier ministre Wei Jan et du général Po K'i assurèrent bientôt la suprématie du Ts'in. Même après le suicide de Po K'i, en – 258, et le guet-apens qui permit aux ennemis du Ts'in d'assassiner le général Ts'in Pin et d'infliger à la puissante principauté une défaite surprise, le sort en était jeté. Ce guet-apens sauva du Ts'in, pour un bref instant, le pays de Siun-tseu, la principauté de Tchao, mais il n'empêcha pas le Ts'in de mettre fin en – 249 à ce qui restait de l'Empire Tcheou et de s'asservir, du coup, le Wei, le Han et le Tchao, qui tomba définitivement, celui-ci, en – 229. En – 221, le roi Kien de Ts'i se rendait au Ts'in sans combattre. La même année, le roi de Ts'in devenait Ts'in Che Houang Ti et fondait entre les quatre mers son Empire universel. Siun-tseu assiste donc aux derniers moments d'un Empire féodal, à la naissance d'une hégémonie sans doute fort éloignée du gouvernement selon la bienveillance. Familier du royaume de Ts'in, dont il a éprouvé les principes politiques – nous les dirions « totalitaires » –, il se rend à l'évidence : l'avenir n'appartient pas aux *vrais rois*, genre Yao et Chouen; mais aux *pa*, aux hégémons, aux tyrans.

Tout ce qu'il a pu voir : guerres sur guerres, suicides, assassinats, pillages, félonies, tout le confirme dans ce qui doit avoir été une constante de son caractère : il doute, et gravement, que l'homme vienne au monde pourvu des quatre rudiments de vertus que Mencius déchiffrait en lui. L'envie, l'amour du lucre, la haine d'autrui, toutes les concupiscences de l'œil et de l'oreille, voilà l'homme de la nature, et la nature de l'homme; la justice, la modération, les bienséances, comme il s'en moque! Bref : au sortir du ventre de la femme, l'homme n'est qu'un méchant animal. Nous qui entendons nos médecins nous parler de l'enfant comme d'un *pervers polymorphe*, cela ne nous surprend guère. En Chine, ces propos scandalisèrent. Selon Confucius et Mencius, on y faisait confiance à la culture intime, aux bienséances, aux bonnes manières sans doute, mais au cœur de l'homme, aussi, à ses glandes : à son tempérament, à sa nature. « Mencius, dit-il au chapitre *Que la nature de l'homme est mauvaise*, Mencius affirme que l'homme est bon puisqu'il peut s'améliorer. Tant s'en faut. Mencius n'a point compris ce qu'est au juste cette nature humaine; il n'a pas su distinguer la part en l'homme de l'inné, celle du caractère acquis. J'appellerai nature de l'homme ce lot qu'il reçoit du Ciel à sa naissance. On ne peut ni l'acquérir par étude, ni le modifier en quoi que ce soit. [...] C'est l'étude, elle seule, qui enseigne aux hommes la justice et les bienséances, et qui, à grand effort, intègre ces qualités dans le caractère de l'homme. Ce que ni l'étude ni l'effort ne peuvent acquérir, ce qui dans l'homme est inné, voilà ce qu'il faut appeler sa nature. »

Si simplistes que nous doivent sembler ces thèses apparemment contradictoires de Mencius et de Siun-tseu, elles ne sont pas si ennemies que Siun-tseu le pense et l'écrit. Mencius affirme à plusieurs reprises que l'homme ne peut s'adonner à la morale, aux bienséances, qu'une fois assuré de manger, et de nourrir les siens; c'est bien l'avis de Siun-tseu : « Telle est la nature de l'homme que, s'il a faim, il s'empiffre, s'il a froid, il veut se chauffer, s'il travaille, il a envie de se reposer. » Qu'un ventre affamé se prive de manger parce qu'un autre ventre est plus affamé que lui, ou que par respect pour des étrangers il se retienne de se goinfrer, cela peut arriver; mais c'est toujours contre nature, et l'effet, toujours, de la morale ou de la politesse.

Nous lirons donc sans surprise au *Siun-tseu* cette phrase qui devrait être de Mencius : « Le premier venu peut connaître la vertu de générosité (*jen*), la justice [...] et, par conséquent, devenir un Yu. » N'importe qui peut devenir Yao et Chouen, disait Mencius; n'importe qui peut devenir Yu, répète Siun-tseu. Que Mencius fasse crédit au sens moral inné, Siun-tseu, à l'intelligence et à l'éducation, c'est trop clair; n'en profitons pas pour opposer à l'optimiste un pessimiste, à l'idéaliste, un cynique.

Reste à expliquer comment l'homme, s'il est mauvais de naissance, a pu inventer la justice, les bienséances et la générosité. Siun-tseu répond : « Ce sont les sages qui ont créé la justice et les bienséances », ou, comme il dit ailleurs, qui, à force de « discipline acquise », ont élaboré ces valeurs. Herrlee G. Creel sait discerner ici la paille du système : car, si les sages anciens surent inventer les bienséances, la justice et la générosité, pourquoi l'homme d'aujourd'hui n'en serait-il plus capable? A quoi je réponds, dit Siun-tseu, « l'homme serait capable d'un effort de ce genre, mais il ne le fera pas ». Encore : « Il est vrai que le premier venu peut devenir un Yu, mais il y a peu de chance qu'il le devienne. »

Cet argument ne vaut rien. Car enfin, les anciens sages ne sont pas restés toute leur vie des Yu en puissance. Alors? Faut-il supposer que les horreurs du temps ont incliné Siun-tseu à se méfier de la bête humaine et que son séjour au Ts'in lui révéla les avantages d'une politique, d'une morale qui ne laissent à l'homme aucune initiative, mais lui imposent des lois et des rites également coercitifs? Sans doute; mais surtout, Siun-tseu savait qu'il ne se réclamait des anciens sages que pour satisfaire aux poncifs du confucianisme. En fait, si l'homme devient moral, c'est qu'animé de passions, et tourmenté de concupiscence, mais contraint de vivre en compagnie d'autres hommes également passionnés, également concupiscents, il lui convient de transiger, et de mettre en soi un peu d'ordre afin d'en obtenir autour de soi. « C'est pourquoi, soucieux d'en finir avec la confusion, les anciens rois établirent les règles des bienséances et celles de la justice. » Pour survivre en tant qu'animal social, l'homme a dû s'inventer des lois, une morale, un savoir-vivre, voilà tout. Morale positive et utilitariste.

Alors que Confucius et que Mencius pouvaient inviter l'individu bien né, l'homme de qualité, à découvrir en soi les rudiments de la vertu et même la norme, le *tao*, Siun-tseu, selon ses principes, ne peut que s'en remettre à l'enseignement de ceux qui détiennent la vérité. Pour la première fois dans l'histoire de la pensée confucéenne, on enseigne que l'homme se formera surtout aux livres canoniques. Comme l'écrivit Homer H. Dubs : chez Siun-tseu, le confucianisme devint un système autoritaire; les sages du vieux temps détenaient toute la vérité; on doit s'en tenir à leur enseignement, et ne point le discuter. Cela dit, son homme de qualité, son *kiun-tseu*, ressemble singulièrement à celui de Confucius : quoiqu'il soit de basse extraction, sa vertu l'anoblit; si effacé, si pauvre qu'il se veuille, on le respecte; lui confierait-on le soin de gouverner, il ne changerait rien à ses principes et à ses mœurs.

Pourquoi donc en veut-on à Siun-tseu? Pour avoir mis à profit les arguties des sophistes, celles de l'Ecole des noms, et interprété en un sens neuf la théorie

confucéenne des dénominations correctes? Certes
non. Pour avoir exprimé, avec plus de vigueur encore
que Maître K'ong, son refus de tout au-delà, de toute
transcendance, bref : son agnosticisme? « Vous avez
peur de l'éclipse, et vous frappez des tambours; vous
désirez la pluie et vous priez! Battez tambours, priez
nigauds! », dit Siun-tseu : bon pour les imbéciles;
l'homme de qualité sait bien que la pluie ne dépend
pas plus de ses prières que de son tambour l'éclipse.
Mais quoi! c'est parler confucéen. Rien là qui puisse en
Chine déconsidérer qui que ce soit.

Alors? Eh bien, voici : Siun-tseu, par infortune,
forma deux hommes, Han Fei-tseu et Li Sseu, qui,
durant le bref empire de Ts'in Che Houang Ti, s'illus-
trèrent comme théoriciens de l'Ecole des Légistes ou
Réalistes; on ne lui pardonne pas d'avoir nourri de sa
doctrine les bourreaux des confucéens.

CHAPITRE V

DU MARTYRE AU TRIOMPHE

Quand Siun-tseu revint du Ts'in, il admirait que nul en ce royaume n'osât agir contre l'ordre du prince. On y vivait dans la terreur, sans doute, mais aussi dans la soumission. Tyrannie qu'il devait condamner, qu'il condamna, au nom des principes confucéens; tyrannie dont il ne pouvait contester la vigueur conquérante. Alors que les anciens sages auxquels il s'en remettait enseignaient qu'il suffit pour obtenir l'Empire de régner par la bienveillance, Siun-tseu observait les victoires de la félonie, et que la terreur fascine. Il vécut assez vieux pour ne pouvoir douter du triomphe de Ts'in : je me demande s'il se douta du traitement que, fidèle à leur doctrine, ses disciples Li Sseu et Han Fei-tseu allaient infliger aux disciples de Maître K'ong.

Des leçons de Siun-tseu, Li Sseu et Han Fei-tseu n'avaient retenu que ce qui convenait à leur idée de l'Etat; à savoir que l'homme est naturellement une bête méchante, et que l'individu ne doit pas penser tout seul. Tandis que, par la pirouette que j'ai dite, Siun-tseu retrouvait la position confucéenne : l'homme de qualité, les bienséances, un art de gouverner où les châtiments comptent beaucoup plus sans doute que chez Mencius, mais beaucoup moins que dans l'Etat de Ts'in, Li Sseu et Han Fei-tseu, plus logiques assurément, sinon plus généreux, tirent à leurs dernières conséquences les postulats de leur bon maître.

Puisque le Ciel n'est qu'un mot, que les anciens rois ont dit la loi et défini les bienséances qui convenaient à leur époque, quelle aberration de gouverner en – 250 selon des codes périmés! Puisque l'homme est incapable de lire en son cœur une loi morale non écrite, puisqu'il faut lui enseigner tous les gestes de la politesse, toutes les qualités requises d'un sujet, la vertu n'est que baliverne. Le seul fondement de la morale, c'est le code pénal; les châtiments, et les plus roides, en seront la seule sanction. Le prince dit le droit. Les fonctionnaires l'appliquent. Les sujets les subissent. Telle est la doctrine du *fa-kia*, celles des Légistes, Légalistes, ou Réalistes. Tout le reste, pour eux, est littérature, anarchie. Anarchie, par conséquent, et bavardages vains, la doctrine de Confucius, celle de Mencius, une bonne part de celle de Siun-tseu.

Après la soumission du Han en – 230, du Tchao en – 229, du Wei en – 225, du Tch'ou en – 223, du Yen en – 222 et du Ts'i en – 221, Li Sseu voulut appliquer entre les quatre mers les principes centralisateurs et totalitaires qui régissaient l'Etat de Ts'in. On rassembla tous les hauts fonctionnaires pour leur exposer le plan impérial de réformes et leur demander leur avis. Houen Yu-yue, l'un des « lettrés » confucéens, critiqua sans ménagement les projets de Li Sseu; une fois de plus, il cita les anciens rois. Le ministre aussitôt : « Que veulent donc ces prétentieux lettrés qui attaquent en toute occasion un gouvernement qu'ils devraient admirer et auquel certainement ils ne refuseraient pas leur admiration s'ils étaient mieux renseignés? Pourquoi louer sans cesse les anciens et accabler de reproches Votre Majesté? Ne serait-ce pas pour créer dans les esprits un lent mécontentement et

pour pousser ensuite la population à une révolte
ouverte ? O mon maître, prenez garde, ces gens-là sont
plus à craindre que vous ne le pensez. Moi qui observe
et surveille leur conduite depuis longtemps déjà, qui
suis exactement renseigné sur leurs menées et qui les
connais à fond, je vois en eux vos plus dangereux
ennemis. A chaque heure, on les voit se glisser de
maison en maison, de rue en rue, et répandre partout
sur vous les bruits les plus outrageants. Au dire de ces
gens, vous êtes un prince rempli d'orgueil, qui a la
cynique prétention de surpasser tout ce qu'il y a
d'estimable dans l'antiquité, un homme exalté, inquiet
et révolté, qui veut tout bouleverser et renverser
l'empire. Dès que vous promulguez une loi, ils la
jugent injuste ou inutile. De même, quand vous promulguez un décret, ils le tournent, le critiquent, ainsi
que les termes dans lesquels il est rédigé, et s'efforcent
de vous rendre méprisable. Si vous entreprenez quelques travaux publics, ils disent que vous trompez le
peuple, que vous accablez vos sujets et en faites des
victimes de vos humeurs. Rien de ce que vous faites ou
dites ne leur convient. » Li Sseu ajouta que les confucéens formaient dans l'Etat une « classe spéciale »,
mais qu'on les devait traiter comme « inutiles à la
société ». Il leur reprocha enfin de tirer des livres leur
fatuité et cette arrogance obstinée : « Enlevez-leur
donc ces livres ! Ce n'est qu'après les avoir privés à
jamais de la nourriture qui entretient leur orgueil que
nous pourrons espérer supprimer la source de leur
insubordination. A l'exception des livres qui traitent
de médecine et d'agriculture, des traités qui servent à
l'interprétation des trigrammes de Fou Hi et à la
divination, à l'exception enfin des ouvrages historiques
concernant votre glorieuse dynastie, jetez au feu tous
les écrits pernicieux ou inutiles dont on nous a sub-

mergés, ceux surtout qui décrivent avec minutie les
mœurs, les coutumes et les actes des anciens. »

Il proposa néanmoins de confier à la bibliothèque
de Ts'in Che Houang Ti un exemplaire de tous les
ouvrages proscrits; on menaça les tièdes; on soudoya
des indicateurs; quiconque critiquerait la mesure
serait exécuté; ceux-là également qui se permettraient
à l'avenir de citer les « classiques »; ceux qui, et quand
bien même ils ne critiqueraient pas l'Empereur, com-
pareraient son œuvre à celles des anciens rois,
seraient punis du pilori.

Ts'in Che Houang Ti approuva son ministre; mais il
dut bientôt déchanter. Les confucéens connaissaient
par cœur les « classiques » et se les transmettaient de
la bouche à l'oreille. Il fallait donc détruire ces vivantes bibliothèques : sous prétexte de pamphlets, ou de
satires contre la dynastie, Li Sseu fit arrêter les lettrés
par centaines; quatre cent soixante, paraît-il, furent
enterrés vifs. Par chance, Ts'in Che Houang Ti mourut
en – 210; Li Sseu, qui s'était depuis longtemps débar-
rassé de son ancien condisciple en confucianisme, Han
Fei-tseu, élimina par traîtrise le prince héritier puis,
grâce à la complicité d'un ambitieux eunuque, Tchao
Kao, fit monter sur le trône un de ses hommes de
paille, Eul Che Houang. Deux ans plus tard, il périt à
son tour, victime de son confrère en réalisme, l'honnête eunuque.

Si brutale qu'on juge la persécution, l'empire du
Ts'in dura trop peu pour anéantir les textes et le
souvenir des ouvrages proscrits. Plus fâcheux, beaucoup plus, pour la littérature chinoise, les événements
qui marquèrent la fin de cette dynastie et les troubles
à la faveur desquels le rustre Lieou Pang devint le
fondateur d'une dynastie neuve, celle des Han : quand
on pilla Hien Yang, la capitale de Ts'in Che Houang Ti,
on y incendia la bibliothèque de l'Empereur, celle qui

contenait, précisément, tous les exemplaires censément uniques des livres condamnés.

Comme en beaucoup d'affaires humaines, les torts ici son inégaux, mais partagés. Assurément les confucéens tendaient à s'organiser en caste conservatrice; vers le temps de Ts'in Che Houang Ti, ils oubliaient trop volontiers que le sage vit avec son temps. Alors que, sous le mythe des anciens rois, Maître K'ong dissimulait une volonté de réformes et une morale révolutionnaire, plus d'un sot lettré prit au sérieux cette fable commode; à toute réforme utile, il opposait Yao et Chouen. Du temps de Confucius, quand on pouvait encore espérer restaurer quelque chose qui ressemblerait à l'empire des Tcheou, le recours au passé pouvait améliorer la condition présente. Deux siècles ou trois plus tard, quand il devint évident que la féodalité ne renaîtrait pas entre les quatre mers, quand le Ts'in, tout brutal qu'il se montrât, proposait la réunion enfin de la terre chinoise sous un pouvoir unique, les lettrés avaient tort de ne vouloir lui reconnaître aucun mérite. Ils avaient raison, toutefois, de condamner en lui un tyran qui bafoue la morale, et ne jure que par la force. Zenker, qui ne pleure guère les victimes de Li Sseu, concède au moins quelque courage à ceux qui moururent, et parfois coururent au supplice, pour affirmer que les lois non écrites doivent l'emporter sur le code pénal. Chacun fit son métier : le tyran tyrannisa; les sages le condamnèrent et de ce fait furent condamnés.

Lieou Pang, qui régna sous le nom de Kao Tsou, ne rapporta point l'édit de proscription, mais il en signa un autre, que voici : « Maintenant qu'avec le secours céleste, celui des sages et des hauts fonctionnaires, j'ai fait régner la paix et obtenu un Empire que j'ai organisé comme une seule famille, je veux qu'il perdure et que les générations à jamais se succèdent au

Temple des Ancêtres. Or, les sages qui ont collaboré à cette œuvre de pacification, se peut-il qu'on les tienne à l'écart des profits de la tranquillité ? S'il y a des sages et des grands hommes qui consentent à me servir, je puis les promouvoir, et les combler d'honneurs. Cela, je le proclame à tout l'Empire, afin que mes intentions soient bien claires. » En outre, il se rendit en − 195 sur la tombe de Maître K'ong. Quatre ans plus tard, son successeur Houei Ti abolit enfin le décret de Li Sseu. Dès le règne de Wen Ti, le troisième empereur des Han, les lettrés confucéens obtinrent postes et privilèges, y compris celui de censurer le souverain. De sorte qu'on vit bientôt paraître une proclamation où Wen Ti avouait ses faiblesses : « Dès la publication du présent édit, on devra examiner avec toute l'attention possible quelles fautes j'ai pu commettre, et me les reprocher. Que l'on cherche et me présente, pour remplir ce devoir, les hommes les plus intelligents, les plus habiles et les plus persévérants. » Un autre édit prescrivit aux fonctionnaires de signaler à l'Empereur ses erreurs quotidiennes, les défauts de son caractère, les torts de l'administration, les exactions des fonctionnaires et les besoins du peuple. Cette responsabilité par excellence du sage et du lettré, celle que lui imposaient Confucius et Mencius : se lever pour contredire chaque fois que le prince a tort, voilà que, vingt ans après Li Sseu, un Empereur chinois en faisait une institution.

Si le confucianisme s'implanta sous les Han en doctrine officielle, sinon en religion d'Etat, il le doit surtout à Tong Tchong-chou (qui vécut vers − 180 − 100). Mais, pas plus que Siun-tseu, ce philosophe n'eut l'heur de plaire aux lettrés des siècles futurs, qui le récompensèrent à coup d'ingratitude. Assurément, on devait douter de son orthodoxie : il surajoutait à la doctrine de Maître K'ong une cosmologie fantastique

qui amalgamait des éléments de la *Grande Règle* et des
notions comme le *yin* et le *yang*, qu'il interprétait à la
façon des taoïstes; comme Siun-tseu, il critiquait Mencius et comptait beaucoup plus sur l'éducation que sur
les « rudiments », comme Siun-tseu encore, il affirmait que le prince ne peut pas gouverner par la seule
bienveillance : et qu'il y faut adjoindre les récompenses, les châtiments et les exécutions, qu'il compare
curieusement aux quatre saisons de l'année (on reconnaît ici les méfaits de la *Grande Règle*). Mais, en
affirmant que le mandat du ciel fatalement limite la
durée des dynasties, il s'efforce de tempérer le pouvoir
des monarques; il le borne aussi, en un sens, quand il
prétend que le véritable successeur des empereurs
Tcheou, ce ne sont pas les princes de la dynastie Han,
mais Confucius en personne, roi sans couronne, roi
quand même, qui, dans *Les Printemps et les Automnes*,
aurait écrit une chronique politico-morale pour y
formuler ses droits de souverain : *Les Printemps et les
Automnes* seraient chargés de sens secrets, que Tong
Tchong-chou se flatta d'élucider dans sa *Rosée abondante des Printemps et des Automnes*, le *Tch'ouen Ts'ieou
Fan Lou*. Ses folles théories eurent un succès durable.

Tong Tchong-chou voulut même obtenir de l'Empereur qu'on supprimât de l'enseignement officiel tout
ce qui s'écartait de son orthodoxie : « Il faut éliminer
ce qui n'est pas du domaine des six classiques et il ne
faut pas permettre que cela subsiste. » En – 124,
l'empereur Wou Ti, successeur de Wen Ti, créa un
Institut d'Enseignement Supérieur qui devenait en
même temps une Ecole d'Administration. On y enseignait les classiques confucéens, on y recrutait les
fonctionnaires mais Wou Ti n'interdit pas l'enseignement privé, et ne persécuta point ceux que Tong
Tchong-chou tenait pour indésirables. Au fond du

cœur, il préférait les gens du *fa-kia*, les Réalistes, et
s'en servit très souvent. Le confucianisme alors proli-
féra : sur le modèle des *Six Canons*, les *Lieou King*, on
vit paraître des apocryphes, intitulés *Wei Chou* et qui
bientôt, par symétrie, furent une demi-douzaine. On y
lit des sottises de ce genre : « Confucius dit : J'ai
examiné les Mémoires Historiques, établis d'après les
anciennes archives; j'ai recueilli et considéré tous les
cas d'anomalie afin d'instituer des lois pour les rois de
la dynastie des Han. » Ailleurs, on en faisait le fils d'un
dieu, on collectionnait ses miracles. Prophète et thau-
maturge, beau destin pour un agnostique!

Par chance, Wang Tch'ong allait bientôt écrire son
Louen Heng, son *Pour et Contre* en quelque sorte, et
tout en affichant de penser selon le confucianisme, il
allait surtout s'efforcer de crever toutes les vessies que
l'on prenait alors comme toujours trop volontiers pour
des lanternes, y compris l'hagiographie confucéenne.
« Ennemi des fictions et des mensonges », ainsi
essaie-t-il de se définir soi-même. L'homme pour lui
n'est rien de plus, entre Ciel et Terre, qu'une puce,
qu'un pou, entre deux vêtements. Cette modestie, ce
scepticisme universel, cette ironie, ce positivisme mili-
tant en font une façon de Lucien, de Voltaire chinois.
Contre Mencius, il nie que la nature de l'homme soit
foncièrement bonne; contre Siun-tseu, qu'elle soit du
tout mauvaise; contre tel autre, qu'elle soit indifférente.
Il estime que l'on ne doit jamais parler si généralement. Certains hommes naissent favorisés d'un heureux naturel; d'autres, d'un naturel si mauvais que ni
les bienséances, ni la vertu ne sauront les amender;
d'autres enfin naissent indifférents, malléables, tels
que l'éducation ait sur eux beaucoup de prise.
Dirions-nous mieux? Ces propos en tout cas sonnent
bien plus confucéens que l'hagiographie des apocry-

phes et que les fantaisies ésotériques de Tong Tchong-
chou.

Ainsi, grâce à l'institution de la censure, grâce surtout au système des examens et malgré les préférences
de plus d'un empereur pour les doctrines taoïstes ou
réalistes, les « lettrés » occupèrent sous les Han une
position souvent privilégiée. Encore doit-on considérer que le privilège parfois se payait cher. Nombreux
les censeurs qui furent exécutés pour avoir exercé leur
charge avec conscience. Wen Ti lui-même avait mis à
mort un confucéen qui reprochait à la mère du prince
de favoriser les philosophes taoïstes; quant à l'empereur Tch'eng Ti, qui régna de – 32 à – 8, il supprima
très souvent, selon son humeur, les censeurs qui
l'importunaient. Zenker, je l'ai déjà dit, ne pèche pas
par indulgence pour les confucéens; il cite avec éloge
un fragment du mémoire adressé par Kong Yu le
censeur à l'empereur Yuan Ti, le prédécesseur de
Tch'eng Ti : « Pouvez-vous à ce point rester insensible
aux maux qui accablent votre peuple, et ne pas les
adoucir ? Est-ce là obéir au Ciel ? S'il crée des rois, c'est
pour procurer aux peuples du bonheur et non pour
qu'un individu s'abandonne égoïstement à toutes les
voluptés. Le *Canon des Poèmes* le dit aux souverains :
Ne comptez pas que les faveurs du Ciel dureront à
jamais; le malheur n'est pas loin. »

Bien que leurs adversaires eux-mêmes souvent les
aient dépeints très pauvres et désintéressés, bien qu'ils
aient souvent payé de leur vie leur fier langage aux
souverains et leur hostilité aux intrigues des eunuques, des concubines, les confucéens ont pâti de cette
faveur souvent réelle et presque toujours apparente.
Aux pires moments du règne de Wou Ti, quand ce
prince belliqueux imposait des corvées abusives,
condamnait à l'esclavage 100 000 hommes, appliquait
un code « légaliste », bref, gouvernait selon Han Fei-

tseu, et prenait pour Premier ministre un « réaliste » camouflé en confucéen, Kong-souen Hong, il favorisait ouvertement Tong Tchong-chou, se donnait pour confucéen. Le peuple, par conséquent, ne sut pas toujours très bien s'il devait aux Empereurs les décisions bienveillantes, aux « lettrés » les exactions. Il se pourrait que Wou Ti, par exemple, n'ait favorisé l'orthodoxie confucéenne que dans la mesure où elle secondait ses conceptions autoritaires. Contaminée de taoïsme, de spéculations cosmologiques, de principes « légalistes », la pensée confucéenne tendait hélas sous les Han à devenir cette religion que Hou Che diagnostiqua : « une grande religion syncrétique, où s'amalgament des superstitions populaires, le culte de l'Etat, le tout sommairement rationalisé, épuré des pires éléments, et vaguement camouflé de textes confucéens ». Maître K'ong assurément aurait eu quelque peine à reconnaître là le fruit de ses *Entretiens*. En découvrant aux *Mémoires d'un historien* de Sseu-ma Ts'ien – ce contemporain de l'empereur Wou des Han – la biographie qu'on lui décernait alors et que j'ai résumée au chapitre premier de la seconde partie, il n'eût pas marqué une surprise moindre. « Où donc ont-ils pêché cette histoire de licorne ? Mais quoi ! est-ce possible ? on me vénère comme une idole ? » « *Pour moi, quand je lisais les écrits de K'ong-tseu, j'ai cru voir quel homme il fut; (puis) lorsque je suis allé dans (le pays) de Lou, que j'ai regardé la salle du temple funéraire de Tchong-ni, son char, ses vêtements, ses ustensiles rituels; (lorsque j'ai vu) tous les maîtres qui, aux époques prescrites, s'exerçaient aux rites dans sa demeure, je revenais pénétré de respect m'attarder là et je ne pouvais m'éloigner. Dans le monde, ils sont Légion ceux qui, depuis les souverains jusqu'aux hommes sages, eurent de leur vivant une gloire qui prit fin après leur mort. Mais K'ong-tseu, quoique vêtu de toile, a transmis (sa renommée) pendant plus de dix générations; ceux qui se livrent à l'étude le considèrent comme leur chef. Depuis le Fils du Ciel, les rois et les seigneurs, tous ceux qui dans le Royaume du Milieu dissertent sur les six arts libéraux se décident d'après le Maître. C'est là ce qu'on peut appeler la parfaite sainteté.* C'est là, plutôt, ce que je ne souhaitais pas : d'homme, devenir mythe. Moi qui ne réussis même pas à devenir un sage, voici qu'on me déguise en saint, en saint parfait! Quand les bourreaux de mes disciples conservent tant de pouvoir, et parfois l'exercent eux-mêmes, que les disciples de Yang Tchou et de Tchouang-tseu font courir sur moi tant d'anecdotes qui me ridiculisent, prétendre que tous ceux qui se livrent à l'étude me considèrent comme leur chef, quelle dérision! Chef? chef? l'étrange mot! L'homme de qualité, n'est-ce pas d'abord celui qui, dans l'ordre de la pensée, ne connaît pas d'autre Maître que le *tao*? Ai-je donc enseigné en vain? Incapable, vivant, de réformer l'Empire, faut-il hélas que, mort, je corrompe les cœurs, et devienne ce que je ne fus pas! »

CHAPITRE VI

INTERMÈDE BOUDDHISTE

Au début du second siècle de notre ère, en 220, la dynastie des Han, qui avait accepté l'intrusion, d'abord discrète, du bouddhisme, perdit le mandat céleste. Trois siècles et demi durant, la Chine allait redevenir un champ de batailles et d'intrigues entre dynasties éphémères et d'autant plus férocement attachées aux avantages du pouvoir : l'époque des Trois Royaumes et des Six Dynasties (220-589) constitue un équivalent de notre Moyen Age : guerres, famines, invasions barbares ravageaient la population, qui pâtit aussi durement que fit l'Europe lors de la peste noire. D'après le recensement de 280, on ne comptait plus en Chine que quatorze millions d'adultes, contre une trentaine avant le temps des Trois Royaumes. Univers de peurs et de massacres, où le bouddhisme, qui détachait l'homme de ce monde illusoire, et le délivrait de sa mort, allait progresser aussi vite qu'en Occident le christianisme, et pour des raisons analogues. Religion de salut, et favorisée par quelques Clovis ou Constantins chinois, la doctrine du Bouddha conquérait le cœur des humbles. Vers la fin du IVe siècle, neuf familles sur dix, en Chine centrale, lui étaient converties; au début du VIe siècle, treize mille temples bouddhistes se dressaient dans la seule Chine du

Nord, celle qui, proche des Barbares, avait le plus souffert de leurs persécutions.

Les aventuriers ou seigneurs de la guerre qui se disputaient alors le pouvoir, on les imagine mal en soutiens de la morale confucéenne, du gouvernement par la bienveillance, de l'idée que, supérieur au prince, le sage est naturellement qualifié pour le censurer. Ces gens n'aiment guère les conseils, ni les esprits forts. Par force, ou par principe, ils négligèrent l'instruction publique. L'Institut d'Etudes Supérieures où les souverains Han formaient et recrutaient leurs plus hauts fonctionnaires fut mis en veilleuse, et finalement supprimé. Divers rois de la dynastie Wei, plusieurs autres des Tsin essayèrent de rouvrir des écoles, pour rendre au confucianisme quelque lustre et quelque pouvoir. Ce fut en vain.

En même temps que le bouddhisme et pour les mêmes raisons, une pensée taoïsante, celle qu'on appela le *hiuan-hio*, l'enseignement obscur, ou ésotérique, peu à peu séduisit la plupart des meilleurs esprits. Par chance, le philosophe chinois a le don de syncrétisme; de sorte que ceux qu'on appelle parfois les néo-taoïstes s'ingéniaient à intégrer Confucius dans leur système. Mais quel confucianisme! A coups de commentaires subtils, de sous-commentaires plus raffinés encore, ils démontraient fort élégamment que si Confucius approuve aux *Entretiens* son disciple Yen Houei d'être parfait encore que « souvent vide » – c'est-à-dire, *dans l'indigence* – (XI, 18), un commentateur néo-taoïste glose ainsi ce passage, au Vᵉ siècle : « Yen Houei dédaignait la générosité ainsi que la justice; il oublia les cérémonies et la musique [c'est-à-dire toutes les vertus ou valeurs confucéennes]. Il renonça à son corps et écarta son savoir. Il oubliait tout et devenait un avec l'infini. C'est le principe de l'oubli des choses. Ayant oublié toutes choses, il était comme vide, etc. » Un autre, un peu plus tôt, allait dans le même sens : « Les hommes éminents désirent d'être sans désirs. Le vide de l'esprit de Yen Houei n'était pas complet encore, aussi a-t-on dit qu'il était *souvent* vide. » Pour expliquer que Maître K'ong ne parle pas de ce *non-être* qui devient chez Lao-tseu le principe de l'être, les *Nouveaux Propos sur des discours contemporains*, le *Che-Chouo Sin-Yu*, explique ingénument que Confucius s'identifiait lui-même au non-être; ayant ainsi découvert que le néant ne pouvait s'enseigner, il s'imposa de ne parler que de l'être!

Ces néo-taoïstes, qui pratiquaient aussi ce qu'on disait alors « le pur langage », le *ts'ing t'an*, et le *fong lieou*, notion malaisée entre toutes à traduire parce qu'elle évoque, à la fois, l'indifférence aux conventions, une vie adonnée au vin, à l'amour, à toutes les formes de la beauté, faisaient alors figures d'esthètes et d'anarchistes. Ils cultivaient avant tout le *tseu jan*, c'est-à-dire le naturel, le primesaut, et considéraient avec mépris les partisans de la morale et des institutions, les lettrés confucéens.

T'ao Yuan-ming, l'un des plus beaux écrivains de ce Moyen Age (il vécut de 365 à 427), ne s'attarda guère en sa sous-préfecture de P'eng Tcho. Il refusa de s'agenouiller, selon les rites, devant un gouverneur général en tournée d'inspection : « Ployer le genou pour cinq boisseaux de riz, pas pour moi! » Sur ce, il abandonna les insignes de sa fonction, et composa le fameux *Chant du retour* : « Enfin j'aperçois ma porte et ma maison; alors, j'exulte; alors, je cours. Les domestiques viennent joyeusement à ma rencontre, mon jeune fils m'attend à la porte. Les trois sentiers sont presque sauvages, mais les pins et les chrysanthèmes sont encore là. Portant le petit, j'entre dans la maison. Là, il

y a du vin, qui remplit les coupes. » Puis il évoque sa
vie heureuse : caresser un pin solitaire, converser avec
sentiment, jouer de la cithare, lire au bord d'un
ruisseau ou réciter des vers, marcher dans les collines
et, profitant de ce que tout change, attendre en paix de
rentrer au néant. Ce lettré aux cinq saules, comme il
s'appelait lui-même, n'aimait ni la gloire ni l'intérêt, se
plaisait à sa pauvreté, plus encore au vin, dont ses
amis plus riches s'arrangeaient pour le combler : « il
lui fallait à tout prix s'enivrer ». « Il composait souvent des œuvres littéraires pour son propre plaisir, et
y manifestait surtout des idées personnelles. » Ni
confucéen ni taoïste, voilà l'homme.

La dynastie des Souei mit fin à la confusion, et
durant les trente ans de sa brève existence, amorça un
redressement que les T'ang achevèrent. Dès 622, on
rétablit les examens et concours pour le recrutement
des fonctionnaires; en 628, l'empereur T'ai Tsong fit
rebâtir un temple à Confucius; deux ans plus tard, on
publia sur son ordre une édition officielle des *classiques* confucéens, avec leurs commentaires et sous-
commentaires; ils furent désormais inscrits au programme de l'Université Impériale. Après quatre siècles
d'éclipse, le confucianisme redevenait science officielle.

Les Souei avaient institué l'examen de *lettré accompli* et celui *sur les classiques*; on les conserva sous les
T'ang, mais on y ajouta trois autres examens conférant
le doctorat : celui de *droit*, celui de *mathématiques* et
celui d'*écriture*. L'examen *sur les classiques* comportait
plusieurs variantes : sur cinq, sur trois, sur deux
classiques; sur un seul classique, mais étudié à fond;
sur les rituels; sur les historiens, etc. On proposait aux
candidats des citations à identifier; on les interrogeait
sur le sens général des textes; on leur posait enfin de

longues questions auxquelles ils devaient répondre sous forme nous dirions d'une dissertation[1].

Participaient à ces concours : d'une part, les élèves des universités, les *étudiants* proprement dits (c'étaient le plus souvent des fils de grandes familles); d'autre part, ceux qu'on appelait le tribut des provinces, enfants pauvres mais doués, que les préfets avaient recrutés au concours dans les sous-préfectures de leur ressort. Si l'on avait passé l'examen de *talent parfait*, on était nommé mandarin du huitième degré, avec une classe correspondant au rang de classement; selon son rang au concours de *lettré accompli*, le lauréat pouvait espérer la troisième ou la quatrième classe du neuvième degré.

Une fois cadré, le fonctionnaire qui briguait une promotion subissait d'autres épreuves : *écriture, dissertation*, puis on l'examinait sur ses *manières*, et son *élocution*; on tenait compte, enfin, de sa *vertu*, de son *talent*, de ses *mérites acquis*; s'il réussissait, on lui proposait trois postes : si aucun des trois ne lui convenait, il devait se représenter l'année suivante.

Ce n'est pas tout : chaque année, on notait tous les fonctionnaires, en les jugeant d'après les quatre qualités et les vingt-sept perfections possibles. Quiconque obtenait une perfection au moins et les quatre qualités, était classé *supérieur-supérieur*; une perfection et trois qualités, vous étiez *supérieur-moyen*; une perfection et deux qualités, vous n'étiez plus que *supérieur-inférieur*; une perfection et une qualité, pas de perfection mais deux qualités, vous tombiez au rang *moyen-supérieur*; une perfection, une seule, ou une seule qualité, on vous notait *moyen-moyen*; ni qualité ni perfection, l'honnête médiocrité, vous étiez *moyen-*

---

1 En appendice, voyez la dissertation grâce à laquelle le poète Po Kiu-yi obtint son titre de docteur.

inférieur, plus bas, vous tombiez dans les genres *inférieur-supérieur*, *inférieur-moyen* ou *inférieur-inférieur*. Tout fonctionnaire obtenant la note : *inférieur-inférieur* perdait sa place; noté *moyen-moyen*, il conservait son traitement; au-dessous de cette note, il en perdait un quart par échelon; au-dessus de cette note, il obtenait une augmentation d'un quart par échelon. Système un peu étranger à la sagesse accomplie, du moins reconstitua-t-il une aristocratie du savoir et de la compétence qui, conformément aux principes de Confucius et de Mencius, manifestait que *l'homme de qualité* se recrute ailleurs que dans les milieux nobles. Le peuple ne s'y trompait point, qui faisait aux concours une confiance excessive peut-être, mais significative. Si pauvre qu'il fût, tout Chinois espérait que son fils bien doué deviendrait haut fonctionnaire; qui sait? Premier ministre. Je ne parlerai sûrement pas de « démocratie », en l'espèce; de circulation des élites, oui. Né pauvre, devenu *lettré accompli* en 800, et pour finir ministre des Châtiments, Po Kiu-yi n'oublia point le petit peuple et ne cessa, en prose comme en vers, de dire la misère des humbles, de formuler leurs vœux, leurs revendications.

Qu'on n'aille pas conclure que cette combinaison de concours et de notes épuise alors l'influence du confucianisme!

Sous les Souei, un certain Yen Che – peut-être descendait-il de ce Yen Houei que nous connaissons bien, entre tous les disciples le plus cher à Confucius, – écrivit un traité, le *Kia Hiun*, dans lequel il faisait de la morale domestique la condition et le fondement de toute politique, de toute morale. Si mauvaise presse que lui aient faite certains confucéens bornés, l'empereur Wen Ti lui-même, le fondateur de la dynastie Souei (589-605), composa un traité sur le *Milieu*, le *Tchong Yu*, où Wang Yang-ming, le néo-confucéen dont nous reparlerons, discernera « quasi-ment toutes les qualités du sage ». Pour trouver un confucéen de haute race, il faut néanmoins attendre les T'ang, et Han Yu.

Il écrit si bien, ce Han Yu, qu'on lui décerna le titre posthume de *Prince des Lettres*; il figure à si juste titre dans les anthologies de la prose d'art, que plus d'un pédant lui refuse les qualités du penseur, ou du philosophe. Ardent confucéen et *lettré accompli* dès l'âge de vingt-quatre ans, il prenait au sérieux sa fonction de lettré et présenta au palais, en 805, un mémoire qui dénonçait les abus du pouvoir, ce qui lui valut le premier de ses exils. Dans son essai *sur l'origine du tao*, il expose avec force et clarté la pensée même de Confucius : « L'amour immense, c'est la générosité; l'action adéquate, c'est la justice. Générosité, justice constituent le *tao*. Trouver en soi la norme, ne rien attendre du dehors, c'est la vertu. Générosité, justice, ce sont des notions précises. Si Lao-tseu les méprisa, il ne les a pas diminuées; ce n'était pas elles qui étaient petites, mais ce qu'y avait vu sa petitesse [...]. Ce que Lao-tseu appelle *tao*, n'a rien à voir avec ce que nous autres nous nommons le *tao*. Ce qu'il appelle *vertu*, ce n'est pas ce que nous nommons la *vertu*. Toutes les fois que nous parlons du *tao*, et de la *vertu*, nous entendons par là l'union de la justice et de la générosité. C'est là manière commune de s'exprimer, celle de tout le monde. Lorsque Lao-tseu parle du *tao* et de la *vertu*, il en exclut la justice et la générosité. C'est là façon singulière de s'exprimer, et qui lui est personnelle. » Suit le procès de tous ceux, taoïstes, mohistes ou bouddhistes, qui, à la faveur des troubles consécutifs au régime des Six Dynasties, ont éclipsé le confucianisme en prétendant que Maître K'ong n'était qu'un disciple de Lao-tseu et du Bouddha. « Les hommes », hélas, « ont la manie de l'extraordinaire. Ils ne s'intéressent ni aux raisons, ni aux conséquences : il ne leur faut que de l'extraordinaire ». Que le *tao* de Maître K'ong, lui, est « facile à comprendre, et facile à mettre en pratique »! Yao le transmit à Chouen, qui le transmit à Yu, qui de proche en proche le transmit à Maître K'ong, lequel à son tour le transmit à Meng-tseu. Par malheur, celui-ci ne trouva pas à qui le léguer; Siun-tseu ni Yan Hiong n'en parlèrent avec la justesse et la clarté suffisantes. Han Yu propose donc de restaurer la doctrine originelle de Confucius et de Mencius; impossible d'obtenir ce résultat aussi long-temps qu'on n'aura pas sécularisé les moines et prê-tres, tant taoïstes que bouddhistes, et transformé leurs temples en maisons d'habitation : « Les veufs, les veuves, les orphelins, les solitaires, les paralysés et les malades trouveront enfin de quoi subsister. » Un peu plus tard, en 819, il présente au palais son mémoire pour blâmer l'empereur Hien Tsong d'honorer les reliques du Bouddha, « cet homme barbare, qui ne parlait pas chinois, qui portait d'autres vêtements que nous, dont la bouche ne proférait point des paroles conformes aux doctrines des anciens rois, qui ne connaissait ni les relations de sujet à prince, ni les sentiments de fils à père ». Or, voilà qu'on prétend « faire entrer au palais interdit un os sec et pourri, les reliefs en somme de ce corps décomposé »! Han Yu supplie donc Sa Majesté de jeter cet os à l'eau ou dans le feu : « Si le Bouddha est doué de pouvoirs surna-turels [...] que tous les malheurs, toutes les calamités retombent sur ma seule personne! Le ciel m'est témoin que je ne regretterai rien. »

Condamné à mort de ce chef, gracié, exilé, il revint à la cour, et l'Empereur lui confia des postes impor-tants : on appréciait sa droiture, son intégrité. Dom-mage que son zèle s'emportât jusqu'à conseiller au prince d'appliquer aux livres bouddhistes et taoïsants

la mesure précisément dont avaient pâti, sous Ts'ing
Che Houang Ti, les ouvrages confucéens : c'est fâcheusement oublier le *milieu juste*.

Autre beau confucéen, et fort ami de Han Yu, ce
Lieou Tsong-yuan, comme lui grand écrivain, exilé
comme lui pour avoir exercé trop scrupuleusement
ses fonctions de censeur. Son *Mémoire sur la vengeance* réussit à concilier justice et piété filiale, qui
souvent alors se trouvaient en conflit, comme dans
l'illustre affaire de Yuan-k'ing[1] : « Ne pas oublier la
vengeance, c'est la piété filiale. Ne pas hésiter à
mourir, c'est justice. Si Yuan-k'ing n'avait pas trans-
gressé les rites, s'était conformé à la piété filiale, était
mort selon la justice, assurément ce serait un homme
qui connaît la raison et qui suit bien la voie.

« Or, qui connaît la raison et qui suit bien la voie,
comment peut-il considérer la loi du prince comme un
ennemi duquel tirer vengeance? Celui qui examine
son cas doit le juger coupable. Abuser des châtiments
et mésuser des rites, ce ne sont point là des lois
fondamentales. »

Avec des dons moins éclatants, un autre ami de Han
Yu, Li Ngao, ne combattit pas moins âprement le
taoïsme et le bouddhisme; il déplore qu'on ne com-
prenne plus les leçons de K'ong-tseu, mais il espère
« que la vérité, longtemps offusquée et délaissée,
pourra bientôt se transmettre à nouveau ».

Le confucianisme va bientôt renaître, en effet, et
renouer avec Mencius; non sans avoir absorbé une
forte dose de bouddhisme.

---

1. Sous l'impératrice Wou des T'ang, Yuan-k'ing poignarda le fonctionnaire qui avait fait exécuter son père, puis se constitua prisonnier.
On l'exécuta comme assassin, mais on orna de bannières la porte de
sa maison, afin d'honorer en lui la piété filiale; le censeur qui prit cette
décision voulait qu'elle devînt loi. Contre quoi proteste ici Lieou
Tsong-yuan.

CHAPITRE VII

DE TCHEOU TOUEN-YI
À WANG NGAN-CHE

Un curieux personnage, qui vécut sans doute au second siècle, et qui, formé dans le confucianisme, puis séduit par le taoïsme, devant la misère du monde se convertit au bouddhisme, l'auteur de *Meou tseu ou les doutes levés* – que Paul Pelliot traduisit et publia en 1920 – écrivit son ouvrage comme pour réfuter toutes les objections qu'allait opposer au Bouddha la raison modeste, mais exigeante, de Han Yu. On prétend que le bouddhisme est une religion barbare ? Mais qu'est-ce que le *nirvāna*, sinon le *wou wei*, le non-agir des taoïstes ? On prétend que l'enseignement du Bouddha sape et ruine tout ce qui, dans la pensée chinoise, garantit l'ordre social : erreur, car moi, Meou-tseu, qui professe le bouddhisme, je reste confucéen : Confucius n'était que la fleur : Bouddha sera le fruit.

C'est un fait que, du VIIIᵉ au XVIᵉ siècle, les temples confucéens furent aménagés à la façon des sanctuaires bouddhistes ; lisez un bon roman chinois, disons le *King P'ing Mei*[1], vous y vérifierez qu'on mêlait un peu indiscrètement Lao-tseu, Maître K'ong, et les saints du bouddhisme. Selon le jour, on se recueillait dans un

---

1. Le *Jinpingmei*, traduit par André Lévy, est paru en traduction intégrale dans la Pléiade, 1985.

temple de cette religion-ci, ou plutôt de celle-là. Les
bouddhistes rivalisèrent de tolérance, construisirent
leurs temples d'après les lois de la géomancie païenne,
le *fong chouei*, et chargèrent un boddhisattva de réin-
carner Confucius. Un voyageur, M. Lewis Hodous,
rapporte avoir visité, dans le Chan-Tong, un « temple
bouddhiste à Confucius »...

On ne s'étonnera donc pas d'apprendre que, sous
la dynastie qui succéda aux T'ang, celle des Song
(960-1279), la réaction néo-confucéenne n'a pu réussir
qu'en acceptant une part importante de ce que les
taoïstes et les bouddhistes avaient ajouté à la morale, à
la politique de Confucius et de Mencius.

Tcheou Touen-yi, qui vécut de 1017 à 1073, et qui,
après une brève carrière dans l'armée, se retira dans la
montagne, écrivit notamment un ouvrage plutôt
médiocre, mais qui marque une date : le *T'ai ki t'ou
chouo*, ou *Tableau du Faîte suprême;* car la première
phrase, qui se lit en chinois *wou ki eul t'ai ki*, exprime,
dans l'ordre de la pensée, le même syncrétisme confu-
ciano-bouddhiste dont le temple bouddhiste à Confucius serait l'expression religieuse et passionnelle. Plutôt que la traduction de Fong Yeou-lan : « Le Sans-
ultime! Et cependant le Suprême ultime! », j'adopte
celle, plus motivée, plus explicite en tout cas de
M. Chow Yih-Ching dans sa thèse sur Tcheou Touen-
yi : « Sans-faîte et Faîte suprême ». L'expression *Faîte
suprême* se trouve au *Canon des Mutations*, l'un des
« classiques confucéens ». *Sans-faîte* se lit chez Lao-
tseu et Tchouang-tseu, avec le sens approximatif d'*illimité*, *indéfini*, ou *infini*. Comme l'écrit Paul Demiéville
dans sa préface au livre de M. Chow Yih-Ching, l'expression de Tcheou Touen-yi « est une formule polémique ». Dès la première phrase de son traité, Tcheou
Touen-yi proclame : bouddhistes et confucéens se
jettent au nez deux formules qui seraient incompati-

bles : la notion métaphysique d'illimité ou d'infini, la notion cosmologique de sans-faîte, où s'exprime l'absolu de l'antiquité confucéenne. Quelle erreur, et quelle maladresse! Bouddhistes ou confucéens, nous sommes faits pour nous comprendre; ces deux notions de l'absolu reviennent l'une à l'autre, et se confondent, indiscernables.

Concilier en une seule doctrine la métaphysique taoïsto-bouddhiste et la cosmologie qu'on prétend confucéenne, ce n'est pas toujours facile. D'abord, parce que, quoi qu'on ait souvent prétendu, il est douteux que Maître K'ong ait accordé au *Canon des Mutations* la ferveur que lui prête une interpolation; ensuite, parce qu'on ne peut sans biaiser accorder la morale et la politique de Confucius avec la politique et la morale taoïsto-bouddhistes. En cette recherche d'une « illumination » que, dans son *Traité fondamental*, le *T'ong Chou*, se propose Tcheou Touen-yi, je reconnais sans peine l'obsession bouddhiste ou taoïsante; où donc jamais Confucius, où donc jamais Mencius se sont-ils souciés de cette notion d'*éveil*? Ajouter que l' « illumination » exclut le doute, lequel marquerait que l'illumination reste imparfaite, c'est dangereusement s'éloigner du libre examen sans lequel Maître K'ong, lui du moins, ne se flattait pas de former un *homme de qualité*.

Déchiré entre ces doctrines à bien des égards irréductibles, il est vrai qu'un peu plus loin Tcheou Touen-yi se réclame expressément de la théorie confucéenne du mandat céleste, au nom de laquelle il lui faut accorder au peuple le droit de chasser le souverain qui démérite : « Pour se dresser contre le pouvoir, il faut recourir à la force. [...] Est-ce contre le Ciel que s'insurge le peuple? Si c'est contre un homme qui a perdu le mandat céleste, où est le crime? » Ce qui revient à reprendre, sinon les mots, du moins la

pensée de Mencius : « Le particulier nommé Tcheou
fut mis à mort [par le roi Wou], mais je ne sache pas
qu'en tuant Tcheou on mît à mort un souverain. » Et
quand, au chapitre XXXII de son *Traité fondamental*,
Tcheou Touen-yi déclare que le gouvernement du
monde a son modèle : « une famille »; quand il précise : « Pour gouverner l'Etat, il n'y a qu'à observer le
comportement de l'individu », le voilà derechef strictement confucéen.

Non pas que je le tienne pour un esprit profond;
représentatif, sans aucun doute, car il annonce déjà
l'éclectisme de Tchou Hi, et montre la voie à ce qui
deviendra l'une des tendances néo-confucéennes : sal-
migondis de morale positive, de quiétisme taoïste et
de métaphysique bouddhisante.

Contrairement à ce qui se répand, d'autre part, et
surtout depuis que les communistes ont pris en Chine
le pouvoir, cet effort de pensée néo-confucéenne permit à toutes sortes de tempéraments de se manifester
et d'agir sur la politique. La cosmologie de Tcheou
Touen-yi diffère de celle de Chao Yong et de celle de
Tchang Tsai, qui s'inspirent pourtant, tous les deux, et
comme Tcheou Touen-yi, du *Canon des Mutations*.

Ce sont là du reste les tendances les plus stériles du
néo-confucianisme et les moins confucéennes; bien
que le tableau officiel des philosophes de la dynastie
Song fasse de Tcheou Touen-yi le rénovateur du
néo-confucianisme, deux hommes au moins avant lui,
Hou Yuan (993-1059) et Souen Fou (992-1057), avaient
ouvert la voie. Par la qualité et la nature de son
enseignement, Hou Yuan fit revivre l'esprit de Maître
K'ong : moraliste qui se soucie avant tout d'appliquer
à son temps les valeurs confucéennes, il a compris, par
exemple, que le système des examens, tel qu'on le
pratiquait, ne pouvait qu'abusivement se prétendre
confucéen : il ne s'agit pas de réciter pieusement

quelques formules, mais d'y puiser le courage de vivre bien; au besoin, celui de changer le monde. Fortifier les frontières, irriguer les terres, donner aux gens de quoi manger et se vêtir ne lui paraissaient pas indigne de son attention. En cela, pur confucéen.

En même temps que les doctrines bouddhistes et taoïstes, Souen Fou condamnait lui aussi le système des concours, et prônait la réforme en effet qui s'imposait : une culture exclusivement littéraire, affirmait-il, ne prépare nullement à gouverner l'Empire.

Quelques hommes d'Etat partageaient alors ce sentiment et ces idées : Fan Tchong-yen, en particulier (989-1052), qui avait protégé tant Souen Fou que Hou Yuan. Lorsque l'empereur Jen Tsong le nomma Premier ministre, Fan lui présenta un programme en dix points qui, au nom des principes confucéens, se proposait d'organiser un système national d'Instruction publique, afin de recruter enfin les fonctionnaires selon le seul mérite, lequel ne serait pas défini par l'aisance avec laquelle ils composaient un gracieux poème; Fan voulait que les copies de concours fussent anonymes et que l'on tînt le plus sérieux compte de la valeur morale des candidats. L'empereur ayant accepté cette réforme, on transforma dès 1044 les programmes de doctorat, pour donner à l'histoire et à la politique le pas sur la littérature et sur la poésie. Fan Tchong-yen prévoyait encore : la création de milices locales chargées d'assurer la défense du territoire, la réduction des corvées, la mise en culture de terres en friche, l'amélioration des digues.

Fan Tchong-yen fut longtemps considéré, sous les Song, comme un « maître universel »; notamment par le réformateur que nous dirions socialiste, le fameux et pour les Chinois le terrible Wang Ngan-che, sous qui « la terre trembla ».

L'effondrement des deux grandes dynasties, les Han

et les T'ang, qui s'étaient réclamées de la doctrine
confucéenne, incita les penseurs Song, ceux du moins
qui admiraient Confucius, à souhaiter que cette nouvelle dynastie s'épargnât les erreurs de ses devanciè-
res et, non contente de se réclamer de Confucius, en
vérité s'en inspirât. Dans la ligne de Fan Tchong-yen,
Tch'eng Yi et Tch'eng Hao, deux frères, et deux
philosophes du XIᵉ siècle, demandèrent qu'on revînt
au vrai *tao* de Maître K'ong. Tch'en Yi n'avait que
dix-sept ans quand il adressa un mémoire à l'empereur
Jen Tsong, pour lui rappeler que si les Han et les T'ang
avaient bénéficié d'une relative prospérité, ce fut dans
la mesure où les souverains de ces deux dynasties
n'avaient pas adultéré la vraie doctrine. Son frère
Tch'eng Hao ne parla pas moins clair à l'empereur
Chen Tsong : pour rétablir la prospérité, il faut en finir
avec la grande propriété, revenir au système du
« puits » tel que Mencius l'avait conçu, remplacer par
une milice nationale les troupes mercenaires auxquelles les Song confiaient imprudemment le soin de leur
sécurité, mettre au point un enseignement national,
réduire les dépenses publiques afin d'alléger pour les
humbles la charge des impôts : « Les familles riches et
puissantes elles-mêmes n'ont généralement aucune
marge de sécurité : combien plus malheureux les
pauvres! Une seule mauvaise récolte, c'est pour eux la
famine, à moins qu'ils ne se fassent voleurs de grands
chemins. Que dire quand le fléau affecte des milliers
de lieues carrées ou dure plusieurs années. » Un
million de vagabonds, de chômeurs et de mendiants
errent par la capitale. Un seul remède : en revenir aux
principes de Confucius et de Mencius; obtenir qu'au
lieu de mimer les hégémons, les tyrans, chaque souverain aspire au titre de vrai roi.

Lorsqu'en 1068 l'empereur Chen Tsong convoqua
Wang Ngan-che et lui demanda des conseils politiques,

celui-ci l'invita sans hésiter à se modeler sur Yao et sur
Chouen. Ce faisant, il ne prétendait pas qu'on dût
plagier la structure féodale : à temps nouveaux, non
point valeurs nouvelles, non, mais applications neuves
des valeurs éternelles. Pour qu'on n'ignorât point qu'il
se réclamait de Confucius, Wang Ngan-che fit composer une édition refondue des « classiques », et dont les
commentaires avaient pour fin de montrer qu'il se
bornait à rénover de vieux préceptes. Quinze siècles
auparavant, Confucius avait eu recours à cette même
ruse. Wang Ngan-che collabora lui-même à une *Nouvelle Interprétation des Institutions des Tcheou*, qu'on
discuta beaucoup aussi longtemps qu'il occupa le
pouvoir et qu'après sa disgrâce on apprécia longtemps
encore.

Mais les réformes de Wang Ngan-che lésaient tant
de familles riches et bien en cour que, pour obtenir
qu'on respectât sa réforme agraire, son crédit agricole,
tous les contrôles d'une économie socialisante et diri-
gée, il dut s'abstenir de respecter trop scrupuleusement le principe sacro-saint de bienveillance. Bienveillance et justice parfois tirent à hue, à dia; Wang
Ngan-che le découvrit à son dam, quand au nom de
la bienveillance plusieurs de ses amis, confucéens
comme lui, entrèrent dans l'opposition. Tch'en Yi
lui-même se tourna vers la spéculation : aucune mesure, et si juste soit-elle, ne justifiait pour lui l'emploi
de la contrainte. Wang estimait en revanche que la fin
justifie non pas tous les moyens, certes, mais *certains*
moyens, et que, si le bonheur d'un peuple entier exige
qu'on bouscule un peu fort les privilèges, la justice
justifie ces infractions au système.

Wang Ngan-che dut céder le pouvoir; désabusés par
l'échec politique de ce grand réformateur confucéen,
les autres penseurs Song se tourneront vers la métaphysique. Afin de justifier leur complicité avec l'ordre

établi, ils calomnieront le vaincu; ainsi, la première expérience socialiste qu'ait jamais connue la Chine, et qui doit tout à l'influence de Confucius, jamais ne s'est trouvée portée à son crédit. Or, dans l'étude qu'il a consacrée aux fonctionnaires de la dynastie Song, *Civil Service in Early Sung China*, M. Kracke admire que tant de gens aient alors manifesté un zèle réformateur, et, pour obtenir qu'on gouverne selon Mencius, aient bravement risqué la disgrâce, l'exil, ou pis encore : bref, aient vécu, soient morts en bons confucéens.

CHAPITRE VIII

TCHOU HI
ET LE NÉO-CONFUCIANISME

Une fois précisé que la pensée des Song ne se résume point au seul nom de Tchou Hi, une fois rétablis dans leur importance les philosophes et hommes d'Etat comme Fan Tchong-yen et Wang Ngan-che, rien ne nous interdit de donner enfin à Tchou Hi la place qui lui revient, la plus importante assurément après Confucius et Mencius dans l'histoire du confucianisme.

Celui dont les éditions et les commentaires des classiques remplacèrent, de 1313 au XXᵉ siècle, jusqu'à la suppression des concours de recrutement, les gloses de Wang Ngan-che; celui dont, six siècles durant, il fallut connaître à fond la doctrine pour obtenir en Chine un emploi officiel; celui qui non seulement figea le sens qu'il convenait de donner à Confucius, à Mencius, à Tcheou Touen-yi, aux deux frères Tch'eng, mais encore compila le *Siao Hio*, *La Petite Etude*[1], c'est-à-dire un catéchisme confucéen qui vulgarise l'enseignement de *La Grande Etude*, passe à juste titre, en un sens, pour le saint Thomas de la Chine.

Il naquit vers 1130, lorsque la dynastie des Song venait d'abandonner sa capitale, l'actuelle K'ai Fong, à la tribu toungouse des Djurtchèt. Aux Song du Nord,

---

1. Voir en appendice un fragment de cet ouvrage essentiel.

qui avaient régné de 960 à 1126, succédaient les Song du Sud; ils régneraient jusqu'en 1279 mais sous l'incessante pression des nomades. Pour protester contre la veulerie des souverains Song, le père de Tchou Hi, un lettré confucéen, résigna ses fonctions et donna tout son soin à former l'esprit de son fils. Quand il mourut, deux ans plus tard, le jeune Tchou Hi subit l'influence de plusieurs philosophes qui s'étaient tournés vers le bouddhisme et vers le taoïsme. Que Tchou Hi soit un bref moment devenu prêtre bouddhiste, il se peut; nous n'en avons aucune preuve. Son œuvre entier montre en tout cas qu'il connaissait assez bien la doctrine de Lao-tseu et la religion de Fo. Docteur à dix-neuf ans, il fut nommé trois ans plus tard dans le Fou-Kien, comme inspecteur de l'enseignement, poste qu'il occupa jusqu'en 1157. On lui confia cette année-là la garde d'un temple au Hou-Nan, sinécure propice aux travaux personnels. C'est là qu'il se lia d'amitié avec Li T'oung, et se détourna de la pratique du bouddhisme. Sa réputation lui valut d'être convoqué à la cour pour y donner un avis sur la politique, tant intérieure qu'étrangère; les remontrances qu'il formula n'eurent pas l'heur de plaire à l'Auguste auditeur; Tchou Hi repartit pour Nan Yo, où il demeura jusqu'en 1176.

Sur la recommandation de deux puissants amis, on le rappela en 1178 au service actif, comme préfet de Nan K'ang. Il adressa bientôt à son prince un mémoire qui dénonçait les tares de l'administration et de la fiscalité. L'empereur n'apprécia guère le ton de ces reproches. Muté à Chao Hing, il démissionna plutôt que de couvrir un désordre et des exactions qu'on ne lui permettait pas de corriger. On le rendit à sa chère sinécure; gardien de temple, il continua ses études, et à enseigner.

Il atteignait la soixantaine lorsque l'empereur Hiao

Tsong le rappela pour le nommer vice-ministre de la Guerre. On intrigua contre cette promotion, et Tchou Hi dut quitter la cour. L'empereur Kouang Tsong essaya vainement d'obtenir qu'il y reparût. En 1194, il ne put cependant se dérober à l'honneur qu'on lui décerna en lui confiant l'éducation du prince héritier Ning Tsong. Les Barbares devenaient insolents, la cour de plus en plus frivole, débile, et corrompue. Tchou Hi gênait. Accusé d'hérésie, il perdit sa haute fonction, et reprit un enseignement qu'il ne cessa point, quand on l'eut réhabilité, en 1199. L'année suivante il mourait, sans avoir désarmé l'envie : « Tous les hérétiques de l'Empire se sont rassemblés pour accompagner à sa tombe l'hérétique par excellence », écrira un annaliste bien-pensant.

« Hérétique par excellence », quel plus beau titre si j'ose dire d'orthodoxie pour un *lettré*! De fait, sa modestie, son intégrité, son courage politique en font un beau modèle de fonctionnaire confucéen : toujours zélé pour ce qu'il estime la vérité, et, quoi qu'il doive lui en coûter, toujours prêt à contredire, chaque fois que le prince a tort.

Mais quoi! avant de passer pour le pilier de la foi, Thomas d'Aquin subit les foudres de la Sorbonne qui condamna en lui le sectateur d'un païen : Aristote, et le disciple d'un infidèle : Averroès. Je ne m'étonne donc pas si le futur pilier de l'orthodoxie néo-confucéenne commença par inquiéter. *Quiconque pense est hérétique* : Bossuet a bien raison. Il en savait quelque chose : quand ça lui arriva, il pensa le gallicanisme.

Hérétique, Tchou Hi? Non pas certes en morale, où sa conduite calque celle du lettré modèle. Non pas même en politique : quitte à déplorer que depuis près de quinze siècles « on n'ait jamais mis en pratique un seul jour » la norme de Maître K'ong, il se réclame encore de ce *tao*, que Yao transmit à Chouen, celui-ci à

Yu, et ainsi de suite jusqu'à Confucius. Hélas, dès les
Han, et jusque sous les T'ang, les souverains ne s'inté-
ressaient qu'à leur plaisir et leur profit : tyrans, hégémons, plutôt que vrais grands rois. C'est la pure
doctrine de Mencius. Où donc alors l'hérésie?

En métaphysique; mais là, incontestable. Si variable,
si incohérente qu'on la sache, la métaphysique de
Tchou Hi en ceci trahit le confucianisme qu'elle prétend fonder la politique et la morale sur un absolu, le
li, dont on ne sait du reste pas au juste s'il faut
l'imaginer transcendant ou immanent. Expression
maladroite à force d'habileté : lorsque, pour leur donner un sens révolutionnaire, il avait repris les vieilles
notions féodales de *vilain* et d'*homme de qualité*, Confucius procédait de la même façon; soit, mais nul ne
peut se méprendre sur le sens nouveau qu'il leur
confère. Tchou Hi annexe un vieux mot chinois : *li*, qui
veut dire quelque chose comme *principe* ou *loi*, mais il
lui attribue un sens que ne comprendrait aucun philosophe antérieur au bouddhisme! A chaque vivant qui
s'incarne, à chaque chose qui se chosifie, correspond,
éternel à la fois et immanent, le *li* de ce vivant, le *li* de
cette chose. La tradition confucéenne connaît la
notion de *li*. Chez Siun-tseu en particulier, il y a un
grand li, mais ce mot ne signifie jamais un principe
transcendant. Lorsque Tchou Hi définit les *li* particuliers (« les *li* existent même si les choses n'existent
pas. Dans ces cas-là, il n'y a que tels et tels *li*, et non
pas telle et telle chose »), plus fâcheusement encore
quand il définit le grand *li* de tous les vivants et de
toutes les choses inanimées (« ce qui unit et qui
embrasse les *li* du ciel et de la terre et de toutes les
choses »), il plagie la métaphysique bouddhiste.
Comme le dit Paul Demiéville : « le vieux naturalisme
chinois ne se laissait pas si aisément marier à l'imma-

nentisme indien ». D'où ces accusations d'hérésie, mal-
veillantes, oui, mais fondées.

Tchou Hi aura beau reprendre à son compte la
formule syncrétique de Tcheou Touen-yi : « Sans-faîte
et Faîte suprême », un confucéen qui s'en tient à
Confucius, à Mencius, un homme disons comme Han
Yu, ne serait pas dupe. Cet absolu transcendant que
devient le *Faîte suprême* n'a rien, mais rien de commun
avec le *tao* de ce Maître K'ong qui, devant un cours
d'eau, réinventait Héraclite : *tout coule*. Si tout passe, y
compris le *tao*, si l'homme, lui seul, peut capter le flux
des choses, y dresser des barrages, des normes, on ne
saurait concevoir un absolu intemporel. Ce *li* suprême,
ce Faîte suprême de Tchou Hi (qui coïncide avec le *li*
du non-être), aucun disciple de Confucius ne peut
manquer d'y reconnaître un kyste, ou un cancer
bouddhiste[1]. La dialectique tchouhiste de la *matière* et
de la *préforme*, du *k'i* et du *li*, peut évoquer pour nous
le couple platonicien *chose-idée*, le couple aristotéli-
cien : *forme-matière*, le couple kantien : *noumène-phé-
nomène*; nous ne la tirerons jamais du *Mencius*, ni des
Entretiens.

Bien contestable aussi, du point de vue confucéen,
la justification métaphysique du mal : « Toutes les fois
qu'il y a du *li*, il y a du *k'i*, dit Tchou Hi. Toutes les fois
qu'il y a du *k'i* il doit y avoir du *li*. Ceux qui reçoivent
un *k'i* clair sont des sages; leur nature est comme une
perle dans l'eau limpide et froide. Mais ceux qui
reçoivent un *k'i* trouble sont les sots et les dégénérés
chez qui la nature est comme une perle dans l'eau
bourbeuse. » Pour Tchou Hi, le *li* de tous les hommes

---

1. De Le Gall à G.E. Sargent (*Tchou Hi contre le bouddhisme*, Paris,
1955), on a pourtant pu étudier la réaction de Tchou Hi contre les
erreurs de sa jeunesse : à la philosophie du *vide* il oppose alors celle
du *plein*, celle de Confucius.

est invinciblement bon : « Puisqu'il est *li*, comment pourrait-il être mauvais ? » Ce qui fait bon celui-ci, et mauvais celui-là, c'est, dirai-je, la qualité de son incarnation. Pour concilier Confucius, Mencius et Siun-tseu relativement à la bonté ou mauvaiseté natives de notre espèce, pour conclure que l'homme est *bon en soi*, mais que les hommes selon leur tempérament peuvent être médiocres ou mauvais, corrigibles ou non, inutile de faire intervenir ce *li*, cet *absolu*, cette *préforme* qui n'expliquent rien; suffit de regarder les hommes, ce qu'ils sont; ou de lire le *Pour et Contre* de Wang Tch'ong.

Tchou Hi méritait donc son brevet d'hérétique. *La Grande Etude*, on s'en souvient, prescrit au philosophe de *scruter les êtres (ko wou)*; pour justifier sa métaphysique bouddhisante, Tchou Hi interprète curieusement cette expression : « Quand elle parle de *ko wou*, *La Grande Etude* veut dire que nous devons atteindre ce qui est au-dessus des formes en partant de ce qui est à l'intérieur des formes. » *Scruter les êtres*, ce n'est pas les classer, les analyser, les disséquer, en comprendre le mécanisme (ou normal, ou pathologique); ce n'est pas organiser une science expérimentale; dans chacun des objets, dans chacun des êtres vivants, au-delà des apparences, des formes incarnées, c'est plutôt retrouver le *li* de chaque chose et par cette voie s'approcher du *li* suprême, de l'Absolu : obtenir la « clarté complète ». Méthode intuitive, illuminative, qu'on chercherait en vain chez ce Confucius pour qui la pensée toujours s'étaie à l'expérience et la réflexion au savoir discursif.

Trois siècles plus tard, Tchou Hi trouvera en Wang Cheou-jen, plus connu sous le nom de Wang Yang-ming, un disciple qui, pour avoir trop parfaitement élucidé la « clarté complète », deviendra un adversaire. Wang Cheou-jen, qui naquit en 1472, se forma

aux trois disciplines : taoïsme, bouddhisme et confucianisme. A trente-cinq ans, il s'opposa aux intrigues
des eunuques de la cour et fut envoyé en province. Il
profita de son exil pour s'exercer à *scruter les êtres*
selon la méthode de Tchou Hi. La fable veut que
durant sept jours et sept nuits il se soit efforcé de
scruter le *li* du bambou : « Le septième jour, je tombai
malade, pour m'être en vain usé l'esprit. » Après de
longues recherches, il fut illuminé, et découvrit que
pour *scruter les êtres*, il suffit de s'analyser soi-même; je
suis moi-même le sujet et l'objet de la connaissance
intuitive : « Lorsque vous ne voyez pas ces fleurs, elles
et votre esprit entrent en repos. Quand vous les voyez,
leurs couleurs deviennent manifestes. De ce fait, vous
savez que ces fleurs ne sont pas extérieures à votre
esprit. » Pour reprendre la terminologie occidentale,
Tchou Hi se rapproche du conceptualisme-réaliste, et
de saint Thomas; Wang Yang-ming, de l'idéalisme.
L'univers n'est que la conscience que j'en ai; tout
spirituel, dans lequel il ne saurait donc y avoir de *li* de
ce qui n'existe pas encore. En vieillissant, Maître Wang
accorda toujours davantage à la « connaissance intuitive », dont il faisait la condition et la méthode de
toute philosophie. L'expression devint chez lui une
rengaine, un mot de passe.

Hérésie idéaliste greffée sur une hérésie bouddhisante, telle se présente à nous la pensée d'un homme
qui néanmoins se voulut, se proclama confucéen : à
l'en croire, « le sage confucéen ne fait que restaurer la
condition originelle de la connaissance intuitive » !
Nous voilà loin de Siun-tseu, de Mencius et de Confucius : une morale et une politique raisonnables, positivistes, une pensée qui se refusait à toute incursion
vers la transcendance, à toute controverse épistémolo-
gique, aboutissaient chez Tchou Hi à une métaphysique dualiste, chez Wang Yang-ming à une épistomolo-

gie absolument idéaliste; la *leçon de choses* s'était transformée en *illumination*, en vision quasiment béatifique.

Sur cette question des rapports entre le néo-confucianisme et la métaphysique du bouddhisme mysticisant on a beaucoup travaillé de 1955 à 1980.

Jacques Gernet a produit, dans le *Bulletin de l'Ecole française d'Extrême-Orient*, t. LXIX, *A la mémoire de Paul Demiéville (1894-1979)*, une étude savante, subtile, pourvue d'une abondante bibliographie, et qui prouve à quel point il est malaisé de tirer au clair la question si controversée des rapports entre le « recueillement accroupi » des néo-confucéens, de certains d'entre eux du moins, et le « *tch'an* accroupi » des bouddhistes.

Quand mourut Maître Wang, l'empereur interdit l'enseignement de cette doctrine subversive; un demi-siècle plus tard, la tablette de ce docteur était placée dans le temple de Confucius, comme celle de Tchou Hi, et c'est la pensée de ces deux hérétiques, Tchou Hi, Wang Cheou-jen, qui durant des siècles allait devenir l'assez roide orthodoxie connue sous le nom de néo-confucianisme. Les Mandchous, qui régnèrent sur la Chine de 1644 à 1911, s'appuyèrent si officiellement sur cette prétendue philosophie confucéenne, que la plupart des esprits sérieux lui marquèrent de la défiance, s'efforcèrent de revigorer l'esprit des Han, et reconstituèrent une doctrine hostile à celle qu'illustrait Tchou Hi (et qu'un des meilleurs philosophes du XXe siècle, M. Hou Che, considère comme « une orthodoxie elle-même tyrannique », et souvent « complice des tyrans »).

Aussi fut-elle attaquée par les confucéens authentiques, par Kou Yen-wou, par exemple, qu'on appelle aussi Kou T'ing-lin (1613-1682); il releva chez Wang Yang-ming les affinités bouddhistes. Fort des paroles de Maître K'ong, et plus encore de ses silences

(Confucius, nous le savons, ne parlait guère de choses abstruses), il reprochait non moins pertinemment aux néo-confucéens de se complaire en bavardages sur des notions aussi obscures que possible! Quand Mencius discute de la « nature » humaine, il traite toujours de questions précises, auxquelles on peut donner des réponses non moins précises, sur les sujets de morale ou de politique pratique, mais ces néo-confucéens ne s'occupent que du « Ciel », du « Destin », ou du « li », et ne font « rien pour soulager la misère des petites gens ». La *misère des petites gens*, c'est sa *connaissance intuitive*, à lui.

Bien qu'il se confessât disciple de Wang Yang-ming, le philosophe Houang Tsong-hi (1610-1695) composa *Sur la Monarchie* un essai fort courageux : il y rappelle que le mauvais roi devient un « particulier », qu'on peut tuer impunément, voire méritoirement. « Aujourd'hui le peuple redoute et déteste le souverain; pour lui, c'est un ennemi, un pillard; c'est un " particulier " qui ne mérite et auquel on n'accorde en effet aucune allégeance. »

Non moins virulent, Yen Yuan (1635-1704) s'en prend au dualisme de Tchou Hi; il n'y a pour lui qu'une substance, la matière. On prétend (on, c'est-à-dire Tchou Hi) que le mal vient de l'incarnation; autant affirmer que l'œil ne peut bien voir que s'il n'existe pas. Le savoir et l'action doivent aller de pair. Les rats de bibliothèque trahissent Confucius; celui-là qui prend sa part du travail qui nous attend ici-bas, celui-là comprend Maître K'ong. Yen Yuan proposa donc une redistribution de tous les grands domaines, le retour au système communautaire du « puits ». Dans son désir de réhabiliter l'action sous toutes ses formes, il s'aventura jusqu'à exalter la carrière militaire (en faveur de cette audace il pouvait invoquer l'une au moins des anecdotes que nous rapporte Sseu-ma Ts'ien touchant Maître K'ong et l'art de la guerre).

Non moins confucéen Tai Tchen (1724-1777) dont, tout jeune, l'esprit sceptique étonna, puis effraya ses maîtres à penser. Il reprit contre les *li* et les *k'i* de Tchou Hi toutes les critiques de Yen Yuan; proposa lui aussi une façon de matérialisme, ce qui ne l'empêche point, fidèle à Mencius, d'enseigner que n'importe qui peut devenir Yao et Chouen; bien mieux : pareil aux dieux. Sous l'influence faut-il supposer des Pères Jésuites, il se passionna pour la technique, l'astronomie, et la mathématique. *Scruter les êtres* s'interprétait pour lui en termes de *leçons de choses* et de science, voire de scientisme.

Tout savant qu'il était, et soucieux de bien public, il échoua six fois au grand concours; que ne donnait-il dans la « connaissance intuitive »! Il n'obtint le titre de docteur que par un rescrit de l'empereur K'ien Long. Jaloux comme il le fut de son pouvoir despotique, comment se fait-il que celui-ci ait protégé le philosophe? mais quoi! presque tout le monde récitait sagement sa leçon de catéchisme : on pouvait s'offrir le luxe d'un mal-pensant.

De même qu'on étudie trop souvent la philosophie Song sans mentionner Fan Tchong-yen et Wang Nganche, on borne volontiers à Wang Yang-ming l'histoire du néo-confucianisme. Dans le *Précis* de Fong Yeoulan, vous chercherez en vain la pensée de Kou Yenwou, de Houang Tsong-hi[1], de Yen Yuan, de Tai Tchen. Voilà pourtant certains de ceux qui, sept siècles durant, maintinrent la vraie doctrine : lettrés indépen-

1. Houang Tsong-hi est cité, mais incidemment, p. 201, et à propos du « nationalisme ».

dants, fiers et modestes, soucieux de servir le peuple,
ils se refusèrent aux séductions de la scolastique, et
sans se lasser ramenèrent à la sagesse, à la morale, des
esprits trop enclins à disserter évasivement sur la
forme, la matière, l'absolu ou le non-être.

CHAPITRE IX

L'OCCIDENT DÉCOUVRE
CONFUCIUS

C'est vers ce temps-là, entre la fin du XVIe et celle du XVIIIe siècle, que l'Occident découvre le confucianisme. Ni le franciscain Jean de Plan Carpin, qu'en 1245 le Pape expédia vers l'empereur de la dynastie mongole, ni Rubruquis, l'autre franciscain qui partit en 1253 comme émissaire de Saint Louis, ni Marco Polo lui-même dont la *Description du monde* allait passionner l'Europe du XIVe, ne répandirent en chrétienté le nom de Confucius. Montaigne n'en souffle mot, lui qu'un ajout de dernière heure révèle si curieux d'admirer les institutions et les vertus longtemps insoupçonnées de l'Empire lointain. Il fallut attendre 1641 et La Mothe Le Vayer, sa *Vertu des payens*, pour que paraisse en France un *Confucius*. Bien qu'à cette époque de sa vie La Mothe Le Vayer, qui servait alors Richelieu, dissimulât autant que faire se pouvait son scepticisme et l'audace de ses hypothèses, il ne sut pas si bien cacher son intention qu'on ne lui fît grief de ses complaisances pour un moraliste païen, et de s'aventurer jusqu'à prétendre que ce Confucius-là pourrait fort bien être « sauvé ».

Cent ans plus tard, il n'est bruit en Europe que de Chine et de Confucius. Que s'est-il donc passé?

Ceci, tout simplement : l'Eglise de Rome a décidé de conquérir au vrai Dieu les grands pays d'Extrême-

Orient. Elle y a entretenu ces messieurs des Missions,
et d'autres messieurs plus subtils encore, ceux de la
Compagnie de Jésus. Leurs querelles intestines auront
servi Confucius, et de la façon que voici : le premier
évêché de Pékin, celui dont Jean de Montecorvin
fonda la première église, avait disparu en 1369, et la
cause chrétienne paraissait là-bas perdue; à telles
enseignes que le souvenir même de l'évêché en question était oblitéré à Rome; en 1690, le Pape érigea
Pékin en *nouvel* évêché! Depuis près d'un siècle, les
Jésuites essayaient d'y perpétuer et d'y accroître l'influence qu'avait su prendre l'un des leurs, le P. Ma-
thieu Ricci. Entre 1602 et 1615, le P. Lombard et le
P. Trigault, S. J. l'un et l'autre, avaient publié à Paris et
à Lyon trois ouvrages au moins qui révélaient aux
Français le « grand royaume de Chine »; jusqu'à la
veille de la Révolution française, les livres se succéde-
ront qui expliquent à l'Europe ce dont il s'agit en
Extrême-Orient. Or il s'agit surtout des dissentiments
et des luttes qui opposent, pour ou contre Confucius,
les Jésuites aux Missionnaires.

Les Jésuites avaient tôt compris qu'ils ne réussi-
raient point à la Chine en utilisant les moyens ordinaires de l'évangélisation. Ils opéraient dans un Royaume
si puissant, si riche de traditions et de philosophies
qu'on ne pouvait en gouverner les habitants, à plus
forte raison les souverains, comme les Indiens du
Brésil, ou comme les Caraïbes. Par chance pour eux,
lorsque les PP. Ricci, Longobardi et Adam Schall
entreprirent de gagner au vrai Dieu les 50 millions
d'âmes que comptait la Chine d'alors, l'Empereur se
passionnait pour les arts, les sciences, et notamment
l'astronomie. Les Jésuites entrèrent volontiers dans les
manies de ce prince éclairé, qu'ils comblèrent de
prévenances : lui fondre des canons et lui jouer de
l'épinette, lui calculer le mouvement des astres ou lui

réparer des horloges, tout leur parut pieux qui servait
à leur guise la plus grande gloire de Dieu. Au temps de
l'empereur K'ang Hi, vingt-quatre Jésuites séjour-
naient à Pékin, dont trois siégeaient au tribunal des
mathématiques. Profitant du crédit que leur valait le
savoir des astronomes que l'Eglise avait condamnés en
Europe, les bons Pères se hasardaient parfois à parler
de leur Dieu, de leur religion. A leur instigation, K'ang
Hi publia un édit autorisant ses sujets à se faire
catholiques. Mais certains Chinois détestaient ces nouveaux bouddhistes qui, venus eux aussi d'un occident
étranger, plus occidental, plus étranger même que
l'autre, celui de l'Inde, comme les autres bouddhistes
adoraient des reliques, et condamnaient cette excel-
lente chose qu'est une bonne vie bien vécue. Ils
accusèrent donc les Jésuites de desservir Yao et
Chouen; pis, d'enseigner une géographie où l'Empire
du Milieu n'occupait nullement la position centrale
qu'exigeait un contresens quasi universel, en Chine
même, sur l'origine du nom de la Chine : *Tchong
Kouo, le Pays du Milieu.* Enfin, mille querelles. « Qu'à
cela ne tienne! » se dit le P. Ricci : pour la plus grande
gloire de Dieu, il dessina une carte du monde où
l'Empire du Milieu possédait en effet la situation
privilégiée à quoi de toute antiquité le vouait sa
tradition.

Assez intelligents pour comprendre qu'il ne suffirait
pas de jouer de l'épinette et de tricher avec la géographie pour séduire au vrai Dieu le pays de Confucius,
les Jésuites avaient adopté jusqu'au costume, jusqu'aux mœurs des mandarins. Bientôt ils en vinrent à
étudier sérieusement la doctrine de Maître K'ong. Ils
ne s'aveuglaient point sur les périls de l'entreprise, et
pressentaient qu'à trop louer Confucius devant les
Chinois, ils en augmentaient le prestige. Mais quoi!
s'ils le dénigraient, c'en était fait et cela, ils le savaient,

de *toute* évangélisation : le culte des ancêtres et celui
de Confucius tenaient une telle place dans la vie du
peuple dont ils convoitaient les âmes! Il leur parut
donc opportun de composer avec cette force qu'ils
estimaient plus forte qu'eux, et d'élaborer une variante
de catholicisme qui ferait une place aux tablettes
ancestrales, ainsi qu'à la dévotion pour Maître K'ong.
Dominicains et Franciscains, qui jalousaient les succès
de leurs rivaux, ameutèrent l'opinion, intriguèrent au
Vatican. Bien que la Congrégation du Saint-Office ait
approuvé en 1656 la thèse de la Compagnie et autorisé
les Chinois convertis à perpétuer ces deux pratiques,
les ennemis des Jésuites poursuivirent leurs campagnes de dénigrement, et invitèrent la chrétienté à en
croire plutôt Pascal, qui accuse les bons Pères d'inciter
ainsi les catholiques à « l'idolâtrie ».

Les Jésuites se défendirent par le *Confucius* du
P. Couplet, et par les *Nouveaux Mémoires* du P. Le
Comte *Sur l'état présent de la Chine*. Outre qu'on y fait
valoir les succès déjà obtenus, et notamment le décret
de K'ang Hi, on y instruit le procès du bouddhisme, ce
tissu d'horreurs et de mensonges; c'est pour mieux
exalter les vieilles pratiques chinoises, celles que
résume le nom de Confucius : un homme, celui-là,
chez qui les vérités chrétiennes se trouvent comme à
l'état brut! Sur quoi, les messieurs des Missions étrangères adressent au Pape leur *Lettre sur les idolâtries et
les superstitions chinoises*, puis défèrent à la Sorbonne
les ouvrages du P. Le Comte. Le 18 octobre 1700, cette
faculté condamnait cinq propositions extraites des
Nouveaux Mémoires; plusieurs, comme simplement
fausses et téméraires, l'une au moins comme « fausse,
téméraire, scandaleuse, impie, contraire à la parole de
Dieu et hérétique ».

La Querelle des Cérémonies, qui se termina par la

défaite des Jésuites[1], eut au moins cet heureux effet d'inciter la Compagnie et ses adversaires à échanger force arguments, mémoires, lettres, avis et documents grâce à quoi, peu à peu, la terre des merveilles que décrivait Marco Polo devint pour les Européens un pays presque familier. On connaît par ouï-dire les quatre in-folio du P. du Halde, et ces *Lettres édifiantes et curieuses* où le pittoresque et l'anecdote appâtaient les honnêtes gens; ce n'est là qu'une faible partie des travaux rédigés par les Pères de la Compagnie, et dont beaucoup restèrent manuscrits, ce qui ne veut pas dire : inconnus. Ainsi des traductions : dès 1673, le P. Intorcetta avait publié un résumé de la doctrine confucéenne; en 1687, avec le secours de plusieurs autres Pères, dont les PP. Rougemont et Couplet, il traduisit en latin l'œuvre morale de Maître K'ong, dont Bernier tira une version française. Bien qu'il soit mort trop tôt pour la faire imprimer, celui-ci put en parler à Madame de la Sablière. Le P. Régis avait préparé une *Introduction critique à l'étude des king* (les « canons ») et traduit le *Canon des Mutations*; en 1740, le P. Gaubil achevait une traduction du *Canon de l'Histoire*.

Selon les habitudes de l'ordre, les traducteurs interprétaient Confucius de façon à servir leur cause : le « mandat céleste », dont nous connaissons le vrai sens, devient pour eux « supremi numinis providentia », « la providence de l'Etre suprême »; ils introduisaient au *Canon des Mutations* l'idée, aussi peu chinoise et confucéenne que possible, d'un Dieu créateur, mais elle s'imposait comme argument dans la Querelle des Cérémonies; et puis, on prête à Confucius quelques menus propos relatifs à l'immortalité de l'âme.

---

1. Ils auront au XXᵉ siècle une revanche un peu tardive; car Mao Tsö-tong anéantira les espérances qu'elle pouvait leur faire concevoir.

Lorsque le traducteur n'y met pas assez du sien, le
réviseur intervient, qui ajoute çà et là tout ce qu'il faut
pour faire du confucianisme une doctrine quasiment
chrétienne.

Moyennant quoi, les Jésuites intéressèrent à Confucius les catholiques français, et l'Europe. A preuve, les
trois volumes d'une traduction de Diogène Laërce, *Les
Vies des plus illustres philosophes de l'antiquité*, qui
paraissent en Hollande en 1758. On se croit tenu d'y
ajouter une *Vie de Confucius* et des extraits de sa
morale, le tout occupant quatre-vingt-dix pages du
tome III. Voilà donc le philosophe chinois assimilé
par l'Occident à ses grands maîtres. La biographie doit
quelques traits à Sseu-ma Ts'ien, mais s'applique surtout à divulguer la thèse jésuitique, à distinguer du
bouddhisme, qu'on appelle alors la doctrine de
« Foe » (en chinois *Fo* est le nom du Bouddha),
« doctrine exécrable » d'un « imposteur enseignant
que le principe et la fin de toutes choses était le
néant », la pensée de cet estimable Confucius, « si
opposée à celle de Foe », et si émouvante : car ce
Confucius n'avait pas bénéficié de la révélation; voyez-
le pourtant qui soutient plusieurs des principes de la
doctrine chrétienne. « A entendre parler ce Philosophe, ne dirait-on pas qu'il avait lu le Décalogue et qu'il
savait la promesse que Dieu y a faite à ceux qui
honoreront leurs père et mère » (voilà pour approuver la piété filiale); « il semblera bien curieux qu'il
connaissait les maximes de l'Evangile lorsqu'on aura
vu ce qu'il enseigne touchant la charité, qu'il dit qu'il
faut avoir pour tous les hommes » (ce qui interprète
un peu libéralement une notion en effet plus qu'un
peu confucéenne); bref, la plupart des maximes qu'on
propose à l'admiration des lecteurs paraissent « dignes d'être dictées dans l'école de Jésus-Christ » (ce
qui est pousser un peu loin le souci d'apologétique,

mais selon la voie indiquée par les bons Pères).
L'auteur de ce *Confucius* connaît trois des *Quatre
Livres* : le *Ta-Hio*, « comme qui dirait la *Grande
Science* », le *Chumyum* (notre *Tchong Yong*) : « C'est-
à-dire le *Milieu Perpétuel*, milieu gardé constamment »,
et le *Lun Yu*, notre *Louen Yu*, « c'est-à-dire *Entretiens
de plusieurs personnes qui raisonnent et qui philoso-
phent ensemble* ». Il a donc étudié Maître K'ong dans
les versions que les Jésuites ont préparées des *Quatre
Livres*. Comme l'écrivait M. Pinot : « Un spiritualisme
un peu vague, et qui s'approchait suffisamment du
déisme pour que Voltaire pût s'en contenter, mais un
spiritualisme malgré tout, à condition de limiter et de
restreindre l'influence, parmi les sectes chinoises, de
la secte des lettrés modernes, matérialistes et athées,
telle est la religion des Chinois que les Jésuites nous
ont décrite entre 1685 et 1735. Pour un honnête
homme de cette époque, les Chinois ne pouvaient être
que des Chrétiens à qui la grâce avait manqué. »

Par un amusant choc en retour, au moment où
certains ennemis des Jésuites l'emportent à Rome, et
condamnent ainsi la Chine au « paganisme », d'autres
ennemis, qui l'emportent à Paris, de Bayle à Diderot,
de *Dictionnaire* en *Encyclopédie*, vont utiliser contre la
vraie religion ce Confucius précisément que les bons
Pères se flattaient d'annexer à la Patrologie! Infortu-
nés Jésuites!

Dans ce qu'on leur révèle de la pensée confucéenne,
Bayle et Malebranche, Levesque de Burigny et Fréret
découvrent des traces d'athéisme. Contre ce que nous
savons l'aveu de Maître K'ong, Fréret va jusqu'à supposer que celui-ci réservait à ses meilleurs disciples un
enseignement ésotérique, tout imprégné de pan-
théisme (pour un peu on dirait de spinozisme, tant
cette doctrine alors séduit les mal-pensants. On le dit
parfois expressément. Voyez le livre de M. Vernière

sur le spinozisme au XVIIIᵉ siècle). Quant à Levesque
de Burigny, il croit découvrir chez Confucius la preuve
de ce qu'il entend démontrer : que les anciens philosophes professaient tous l'athéisme, ce qui revient à
retourner contre la foi la preuve classique par le
consentement universel.

Comment expliquer ces deux interprétations d'une
seule philosophie ? Par la faiblesse naturelle de l'esprit
humain ? Par cette propension en lui à tout interpréter
selon des préjugés ? Sans doute, mais aussi parce que
les Jésuites dévoilaient à l'Europe un confucianisme
selon les *Quatre Livres* et leurs commentaires orthodoxes, autrement dit, un confucianisme contaminé de
doctrines étrangères à celle de Maître K'ong, et qui
peut à la rigueur passer pour « spiritualiste »; mais,
vivant comme ils faisaient dans une Chine où les
meilleurs lettrés critiquaient les gloses bouddhisantes,
taoïsantes, magiciennes ou spiritualistes, et s'effor-
çaient d'épurer la pensée de leur Maître, les Jésuites
ne pouvaient pas ne pas laisser filtrer deux ou trois
vérités. C'est le Père Trigault par exemple qui divise
les confucéens en deux catégories selon qu'ils admet-
tent une vague déité (disons en gros les Tchouhistes)
ou selon qu'ils « croient que cet univers est composé
d'une seule substance » (disons les anti-Tchouhistes).
C'est un autre Jésuite, le P. Martini, qui ose avouer
que la langue chinoise ne lui a fourni aucun mot qui
correspondît exactement au concept chrétien de Dieu.
Huet s'ingéniera bien à suggérer que des navigateurs
ont pu jadis apporter aux Chinois ces vérités bibliques
dont Confucius semble avoir été gratifié; l'argument
ne convaincra personne et l'athéisme des Chinois
deviendra au XVIIIᵉ siècle un des postulats de la pensée irréligieuse.

« Tiens! tiens! » disent à l'envi réformateurs et
philosophes. « On prétend ici que la morale se déduit

de la vraie religion; mais Confucius, *auteur et prince des philosophes*, ainsi que l'avouent ces Messieurs de la Compagnie, n'a-t-il pas obtenu que *la force obéisse paisiblement à la raison*? N'a-t-il pas construit sur l'évidence une morale toute pratique? » Au moment où la pensée libre cherchait à dissocier de la religion la morale, se souciait du bien public, mettait en cause la monarchie absolue, cette « science des princes » que propose Confucius venait à point la seconder. Fénelon lui-même, qui, sans grande sympathie pour le philosophe chinois, fait dialoguer *Socrate et Confucius*, ne peut s'empêcher d'avouer que, tout comme Socrate, Confucius ramena la philosophie sur la terre. Dans sa lettre sur *La Morale de Confucius philosophe de la Chine*, un prêtre libéral, Foucher, admire une doctrine dégagée de toute subtilité métaphysique, fondée sur la raison et l'expérience intime; une morale à hauteur d'homme, et bien accordée à la « condition humaine ». Même ton, mêmes arguments chez l'auteur inconnu d'une autre *Morale de Confucius*.

En 1705, Bayle écrivait encore avec prudence : « Je ne vous dirai pas que Confucius, qui a laissé d'excellents préceptes de morales, était athée. Ceux qui l'affirment trouvent des contre-disants »; mais à mesure que le siècle avance, c'est toujours contre le christianisme que les philosophes utilisent Maître K'ong. Voyez *Le Siècle de Louis XIV*; Voltaire le conclut par un chapitre perfide, et consacré à la « dispute sur les cérémonies chinoises » : il y adopte suavement le parti du P. Le Comte, S. J., s'en prend à l'abbé Boileau, frère de Despréaux, qui prétendait que l'éloge de la Chine et de Confucius « avait ébranlé son cerveau de chrétien ». Dans une longue note, il cite avec onction un texte du P. Jouvency, auteur d'une *Histoire de la Société de Jésus*, très favorable à Confucius.

Il ne déplaît pas à Voltaire, on s'en doute, que ces

pieux éloges de Confucius aient troublé quelques
cervelles catholiques. De Vauban au Turgot des *Questions sur la Chine, adressées à MM. Ko et Yang* (article
paru dans l'*Encyclopédie*), tous les esprits un peu
libres du XVIIIᵉ vont utiliser contre l'ordre établi, tant
religieux que politique, la pensée du moraliste dont les
Jésuites avaient rêvé de faire un pilier de l'Eglise,
comme ayant « reconnu et démontré l'unité de Dieu
longtemps avant que l'erreur populaire eût introduit
la doctrine fabuleuse ». En 1795, *La Philosophie dans le
Boudoir* proposera des confucéens une image un peu
corsée : « L'empereur et les mandarins de la Chine
prennent de temps en temps des mesures pour faire
révolter le peuple afin d'obtenir de ces manœuvres le
droit d'en faire un horrible carnage. » Et voilà Confucius sadiste; ce n'est pas mal, déjà; mais la plus belle
métamorphose de Confucius, à mon gré, la voici dans
*Le Code de la Nature, poème de Confucius, traduit et
commenté par le Père Parrenin*, à Londres, et se trouve
à Paris, chez Leroy, libraire rue Saint-Jacques, vis-à-vis
celle de la Parcheminerie M DCC LXXXVII. Parbleu!
si je le connaissais, le Père Parrenin : l'un des Jésuites
les plus actifs dans les querelles que j'ai dites; j'ignorais qu'il ait traduit Confucius; j'ignorais même que
Confucius ait rédigé un *Code de la Nature*. Je me ruai
donc sur l'inédit, deux chants que précédait un avertissement, et que suivait un commentaire que suivait
lui-même un post-script.

Ce Confucius, quand même! Ecoutez-le; quelle prescience!

Perçant avec Herschel cette immense étendue
Que l'art de Galilée a soumise à ma vue,
Mon esprit et mes yeux, tout pleins de sa
                                        [grandeur,
L'ont encor retrouvé dans le fond de mon cœur.

C'en fut trop pour un lecteur du XIXᵉ, qui crayonna ici
en marge, sur l'exemplaire dont je dispose : « Confucius, qui vivait 500 ans av. J.-C., a donc connu Galilée
et Herschel, qui vécurent aux XVIᵉ-XVIIᵉ siècles après
J.-C.! Quelle est cette plaisanterie? » Naïf lecteur, vous
aviez lu un peu trop vite l'avertissement et le post-
script. « Je déclare formellement n'avoir en vue, dans
ma traduction du poème de Confucius, dans mon
commentaire et les Dialogues qui sont à la fin de
chaque partie, que les hommes qui ont déshonoré le
Sacerdoce, la Magistrature; les uns souvent par un
fanatisme atroce et sanguinaire... » Cette fois, vous
avez compris? et que le pauvre Père Parrenin parraine
ici, à son insu, un pamphlet libertin contre la religion
et la magistrature. Le tout, au nom de la loi naturelle;
rien de plus banal au XVIIIᵉ : nous avons lu certain
Manuel théologique[1]! Moins banal, en revanche, ce
propos de mettre sous l'invocation du philosophe
chinois toutes les idées « philosophiques » et réforma-
trices du siècle. *Le Code de la Nature* ne vaut rien, rien
de rien, et l'admirateur de Maître K'ong se réjouit de
démasquer le faux; mais il ne lui déplaît pas, certes
non, que la pensée révolutionnaire du XVIIIᵉ siècle ait
su identifier en Confucius un grand ancêtre, et une
caution. Cela console du Confucius des jésuitières, du
Confucius des staliniens.

---

1. Par d'Holbach et l'abbé Bernier. Mon édition est imprimée « Au
Vatican, De l'Imprimerie du Conclave, M DCC LXXXV ».

CHAPITRE X

CONFUCIUS ET L'OCCIDENT
CONTEMPORAIN

Le 11 février 1904, un Mexicain lettré, nommé Agustín Aragón, envoyait à son ami très cher Carlos Pereyra, en signe de vive affection, un petit volume de P. Laffitte, qui figure aujourd'hui dans ma bibliothèque : *Considérations générales sur l'ensemble de la civilisation chinoise et sur les relations de l'Occident avec la Chine*, Paris, Société positiviste, 1900. On le sait, les églises positivistes ont prospéré longtemps et se maintiennent encore en Amérique latine. Il est donc naturel que je n'aie rencontré qu'à Mexico, chez un libraire d'occasion, ce livre aujourd'hui si précieux à mon dessein puisqu'il nous propose un Confucius positiviste.

Après la *Vie de Confucius* que publia le P. Amiot, S. J., et qui resta durant le XIXᵉ l'un des livres de fond sur Maître K'ong, les travaux de Pauthier, de Bazin, ceux d'Abel Rémusat, de Stanislas Julien et des autres sinologues français précisèrent peu à peu notre image du philosophe. En traduisant la *Siao Hio, ou Morale de la jeunesse avec le commentaire de Tchen-Siuen*, C. de Harlez mit à la portée du lecteur occidental le confucianisme vulgaire au niveau des bonnes manières selon la baronne Staffe.

Les fidèles de Comte en furent éblouis. Le « rénovateur de la pensée chinoise » leur devint « l'une des plus nobles figures dont l'Humanité puisse s'honorer », et, pour comble, un précurseur. « Nous voyons d'abord un grand philosophe s'appuyant, pour produire une immense évolution morale et sociale, sur l'ensemble des antécédents et des traditions, et s'y appuyant réellement; il ne s'agit pas ici de ces hypothèses arbitraires par lesquelles le Christianisme s'est construit une tradition artificielle, faute de pouvoir représenter réellement, par une théorie vraiment scientifique, les antécédents d'où il est vraiment émané. Ici, c'est un philosophe qui s'appuie réellement et sincèrement sur la série des antécédents de la civilisation chinoise, et qui poursuit le développement systématique de cette civilisation. C'est là un type vraiment normal, et tout à fait conforme au véritable esprit scientifique, qui appuie toujours ses constructions actuelles sur les constructions antérieures [...]. Chez Confucius, on voit déjà nettement apparaître qu'il s'agit bien plus des *lois* du ciel et de la terre que des *volontés* de ces deux êtres prépondérants, de telle sorte que, quoique le commandement soit conçu comme un *mandat* du ciel, ce mandat tend à représenter, au lieu de la volonté céleste, la fatalité qui résulte des lois régulières; cette conception de Confucius a d'autant plus d'importance qu'il lui donne plus de généralité [...]. Ainsi on voit les esprits éminents de l'école de Confucius tendre spontanément vers l'esprit scientifique, en concevant tous les corps comme actifs, mais non comme vivants, de manière à présenter un état mental supérieur en rationalité à l'état théologico-métaphysique.

« Sur la base fournie par le régime astrolâtrique, Confucius construisit sa systématisation morale en empruntant au fétichisme astrolâtrique les notions d'*ordre* et de *soumission* qui résultent nécessairement

du type des phénomènes célestes. Là-dessus, il coor-
donna la morale avec le plein sentiment d'une grande
destination politique et sociale. Il s'agit ici d'une
morale vraiment pratique où les devoirs propres
aux diverses relations de la vie humaine · sont nettement formulés [...].

« A propos de cette absence complète de croyances
surnaturelles, un esprit vraiment distingué, M. Abel
Rémusat, affirme que la morale de Confucius manque
de sanction. On s'explique difficilement comment un
tel esprit a pu se laisser dominer par les préjugés
thélogico-métaphysiques au point de ne pas comprendre que cette prétendue absence de *sanction* constitue
à la fois la réalité et la noblesse de la morale de
Confucius. Car le manque de *sanction surnaturelle*, qui
est toujours essentiellement personnelle, fait ressortir
chez Confucius l'admission formelle de l'existence
spontanée des sentiments bienveillants [...]. Enfin,
politiquement, le développement graduel de la réfor-
mation de Confucius a eu pour résultat de donner à la
classe modificatrice de la civilisation chinoise une
solide constitution, qui a assuré et perfectionné son
action [...]. » M. Laffitte, qui écrit fort mal, on le voit,
et que pour cette raison je ne citerai plus que brière-
ment, a pourtant su lire Mencius : lorsque le prince
« ne remplit plus les devoirs moraux et sociaux atta-
chés à sa fonction, il cesse d'être chef, d'être le fils du
Ciel; le mandat du ciel, en vertu duquel il gouverne,
doit lui être retiré [...]. Un tel esprit est, comme on le
voit, bien éloigné du principe de soumission absolue
qui émane de l'esprit purement théologique ». Négli-
gez le charabia positiviste et le charabia propre à
M. Laffitte : vous vous rapprochez de la pensée confucéenne, dont vous éloignaient les zèles ennemis des
philosophes et des Jésuites. Mais, pour rendre à soi
Maître K'ong, il faudra près d'un demi-siècle encore,

les travaux de Chavannes, qui traduira et commentera le chapitre *K'ong-tseu* de Sseu-ma Ts'ien; ceux de Wilhelm; ceux de Marcel Granet, qui usera tant de patience et d'ingéniosité à décaper le mythe confucéen de toutes les concrétions folkloriques, magiques et numériques sous lesquelles disparaît l'homme. Les efforts combinés de l'histoire, de la philologie et de la sociologie européennes, peu à peu, vont priver Confucius de presque toutes les œuvres que lui attribuait sa légende. Le voici réduit au personnage modérément légendaire qu'il joue aux *Entretiens*. Le petit traité de M. Rygaloff, qui parut en 1946, présente enfin au grand public un personnage et une doctrine sur lesquels il semble que pourraient s'accorder les esprits à peu près honnêtes que ne rebute pas l'austérité. Le livre le plus stimulant que notre siècle ait accordé à Maître K'ong, à coup sûr, reste celui de H. G. Creel, *Confucius, the Man and the Myth*. L'auteur connaît les travaux de M. Virgile Pinot et tient lui aussi Confucius comme l'un de ceux qui aidèrent les Européens du XVIIIe à évoluer vers « la démocratie ». Il ne faudrait pas le presser beaucoup pour lui faire dire que Maître K'ong propose à l'homme blanc les éléments d'une doctrine politico-morale capable de concilier son goût de la liberté et son désir de la justice; bref, une doctrine sur laquelle fonder une démocratie socialiste, mais libérale.

Faisons la part du siècle : qui donc jamais écrit en se détachant tout à fait de son temps? Il se pourrait que Creel découvre en lui-même cet esprit « démocratique » dont il honore Confucius. Dans la mesure où « démocratie », cela signifie système parlementaire, élections législatives ou présidentielles, Confucius ne saurait passer pour « démocrate »; mais, négligeant les techniques de gouvernement, si nous considérons les fins et les valeurs que la pensée démocratique

suggère à la société ainsi qu'aux individus, Confucius
en effet peut passer pour « démophile »; même s'il
respecte, ou feint de respecter les grandeurs d'établissement, il ne s'en remet point à la naissance, non plus
qu'à la fortune, pour classer et juger les hommes; bien
plutôt, à la vertu. Et quelle autre raison de vivre et de
régner donne-t-il au Fils du Ciel, que de nourrir le
peuple, et le vêtir, et le loger, et lui assurer une
vieillesse heureuse?

De sorte qu'au XXᵉ siècle, et jusqu'en 1949, les
Européens de « gauche » étaient pour Confucius. En
1936, quand je traduisis le chapitre du *Li Ki* sur la
Conduite du lettré, et que je le portai à Jean Cassou,
sans tergiverser on le publia dans *Europe*. Lorsque par
hasard ils parlaient de la Chine, les communistes
français attaquaient l'idéal taoïste de non-agir et de
contemplation; l'agnosticisme confucéen, ce souci d'action politique, cette morale sinon positiviste du moins
en effet positive, voilà qui les séduisait. La doctrine du
tcheng ming, celle des dénominations correctes, avait,
elle aussi, bien des charmes pour nous. Roger Caillois
n'en faisait guère moins cas que moi. En un monde où
il n'y a plus de maisons, mais des « unités de loge-
ment », plus de pauvres, mais des « économiquement
faibles », plus de pillages ni de viols, mais des « ratis-
sages », en un temps où j'ai pu lire : « les opérations
de pacification ayant pris le caractère d'opérations de
guerre », qui n'approuverait le maître mot de Maître
K'ong? Oui, aussi longtemps que nous négligerons
d'appeler *chat* un chat; que nous tolérerons qu'un
ministre obéisse aux généraux qu'il commande; et que
nous baptiserons « libre entreprise » la tyrannie de
quelques grandes compagnies, toute réforme politique
sera impossible, et futile tout projet de réforme
morale ou pédagogique. Ou bien nous adopterons la
doctrine des dénominations correctes, ou bien, avant

longtemps, nous deviendrons colonie yanquie ou rus-
se. Peu de temps après la libération, M. Jean-Charles
Fol dédiait « aux chefs de gouvernement quels qu'ils
soient » un volume intitulé *L'Art de gouverner selon
Confucius*. Non pas qu'on y doive chercher du neuf ou
du sérieux : l'auteur démarque Soulié de Morant, dont
nous connaissons les faiblesses. Il rapproche une fois
de plus, et trop facilement, Confucius des positivistes;
mais enfin, vers le temps où paraissait aux Etats-Unis
le *Confucius* de Creel, un Français proposait aux siens,
à l'homme blanc, l'exemple et la pensée politique de
Maître K'ong.

Non pas que Confucius plaise à tous nos contemporains. M. Robert Louzon, qui vient de publier un
ouvrage sur *La Chine*, opte pour le taoïsme, qui lui
« évoque Karl Marx », et condamne en Confucius
« une morale petite-bourgeoise, une morale utilitaire » qui fait « songer à Franklin et à Bentham ».
Plus violent et plus injuste encore, le pamphlet de
M. Marcel Dubois : *La Sagesse de Confucius et la Portée
actuelle du Confucéen* : Maître K'ong ne serait qu'un
« mystique » « féru de divination et de présages »; il
« avait particulièrement étudié le système de divination dit *des huit angles*; combinaison de traits et de
points, genre Morse, à l'intérieur d'un octogone »!!

Tout son système « a donc pour clef la *domination
inconditionnée* subie par le plus faible : le plus jeune
enfant. Avec dénomination : *piété filiale* ». Pour M. Dubois « le *jen* devient simplement : *homme supérieur*
chargé par le Ciel de fonctionner en *dirigeant*, en
gouvernant des hommes inférieurs. Carrière ouverte
donc à tous ceux qui se sentent étoffe adéquate. C'est
ainsi que, depuis plus de vingt siècles [...] par voie de
cooptation, que régissent de sévères examens, la caste
des lettrés tient tous les leviers de commande ». Pas
étonnant, puisque « Confucius se tint nettement pour

Messie », ce qui en fit un « maniaque féroce quant aux
rites à observer vis-à-vis de lui. N'y pouvant tenir, sa
femme s'enfuit. Et son mépris pour la femme, déjà
singulièrement marqué, n'en fut évidemment pas atté-
nué ». De sorte que, pour cet ingénieux glossateur, le
totalitarisme confucéen (sic!) ne peut que faire
alliance avec le totalitarisme stalinien ou marxiste.

On me dira que je cite là des hommes qui ne savent
point le chinois, ne jugent que par ouï-dire, et dont la
pensée n'a guère ou point d'audience. C'est vrai; mais
lorsqu'il s'agit d'étudier ce que devient Confucius dans
la conscience des hommes, les erreurs, et les plus
brutales, méritent qu'on les considère. Elles le méritent d'autant plus que les communistes français viennent de changer d'avis sur Maître K'ong. Après l'avoir
loué sans mesure, ils le dénigrent avec autant de
véhémence : tout le monde a lu *Clefs pour la Chine*;
toute la gauche française s'y forma un temps son idée
de confucianisme, et quelle idée! Confucius aspirerait
à « préserver l'ordre ancien menacé [...]. Il sera pendant vingt-cinq siècles déifié par le pouvoir et c'est
justice. L'Etat autoritaire n'a jamais eu de meilleur
théoricien, ni l'aristocratie de plus efficace défen-
seur ». Il a « posé sur les épaules de la Chine une
grande chape de plomb majestueuse, pesante et ralen-
tissante », que Mao Tsö-tong vient seulement de soulever. Curieux, car ce même Claude Roy, avant cette
volte-face, ne jurait que par Confucius et me reprochait de ne point aimer assez le philosophe pour
lequel tant de gens me reprochaient mon évidente
partialité! Mais Claude Roy, depuis lors, à su loyale-
ment reconnaître son erreur.

Les jeux, on le voit, ne sont pas faits, et le jour n'est
pas venu où les hommes accepteront de ne lire dans
Maître K'ong, de n'y aimer ou de n'y refuser que ce
qu'il a dit ou pensé; hélas, tel fut, tel sera toujours le

destin des grands hommes : chaque siècle en isole ce dont il a besoin, ou ce que passionnément il rejette. Chaque civilisation, et dans chaque civilisation, chaque famille d'esprits le brime, le viole, le floue, le berne, le bafoue, le calomnie, ou le caresse à contre-poil. Que je signale pour finir l'existence d'une Société d'Etudes Confucéennes, que présida M. Schuetz, et dont le siège se trouvait à Genève. Après un début inquiétant, sous le nom fâcheux de *Confucian Science Church*, elle semble résolue à plus de modestie. Elle publia un bulletin mensuel, daté en 1955 de l'an 2506 de Confucius (les mois y sont notés selon le calendrier lunaire). En dépit des sympathies qu'elle affiche pour Auguste Comte (et qui nous valent un bulletin consacré aux affinités entre la morale confucéenne et les thèses positivistes – ce qui date un peu; un éloge de l'*Appel cordial au peuple chinois* publié en 1924 par l'Eglise positiviste du Brésil; et cet aveu que le calendrier positiviste, qui contient un jour *Confucius*, le 21 Moïse, reste bien supérieur au calendrier chrétien quoique sensiblement inférieur au comput confucéen) elle accorde à Wang Yang-ming une tendresse particulière. Elle comptait alors cent vingt membres dont vingt-quatre en France, dix-huit en Suisse, trois en Allemagne, un en Algérie, un en Egypte, un à Malacca, un au Tibet, cinq à Hong Kong, un à Macao, trois à Formose, un aux Philippines, cinq au Japon, huit en Corée, vingt-quatre au Vietnam, trois aux Etats-Unis, trois au Brésil, deux en Uruguay, un en Australie, un dans l'Inde, et six en Chine. Tel serait le dernier avatar du Messie Confucius en notre XXe siècle : après la *Christian Science*, la *Confucian Science Church*!

CHAPITRE XI

LE CONFUCIANISME AU JAPON
ET EN CORÉE

Avant même d'atteindre l'Occident et l'Extrême-Occident, le confucianisme avait poussé son influence vers l'Orient : direction la Corée, puis le Japon.

L'histoire de la Corée nous est fort mal connue; plus mal encore l'histoire des systèmes religieux ou philosophiques qui successivement ou simultanément se partagèrent cette péninsule en tout temps convoitée, déchirée par ses puissants voisins. Il semble que les dynasties de Sin La et de Ko Rye, qui régnèrent, celle-là jusque vers le IXe siècle, celle-ci de 918 à la fin du XIVe, aient marqué l'une et l'autre beaucoup de complaisance à la religion du Bouddha; sans pour autant proscrire le confucianisme. Selon M. l'abbé Youn Eul Sou, dont la thèse partisane, informe, peu lisible, reste la seule étude d'ensemble que je connaisse chez nous sur cette affaire, il se pourrait que, sous le nom de *You kio*, prononciation coréenne du chinois *jou kiao*, école des lettrés, la doctrine de Maître K'ong ait pénétré avant l'ère chrétienne au pays du Matin Calme. Pour qu'elle s'y installât solidement, il faudrait attendre le VIIe siècle de notre ère, et la reine Syen Tek (632-647). Le rayonnement des T'ang y serait pour beaucoup : sous Tai Tsong des T'ang, en effet, nombreux les étudiants coréens qui allaient se former en Chine, où le confucianisme, nous le savons maintenant, occupait une situation officielle.

Malheureusement, il ne nous reste pas une œuvre des premiers lettrés coréens, Syel Tchong et Tchoi Tchi Ouen. Au début de la dynastie de Ko Rye, on eut beau multiplier les écoles confucianistes et les bibliothèques bien pourvues en classiques; on eut beau instituer en 958 un système d'examens qui plagiait celui des T'ang, seuls les fonctionnaires, les philosophes, les écrivains se montraient sensibles à la pensée de Maître K'ong. Le peuple, qui préfère les religions de salut, se réfugiait dans le bouddhisme. Deux ou trois noms émergent, sans plus : ceux de Tchoi Tchoung (984-1047), notamment, et de Kim Pou Sik, l'auteur d'une *Histoire des Trois Royaumes*, qui fut célèbre au XIᵉ siècle.

Curieusement, c'est aux Mongols que le confucianisme doit le rôle important qu'il finit par jouer en Corée. En 1231, la dynastie de Ko Rye se soumit aux conquérants, ce qui n'empêcha pas les nomades, vingt ans plus tard, de ravager à nouveau le pays tributaire. Pour amadouer ces barbares, le roi de Corée décida de leur envoyer en otage son fils le prince héritier. Or, sitôt monté sur le trône des Yuan, Koubilai Khan manifesta son génie politique en rappelant de Corée ses soldats; l'année suivante, lorsque mourut le roi Ko Tchong, il se hâta de renvoyer chez lui le prince qu'on avait livré à son prédécesseur, et de lui confier le pouvoir. Du coup, on se maria beaucoup entre Mongols et Coréens : c'est ainsi que les mœurs chinoises et la pensée de Confucius pénétrèrent enfin en Corée. En ce temps-là, les idées de Tchou Hi florissaient. De sorte que le confucianisme nouvelle manière sera connu dans la péninsule sous le nom de *Tjou Tja Hak*, c'est-à-dire « étude de la théorie du Tchou [Hi] ». On aimerait savoir, mais on ignore, comment il se propa-

gea. Les uns prétendent que le mérite en revient à
Paik I Tjeng, dont les chroniques affirment qu'il rentra
au pays « avec beaucoup de livres de tchouhisme,
après être resté dix ans dans la capitale des Yuan ».
D'autres en attribuent le mérite à An Yu (1243-1307),
qui vécut un peu avant Paik I Tjeng, et dont un
biographe nous rapporte qu'en 1290 il rapporta de
Chine une copie des livres de Tchou Hi et un portrait
du philosophe : « Il y trouva la véritable doctrine de
Confucius et de Mencius. »

Véritable, c'est douteux, mais enfin, telle sera aussi
notre illusion à nous autres Européens : comme An Yu
et Paik I Tjeng, les Jésuites nous apporteront dans leur
bagage un confucianisme fortement teinté de bouddhisme et de taoïsme, celui de Tchou Hi et de l'orthodoxie néo-confucéenne. Deux disciples de Paik I Tjeng,
Kouen Pou et Ou Htak, se dévouèrent à prêcher la
vérité nouvelle. L'abbé Youn Eul Sou écrit qu'après
« avoir consacré plusieurs mois uniquement à l'étude
des ouvrages de Tchou Hi », Ou Htak ouvrit une
nouvelle école. Pour l'honneur de cette école, espérons
qu'il passa un peu plus de quelques mois à étudier
l'œuvre immense du réformateur néo-confucéen. Deux
autres disciples de Paik I Tjeng, Ri Tjei Hyen et Pak
Tchoung Tjoi, divulguèrent eux aussi la doctrine; le
premier forma Ka Tjeng, qui forma Mok Eun, le plus
grand spécialiste coréen du tchouhisme.

De l'aveu des Coréens, ces confucéens-là marquaient
plus de goût pour les lettres et la poésie que pour la
philosophie. Le seul qui témoigne d'un esprit philosophique, c'est Tjeng Mong Tjou, plus connu sous le
pseudonyme littéraire de Hpo Eun (1339-1401). Outre
ses cours, il rédigea un traité sur la matière et sur la
forme, un autre sur l'unité de l'univers, un autre de
l'unité des trois agents (le ciel, la terre et l'homme), et
beaucoup d'autres ouvrages. Tout disparut en 1392

quand on incendia la bibliothèque du ministre Paik Tcheng. Sans se décourager, Hpo Eun écrivit encore; mais nous ne connaissons que des fragments mutilés de son œuvre : assez toutefois pour le voir se dresser, avec autant de vigueur qu'en Chine un peu plus tôt Han Yu, contre le culte du Bouddha.

Bien pourvue de livres confucéens, la Bibliothèque royale permettait à ceux qui s'adonnaient au tchou-hisme de lire, à défaut des travaux de Hpo Eun, les textes originaux. Ils étaient nombreux, en ce temps-là, parmi les fonctionnaires, vu que le système des exa-mens, réorganisé en 1332, sous le règne de Thoung Souk, portait à peu près exclusivement sur le com-mentaire tchouhiste des *Quatre Livres*. (Rien d'original, par conséquent, pour autant que nous puissions en juger, dans le surgeon coréen du tchouhisme.)

A la fin du XIVe, la dynastie de Ko Rye s'effondra; les fonctionnaires confucéens essayèrent d'en profiter, et proposèrent au souverain plusieurs mesures contre les couvents et les bonzes; ils prônaient la séparation de l'Eglise et de l'Etat. Le roi leur opposa un des leurs, le « grand confucianiste Ri Saik », et qui pourtant « vé-nérait le Bouddha ». « Parbleu! » répliquent les let-trés, « il ne brillait pas par son orthodoxie, celui-là ». En fait, le roi Htai Tjo penchait vers le bouddhisme, que ses conseillers exécraient; on le vit quand, affligé par la mort de ses fils, il abdiqua pour se faire bonze, après six ans de règne. Succédant à son frère Tjeng Tjong, qui ne régna que deux ans, Htai Tjong monta sur le trône. Un vrai confucéen, celui-là : dès son avènement, en 1401, il chassa de la cour les bonzes. Quelques années plus tard, il confisquait la plupart des biens d'Eglise. Par déférence toutefois pour son père, le bonze, il borna là ses exigences, et toléra deux cent quarante-deux pagodes. Puis il essaya d'instaurer un gouvernement selon Yao et Chouen. Tout l'argent qu'il

confisquait aux bouddhistes, il l'employait à construire
des écoles, et à enrichir les bibliothèques confucéennes; à cette fin, il ordonna de fondre des caractères
pour remplacer les planches gravées sur bois, qui
s'usaient beaucoup trop vite. Comme quoi la passion
confucéenne pousse les « vrais rois » vers le progrès
technique! Si la Corée dépassa la Chine et devança
l'Europe dans l'art de l'imprimerie, elle le doit, c'est
incontestable, au zèle confucéen de son roi Htai Tjong.
Il prenait le confucianisme à ce point au sérieux que,
pour se conformer au modèle du parfait souverain, en
effet il abdiqua (1419), et confia le pouvoir à son fils
Syei Tjong. L'abbé Youn Eul Sou a raison de voir là
« le succès le plus brillant du confucianisme en
Corée ». « Depuis notre avènement, disait le souverain, les fleuves s'assèchent, la mer rougit, les roches
se déplacent, sans parler d'autres prodiges, qui se
répandent. Selon l'avis de plusieurs, cela présagerait
un changement dynastique. Mais nous en arrivons à la
dix-huitième année de notre règne sans que rien nous
soit arrivé de mal. Nous ne devons donc accorder à ces
prodiges aucune créance. » Si le « vrai roi » résigne le
pouvoir, ce n'est donc point par débilité mentale, mais
par scrupuleux souci du bien public; comme il ne
réussit pas à donner à ses peuples assez de bonheur, il
s'efface devant quelqu'un qu'il estime plus compétent,
ou qu'il espère plus chanceux.

Cette abdication stimula le zèle de Syei Tjong, le
successeur : il ferma plus de deux cents pagodes, n'en
tolérant que trente-six; il fit célébrer les funérailles de
Htai Tjong selon les rites confucéens, propagea la
vraie doctrine, recensa les gens vertueux : maris exemplaires, enfants réputés pour leur piété filiale, femmes
singulières en fidélité conjugale, descendants attentifs
au culte des ancêtres; puis il ordonna aux docteurs
confucéens de rédiger la biographie des cent dix

Coréens les plus vertueux; c'est le *Sam Kang Haing Sil*. Moyennant quoi, et l'exemple de sages qui vivaient dans les campagnes et y formaient des disciples, le confucianisme pénétra enfin les masses populaires. Kil Tjai, qui vivait au pied du Mont Keum O, et y fonda une école bientôt célèbre, n'eut pas moins d'influence et n'illustra pas moins la doctrine que le roi qui, fidèle à l'esprit de Maître K'ong, étudiait les sciences exactes : on doit à ce souverain accompli l'invention d'un pluviomètre (1442), qu'on coula en bronze et qu'on distribua dans les capitales provinciales; on lui doit encore une réforme des instruments de musique, celle surtout de l'écriture coréenne : *E Tjei Houn Min Tjeng Eum*, ou *La Véritable Prononciation enseignée au peuple, ouvrage composé par le roi* (1446) : « Emu de pitié, j'ai inventé vingt-huit caractères qui seront facilement appris de tous et serviront à tous les besoins quotidiens. » Ils permettent à tous d'étudier aisément la pensée de Confucius; sans compter qu'ils notent le bruit du vent dans les arbres, le hululement de la chouette, le coassement de la grenouille.

Pour la première fois dans l'histoire de l'humanité, régnait sur la terre un *vrai roi*, un de ces *wang* vers lequel soupirait Mencius. De l'aveu d'un prêtre catholique, ce temps « fut l'âge d'or de la Corée et du Confucianisme ». A roi savant, peuples instruits; à roi sage, peuples heureux; à roi vertueux, peuples dévoués au bien public. Cela se passait au XV⁰ siècle. La Corée, depuis lors, n'eut que trop d'occasions de pleurer son grand roi.

Si peu original que nous paraisse le confucianisme des Coréens, il manifeste, grâce à deux ou trois *vrais rois*, que, fort éloignée d'encourager les peuples à la soumission, la pensée de Maître K'ong les incite à chercher le bonheur par la sagesse et les encourage à découvrir les techniques appropriées : toujours l'histoire du jardinier confucéen, dont se gaussait le taoïste...

C'est précisément à la doctrine confucéenne qu'un Chinois du début de ce siècle, M. Tchen Houan-tchang, attribue l'essor du Japon[1].

Bien avant l'ère Meiji, la pensée de Maître K'ong agissait sur l'esprit japonais. On n'espère pas qu'en quelques pages je fasse mieux qu'esquisser l'histoire d'une imprégnation qui occupe des volumes de travaux érudits. Dès le VIIe siècle, plusieurs écoles confucéennes florissaient au Japon, cependant que fonctionnait un système d'examens inspiré de celui des T'ang. Avec des fortunes diverses, il dura jusqu'au XIVe siècle. Hélas, les fils paresseux des grandes familles réussissaient trop souvent, alors qu'on n'hésitait pas à coller le bon candidat de modeste origine! Sugawarano Michizane lui-même en pâtit, ce héros indiscuté à qui l'on prêta ces vers illustres, et fort confucéens, au meilleur sens du mot :

> *Pourvu que ton cœur*
> *aux voies du bien*
> *soit fidèle,*
> *sans même que tu pries,*
> *oui, les dieux te protègent.*

Un réveil du confucianisme se produisit au XVe siècle, grâce notamment au moine Keian (1427-1508). Comme plus d'un bouddhiste Zen, il identifiait chez Tchou Hi bien des traits de sa propre foi; avec la complicité des bouddhistes, le tchouhisme gagna donc du terrain, jusque vers 1600. Le néo-confucianisme s'y divise en plusieurs écoles : celle de Tchou Hi propre-

---

1. *The Economic Principles of Confucius and his School*, t. II, p.700; New York, 1911. Columbia University.

ment dite, ou *Shushi-gakuha*; celle de Wang Cheou-jen
dit Wang Yang-ming (1472-1528); celle enfin qu'on
appelle *Kogakuha*, et qui correspond à l'Ecole chinoise
des Han. Sous l'apport taoïsant et bouddhisant, elle se
piquait de retrouver les enseignements originaux de
Confucius et de Mencius.

Fujiwara Seika, Hayashi Razan, Amenomori Hoshu,
Muro Kyuso, Nakamura Tekisai, Kaibara Ekiken,
Yamazaki Ansai, Asami Keisai ont illustré la tendance
tchouhiste; sans oublier Sato Naokata, Ichikawa Kan-
sei, Matsumoto Kunzan, etc. Tendance qui poussa un
étrange surgeon, l'école qu'on dit de Mito (du nom de
la ville qu'avait illustrée un membre des Tokugawa,
célèbre pour sa loyauté) Contemporaine de Tokugawa
Mitsukuni (1628-1700), cette école renoua avec la tradition historienne dont s'était dégagé le confucianisme
initial; elle rédigea le *Dai Nihon Shi*, ou *Grande Histoire
du Japon*, y exaltait le loyalisme à l'égard de l'empereur, et s'efforçait d'abaisser les traditions chinoises.
Alors que, dans les autres écoles tchouhistes, on ne
vénérait que la tablette de Maître K'ong, ceux de
l'école de Mito honoraient aussi la tablette d'une
divinité japonaise Take-Mika-Zuchi-no-Kami, prati-
quant ainsi un syncrétisme que nous dirions « nationaliste ». Mais l'un des derniers tenants du tchouhisme, Asaka Gonsai (1785-1860), semble avoir retrouvé la
pensée de Confucius : pour lui « le *tao* appartient à
tous, et le savoir aussi. Ni Confucius ni Mencius ne
monopolisent le *tao* [...]. Quiconque possède du bien
une idée juste sera mon maître [...]. Sans oublier les
petites gens [...] ». Il tenait le goût de la vérité et celui
de la loyauté pour les vertus suprêmes, rendait à la
doctrine des dénominations correctes toute l'importance que lui accordait Maître K'ong : « Quand rouge
veut dire rouge, blanc, blanc, et noir, noir, quand
au-dedans et au-dehors, quand de la racine à la bran-

che, il n'y a point de confusion, alors tout se conforme
à la vérité, à la loyauté. »

En même temps que, par une agréable évolution, la
doctrine de Tchou Hi produisait au Japon, après
quelques siècles, un homme qui rejoignait le confucianisme originel, celle de Wang Yang-ming et de la
« connaissance intuitive » séduisait de bons esprits,
notamment Nakae Toju, Kumazawa Banzan, Miwa
Shitsusai, Nakane Tori, Hayashi Shilei, Sato Issai,
Fujita Toko, Saigo Takamori. Pour Maître Wang Yang-
ming qui donna son nom *(Yomei)* à l'école inspirée de
lui, ni l'histoire ne compte, ni le savoir livresque. Il
s'en remet à la méditation et à la « connaissance
intuitive », seules sources de la moralité. Ce qui lui
imposa de critiquer l'orthodoxie livresque des tchouhistes et de passer pour taoïste, voire pour bouddhisant. Ses disciples japonais perpétuèrent sa pensée, la
glosèrent, l'enrichirent, et souvent la vécurent en
beauté : pauvres, modestes, généreux. Or c'est bien à
l'un de ces hommes-là que, selon l'intuition de Tchen
Houan-tchang, le Japon doit d'avoir accueilli cette part
de la culture occidentale qui lui permit en moins d'un
demi-siècle de compter parmi les premières nations
du monde. En 1854, lorsque Perry pour la seconde fois
aborda au Japon, un adepte de la doctrine de Yomei,
Yoshida Shoin, et quelques-uns de ses amis, essayèrent
de lier connaissance avec les marins du *Mississippi* :
« Nous voulons aller en Amérique; veuillez demander
à l'amiral de nous emmener! » Après quelques rebuf-
fades, ils réussirent à monter à bord du vaisseau
amiral mais les Américains refusèrent de les garder.
On arrêta Yoshida Shoin et son ami Sakuma Shozan
qui, pour célébrer le succès de cette escapade, avait
écrit quelques vers prématurés. On finit par l'exécuter
en 1859; il avait vingt-sept ans; mais, au cours d'une
brève période durant laquelle il avait pu enseigner

(avec quel succès!), il suscita plusieurs disciples. Plus heureux, Sakuma Shozan avait cinquante-trois ans lorsqu'on l'assassina. Dans sa prison, il avait eu le temps de marquer ce qui le séparait des confucéens rétrogrades, de ceux qui « considèrent l'art et les sciences de l'Occident comme autant d'ennemis avec lesquels on ne transige point ». Comme son ami Shoin, il estimait que le sage prend son bien partout où il le trouve. Tel était l'avis d'un autre confucéen de la même tendance, Katsu Awa : « Des gens capables de fabriquer des navires qui marchent contre le vent, ce ne sont pas des barbares! » Tchen Houan-tchang avait donc raison : ce qui survivait de confucianisme authentique chez les disciples japonais de Wang Yang-ming leur permit de pressentir les avantages qu'un jour leur pays saurait tirer des techniques occidentales. Une fois de plus, les hommes de « progrès » s'inspiraient de Maître K'ong[1]. Ils payèrent le prix courant : la prison, et la mort. Ce qui ne saurait décevoir un vrai « lettré ».

Ainsi, de même que la pensée de Confucius fournit aux Coréens quelques-uns de leurs meilleurs rois, elle donna au Japon, outre maint humaniste, les deux ou trois hommes audacieux qu'on trouve à l'origine de cette subversion politique, morale, économique : le Meiji. Pour mépriser en Maître K'ong un suppôt de la réaction, il faut donc tout ignorer de ce qu'il inspira aux Coréens, de ce qu'il suggéra aux Japonais Saigo Takamori et Yoshida Shoin.

---

1. La troisième école, celle de Ito Jinsai, prospéra au Japon; elle n'étudiait que les *Entretiens* et le *Mencius*, à la bonne heure! Ceux qui voudraient le mieux connaître pourront lire *Ito Jinsai, a Philosopher, Educator and Sinologist of the Tokugawa Period*, by Joseph John Spae, I. H. M., Ph D., Peiping (Pékin), 1948 (*Monumenta Serica, Journal of Oriental Studies of the Catholic University of Peiping, Monograph XII*).

CHAPITRE XII

CONFUCIUS ET LES CHINES CONTEMPORAINES, DE 1850 À 1957

Au moment où certains disciples de Wang Yang-ming essayaient d'orienter le Japon vers l'Occident, la plupart des hommes en Chine qui se réclamaient de Maître K'ong, loin de manifester la même intelligence, refusaient la pensée de l'Europe, fâcheusement solidaire, il faut l'avouer, des canonnières et de l'impérialisme.

Un homme aussi ouvert que Yen Fou (1854-1921), aussi versé que lui dans la culture anglaise, et qui, dans son premier enthousiasme pour l'Occident, traduisit Adam Smith, Herbert Spencer, Stuart Mill et Thomas Henry Huxley, en revint bientôt à la seule tradition : « Il me semble, écrivit-il, désabusé, qu'en trois siècles de progrès les peuples d'Occident ont élaboré quatre principes : l'égoïsme, le meurtre, la malhonnêteté, le refus de toute vergogne. Combien différents les principes de Confucius et de Mencius, vastes qu'ils sont, et profonds autant que le Ciel et la Terre, conçus pour le bien de tous les hommes en tous lieux ! »

Si l'on en juge d'après l'état de faiblesse et de corruption où agonisait la dynastie mandchoue, qui se réclamait hélas des *vastes* et *profonds* principes de

Confucius et de Mencius, Yen Fou paraît naïf. Qu'on lise donc, à ce sujet, le beau roman de Lieou Ngo : *Lao Ts'an Yeou-ki*, enfin traduit en notre langue[1]. Les mandarins d'alors ne péchaient ni par excès d'intelligence, ni par trop d'intégrité. Au lieu de se rappeler que le sage vit avec son temps, ils refusaient le leur, qui pour eux n'était que celui des « barbares ». Quand il fut question d'imposer une épreuve de mathématiques aux examens traditionnels, ils fomentèrent une révolte et des émeutes : aussi bornés que tous ces oulémas et cheikhs de l'Azhar qui résistaient à l'esprit novateur de Mohammed Abdou.

Le malheur est qu'ils se réclamaient de Confucius, et qu'ils en dégoûtèrent les hommes intelligents. Je me demande si K'ang Yeou-wei, le contemporain de Yen Fou, qui essaya, lui, de rénover le confucianisme et de l'adapter aux conditions nouvelles, s'y prit très habilement. Afin de fournir aux projets audacieux qu'il formait pour son pays (monarchie constitutionnelle et reconnaissance de la lutte des classes) une caution insoupçonnable, il voulut réorganiser la religion de Confucius. Il s'agissait, cette fois, d'en faire une bonne religion, une religion progressiste : au lieu de s'appuyer sur Tchou Hi et le néo-confucianisme bouddhisant, on ne tiendrait pour dignes de mémoire que les pensées du Maître et celles de Mencius. Une fois chassée la dynastie mandchoue, et supprimés les examens, K'ang Yeou-wei intrigua pour qu'on inscrivît dans la Constitution que ce dogme-là deviendrait religion d'Etat : les constituants se contentèrent de stipuler que le confucianisme allait redevenir la morale de la République. Curieux homme, ce K'ang Yeou-wei : imprégné de positivisme français, il avait

---

1. Gallimard, 1965. « Connaissance de l'Orient » *L'Odyssée de Lao Ts'an* et collection « Folio » : *Pérégrinations d'un clochard.*

publié en 1884 un *Traité de la grande unité*, passablement prophétisant, où il annonçait cette « grande
paix » dont rêve la pensée chinoise, et non pas seule.
Ses *Commentaires aux Entretiens familiers*, qu'il donna
dix-huit ans plus tard, partagent l'histoire en trois
âges : celui de Confucius; et l'âge contemporain, qui
prépare l'âge d'or, cet âge qui, une fois installé dans le
monde, organisera le confucianisme à la sauce K'ang
Yeou-wei. Adaptés aux conditions chinoises, nous
reconnaissons là les trois âges d'Auguste Comte (la
Chine rendait ainsi leur politesse à ces positivistes qui
avaient célébré en Maître K'ong un grand ancêtre).

K'ang Yeou-wei forma quelques disciples, parmi
lesquels Tchen Houan-tchang, dont il me semble qu'on
ne lit guère le pourtant passionnant essai sur les
principes économiques de Confucius et de son école :
The Economic Principles of Confucius and his School. Il
comprend que Confucius n'est ni le seul ni le premier
responsable de ces finances arriérées, de cette agriculture déficiente, de ce commerce inexistant, de cette
économie sclérosée. Tout en reconnaissant que le
mobile suprême du confucianisme, la vertu, ne favorise que modérément le développement économique,
il voit dans le bouddhisme et dans le taoïsme, si
puissants sur les masses, bien plus puissants sur elles
que le confucianisme, la principale raison de cette
arriération : au nom du « pur langage », au nom du
taoïsme, Wang Yen, qui vivait de 256 à 311, refusait de
prononcer le mot « argent »; à quoi s'ajoute le caractère anachronique (nous dirions *bachoteur*) des examens d'Etat. Il ne s'agissait plus de comprendre et de
pratiquer la doctrine des *Quatre Livres*; il ne fallait
qu'apprendre par cœur les gloses orthodoxes. Même à
la fin de la dynastie mandchoue, il arrivait encore à
des hommes éminents de réussir aux concours, mais
« ce n'était point parce que le système produisait de

grands hommes, c'était plutôt parce qu'il arrivait à de grands hommes de réussir aux examens ». Pour Tchen Houan-tchang, qui passa les concours les plus difficiles, et qu'on ne peut accuser de dénigrer par dépit, le système des examens est responsable, lui aussi, ex æquo avec le bouddhisme et le taoïsme, de la stagnation chinoise : « Les moines sont gras, et maigres les étudiants », disait alors un proverbe. Fort nombreux les uns et les autres, les étudiants et les moines composaient deux classes qui ne participaient en rien à la production des richesses. Alors que les étudiants fournissaient à l'Empire les cadres administratifs, et donc lui étaient utiles en quelque façon, bouddhistes et taoïstes se bornaient à consommer le produit du travail des laboureurs et artisans. Au lieu d'investir leurs immenses richesses, ils les gaspillaient en dépenses stériles. Si l'on se rappelle que les femmes n'étaient point émancipées, et, riches, s'amollissaient dans l'oisiveté, l'ignorance ou la futilité, voilà bien des gens perdus pour l'économie nationale.

Cela courageusement dit, Tchen Houan-tchang ne désespère pas de la Chine, parce qu'elle « pratique la meilleure religion du monde : le confucianisme » et que, par voie de conséquence, elle a le niveau moral le plus élevé du monde. Pour la sortir de cette indolence semi-féodale où elle s'endormait sous les Mandchous, il suffira de revigorer les principes économiques de Confucius et de Mencius, lesquels, bien compris, favorisent une économie où le capitalisme et le socialisme combineraient leurs avantages.

Se prévalant alors de l'exemple que je citais de Yoshida Shoin et de Sakuma Shozan, il conclut en ces termes : « Ce ne sont pas des chrétiens, mais bien des confucéens, qu'on trouve à l'origine de la révolution politique » à quoi le Japon doit sa prospérité. Et puisque, pour obtenir ce résultat, il a suffi de deux ou trois personnes appartenant à l'une seulement des écoles qui se réclament de Confucius, celle de Wang Cheou-jen : « Pourquoi nierait-on que l'ensemble des écoles confucéennes soit capable de moderniser la Chine? » Inspirons-nous du système des « puits » pour réformer l'agriculture; prenons chez Wang Ngan-che le socialiste tout ce qu'on y trouve de bon; ces traditions confucéennes, combinons-les au militarisme et à l'industrialisation que nous enseigne l'Occident, et la Chine deviendra forte. Comme il n'oublie pas son maître K'ang Yeou-wei, M. Tchen Houan-tchang annonce alors l'avènement d'un Etat Universel : « toutes les nations seront sœurs; finies les guerres; nous aurons la paix perpétuelle ». Grâce à Confucius!

« Balivernes! » réplique Hou Che, l'un des meilleurs esprits de la Chine contemporaine[1]. Non pas qu'il refuse de lire chez Confucius ce qui crève en effet les yeux : une forme de ce qu'il appelle « l'esprit démocratique »; mais, exaspéré par le conservatisme de trop de mandarins, scandalisé par le système de recrutement des fonctionnaires, et comme si Confucius fût responsable du Tchouhisme, comme si les paroles qu'on prête au Christ, ce Juif, fussent coupables des bûchers de l'Inquisition et de l'antisémitisme d'Eglise, il rejette en bloc tout le confucianisme. Sous prétexte que Confucius en effet fut en son temps un « progressiste » : « il faut donc balayer les faux confucéens, et revigorer l'esprit du vrai confucianisme », disaient K'ang Yeou-wei et Tchen Houan-tchang. « Pardon! objectait Hou Che, puisque voilà ce que donne la pensée du réformateur, c'est qu'il y a en elle quelque chose non seulement de vicié, mais de vicieux aussi. Vivons au XXᵉ siècle! » Comme il avait observé que les

---

1. Quel dommage qu'il ait fait confiance aux Etats-Unis, se soit ainsi retranché des siens!

confucéens qui se réclamaient du *kou wen* du même coup défendaient les valeurs féodales et la dynastie mandchoue, il imposa la fameuse révolution littéraire qui substitua au langage écrit des lettrés, au *kou wen*, le langage que parlait le peuple, le *pai houa*. Enseigné dans les écoles secondaires et supérieures, ce langage parlé devint bientôt celui de tous les écrits : essais, romans et poésie. Du coup, l'étude des *Quatre Livres* devint aux Chinois aussi malaisée qu'à ceux des Grecs d'aujourd'hui qui ne connaissent que le démotique (l'équivalent du *pai houa* chinois), le grec d'Homère et celui de Platon.

Tous les révolutionnaires chinois ne poussaient pas aussi loin l'hostilité à Confucius. Sun Yat-sen se réclamait volontiers des vertus canoniques et citait volontiers, comme un *trésor national* de philosophie politique, tel passage de *La Grande Etude*. Aussi, dans le projet de constitution qu'il élabora pour la Chine, et si désagréablement vivace que demeurât le souvenir des concours sous la dynastie déchue, il précisa qu'avant d'exercer une fonction publique, tout candidat devrait se soumettre à un examen que jugerait le Gouvernement Central; bien qu'il empruntât à l'Occident la théorie des trois pouvoirs et le mécanisme de leur séparation, créant à cette fin un Conseil législatif, un Conseil exécutif et un Conseil judiciaire, il définit deux autres *pouvoirs*, auxquels correspondaient deux conseils, celui du *Contrôle* et celui des *Examens*. C'était rétablir la censure, et les lettrés. C'était créer un gouvernement selon l'esprit de Confucius, mais revu par Montesquieu.

Mort Sun Yat-sen, les exactions des seigneurs de la guerre, puis la dictature de Tchang Kai-chek, allaient rendre caduque, avant même qu'elle fonctionnât, la constitution prévue selon les *Trois principes populaires* (ou *démocratiques*), ceux du *San Min Tchou-yi*. Sou-

cieux d'affermir sa tyrannie précaire, Tchang Kai-chek
et ses conseillers chrétiens – protestants ou catholiques – usurpèrent une formule lancée par le réformateur Ts'ai Yuan-p'ei (1867-1940) et par Hou Che en
personne, *La Nouvelle Vie* (en chinois *Sin Cheng-houo*).
Détournant de son sens la formule « progressiste »,
Tchang la pervertit au point de lui faire signifier le
contraire de ce qu'en attendaient les deux initiateurs.
« Ce que j'appelle *Nouvelle Vie*, écrivait Ts'ai Yuan-p'ei,
c'est le bonheur, c'est le progrès [...], l'ancienne société
comportait une classe d'oisifs qui n'étudiaient pas, qui
tous les jours mangeaient, se paraient, forniquaient,
jouaient, s'amusaient. Il y avait aussi une classe qui
tout le jour accomplissait une œuvre amère et qui
n'avait point l'occasion d'étudier. Epuisé physique-
ment, l'ouvrier avait beau se démener comme deux, il
n'obtenait jamais que demi-résultats. Que tous les
hommes travaillent chaque jour, que tous les hommes
étudient chaque jour, voilà la *Nouvelle Vie*. » Humanisme raisonnable, socialisme humanitaire, telle alors
la tendance de Hou Che et de Ts'ai Yuan-p'ei.

Tchang Kai-chek reprit la formule, mais l'agrémenta
d'un méli-mélo filandreux où l'enquêteur éberlué isole
des bribes de christianisme, quelques idées de Mö-
tseu, une forte dose de fascisme, et, par malheur,
l'appel à Confucius. Grâce aux influences ingénieusement combinées d'Adolf Hitler et de Jésus-Christ,
Tchang se flattait de ramener les Chinois, par une *Vie
Nouvelle*, aux « anciennes vertus ». Quelque sot qu'il
fût, il ne l'était pas assez pour prêcher la vraie vertu
confucéenne, celle de *jen*, car il n'ignorait pas que le
premier effet de cette générosité, c'est le *non* inflexible
qu'elle oppose aux tyrans.

Hélas, Confucius règne si puissant sur l'esprit des
Chinois que ceux surtout qui ne devraient pas se
réclamer de lui se hâtent d'invoquer son précieux

patronage. Une tyrannie, et l'une des pires qu'ait subies la Chine, abritait donc ses prévarications et ses crimes sous une morale qui se prétendait en partie confucéenne. Je ne suis donc pas surpris, mais je m'afflige de lire, dans la thèse de M. Chang Kuang-Tsu sur la *Doctrine pédagogique de Confucius* : « Nous nous déclarons [...] adversaires du mouvement *La Vie Nouvelle* dont le programme consiste en le rétablissement de la doctrine de Confucius »; d'un Confucius « féodal, aristocratique et conservateur ». Telle d'abord, en effet, la position des communistes.

A peine installé au pouvoir, Mao Tsö-tong annonça qu'il lutterait à mort contre Confucius et le confucianisme. Le bouddhisme que pratiquait sa mère, plus tard sa formation stalino-jdanovienne confirmèrent en lui quelques rancœurs enfantines, dont il fit part à Robert Payne. « Je hais Confucius, lui avoua-t-il, depuis l'âge de huit ans. » On assista donc à un curieux spectacle : pour des raisons trop claires de politique générale, on favorisait à Pékin les musulmans et les bouddhistes; pour d'autres raisons, moins avouables, on manifesta aux taoïstes une indulgence amusée (ces taoïstes qui font profession de mépriser tout progrès technique et de ne supporter d'autre régime qu'anarchique); les confucéens, en revanche, devinrent les boucs émissaires, les Juifs, les parias de la Chine; à en croire les flatteurs du Président de la République populaire, les thuriféraires de Confucius auraient posé sur le pays une chape de plomb, et constamment favorisé les tyrannies. Confucius, ce valet des seigneurs, aurait enseigné la résignation, et la soumission à quiconque détient le pouvoir. Bien différente, la vérité : 1° Mao Tsö-tong entend discipliner son peuple selon la plus scrupuleuse orthodoxie (lisez ses deux ouvrages « philosophiques » *De la pratique* et *De la contradiction*; vous n'y verrez que citations de

Marx, Engels, Lénine et Staline); 2° Mao Tsö-tong se méfie justement d'une philosophie, le néo-confucianisme, qui souvent s'est compromise avec les gens au pouvoir; mais il confond à dessein la religion de Confucius, l'orthodoxie confucéenne et la pensée de Confucius; 3° Mao Tsö-tong sait fort bien que les disciples de Confucius ont toujours accepté, choisi les fonctions de censeurs, et de dire au Prince la vérité, lors même, lors surtout que le Prince est en faute; 4° Mao Tsö-tong se méfie d'une doctrine qui a toujours rassemblé ses adeptes en un corps constitué, cohérent et puissant, qui prétendait à l'exercice du pouvoir, et qui pourrait donc faire concurrence au Parti.

Quelque amitié que je porte à Confucius, et quoiqu'il m'invitât à crier contre le portage, mais pour des salaires équitables, contre le racisme, mais pour la paix en Afrique du Nord, je n'ai jamais prétendu qu'il ait tout dit, tout compris. J'approuve Sun Yat-sen, Hou Che et Ts'ai Yuan-p'ei qui voulaient adapter la pensée occidentale; mais je déplore que, de toutes les pensées chinoises, la seule que Mao Tsö-tong se soit proposé d'anéantir ce soit celle qui forma ce chef-d'œuvre : *l'homme chinois de qualité*. Par chance, deux de ses principaux collaborateurs Kouo Mo-jo et Liou Chao-k'i ne partagent point à cet égard toutes les idées de leur collègue. Liou Chao-k'i, à qui nous devons un excellent petit manuel du parfait communiste, ne mâche pas ses mots : « Il se trouve des gens pour affirmer qu'on ne peut égaler ces génies de la Révolution qui s'appellent Marx, Engels, Lénine, Staline [...]. A les en croire, Marx, Engels, Lénine, Staline seraient dès leur naissance marqués d'un sceau mystérieux [...]. Eh bien, non », car il est écrit chez Mencius : « N'importe qui peut devenir Yao et Chouen. » Qu'il s'agisse de Herrlee Glessner Creel, de David S. Nivison, d'Arthur

F. Wright, tous les spécialistes de la pensée chinoise
contemporaine considèrent la brochure de Liou Chao-
k'i comme un essai de synthèse marxisto-confucéenne.
Pour une fois, voici le marxisme au contact d'une
pensée qui dispose l'homme au service public, mais en
lui conseillant d'y parvenir par la culture intime. Tout
semble indiquer qu'une tendance aujourd'hui se précise en Chine, qui interpréterait volontiers le
marxisme en termes de *hio-yang*, de culture morale
personnelle, c'est-à-dire en termes confucéens. En 1956
Fong Yeou-lan célébra de nouveau en Confucius un
« esprit scientifique ». La même année, dans un beau
poème, *La Nage*, Mao Tsö-tong se référait à Confucius
comme à un Maître et le citait. Ceux comme moi qui
souhaitaient et espéraient le succès de Mao Tsö-tong
ne pouvaient pourtant pas vouloir que, pour favoriser
un marxisme abâtardi, la Chine communiste sacrifiât
l'une des meilleures parts de son héritage culturel : les
efforts de Liou Chao-k'i, ceux de plusieurs autres
communistes chinois me font rêver d'une nouvelle
variété de ce syncrétisme que Marcel Granet tenait
pour l'un des caractères constants de la pensée des fils
de Han. Comment donc mieux conclure, à propos de
cette période, qu'en traduisant la conclusion de Creel
à son essai sur la pensée chinoise (*Chinese Thought,
from Confucius to Mao Tse-tung*) : « Qu'adviendra-t-il
de Confucius ? On ne le voit pas bien encore. Beaucoup de Chinois, au XXᵉ siècle, et beaucoup de communistes, ont condamné en lui l'archi-ennemi du progrès. D'autres, cependant, ont des vues bien différentes. Fort intéressant à cet égard, le livre que rédigeait
en 1945 Kouo Mo-jo, actuellement vice-président du
Conseil. Il y peignait Confucius non seulement en
champion des droits du petit peuple, mais en partisan
de la rébellion armée. Il se pourrait donc fort bien que
l'idole de la vieille Chine se voie bientôt saluée comme

un précurseur et comme un héros de la nouvelle
Chine dans la tradition révolutionnaire de Marx, Lénine, Staline et Mao Tsö-tong. »

*

Le trente-deuxième bulletin de la *Société d'études
confucéennes* m'apprit que la Chine nationaliste
célébrait à Tai-peh, le 28 septembre 1955, le 2 506ᵉ
anniversaire de la naissance « du plus grand sage de la
Chine » : de très hauts fonctionnaires du gouvernement de Formose assistaient aux cérémonies, que
relevait de sa présence le 77ᵉ descendant de Maître
K'ong en ligne directe, M. K'ong Teh-tcheng. A cette
occasion, Tchang Kai-chek conviait à déjeuner plus de
cent universitaires auxquels il conseillait de sauver la
culture chinoise « traditionnelle », c'est-à-dire les
préceptes confucéens. Je ne sache pas que, ce jour-là,
Mao Tsö-tong ait à Pékin célébré la mémoire du vieux
réformateur ni que la vraie Chine soit allée s'incliner
devant l'illustre mausolée. L'histoire a de ces capri-
ces : le régime entre tous odieux aux confucéens ose
en effet se réclamer de celui qui le condamne sans
appel; et le régime qui pourrait trouver en lui un
précurseur (à preuve l'expérience socialiste du confucéen Wang Ngan-che) le considéra d'abord comme un
ennemi mortel. « Passée cette maladie infantile du
communisme chinois, écrivais-je en 1955, j'aime à
croire que Confucius reprendra sa juste place dans la
tradition, et je me risque à espérer que ceux-là l'em-
porteront qui tentent aujourd'hui de concilier l'analyse qui tient compte de Marx avec la culture intime
telle que l'entendait Confucius : une ascèse joyeuse
qui prépare l'homme à bien servir un bon gouvernement. Sous prétexte que les bouddhistes, les taoïstes,
les Jésuites ou les positivistes ont tiré à soi une pensée

dont il leur fallait confisquer le prestige, la Chine va-t-elle se couper de ce qui la constitue en grande partie comme patrie ? »

Eh oui, je connais, moi aussi, bien des âneries censément confucéennes. J'ai lu jusqu'à cette *Histoire de la Chine et des Chinois*, par Peter Parley, traduite de l'anglais, imprimée à Paris par la Librairie de l'Enfance et de la Jeunesse, et offerte comme deuxième prix de version latine, le 27 juillet 1852, au petit séminaire de Montpellier : « Beaucoup de mes jeunes lecteurs se trouveraient bien de la lecture du Hyao King (*Le Canon de la piété filiale*), car, je regrette de le dire ici, j'ai souvent éprouvé la peine la plus vive à voir la manière dont se comportent certains enfants à l'égard de leurs parents. Ils les traitent avec peu de déférence et de respect, et, au lieu de suivre leurs avis et de rechercher leurs conseils, les méprisent et se croient la science infuse. Il n'en est pas ainsi en Chine, et je désirerais bien que ce fût en Angleterre comme dans le céleste Empire. » Par bonheur j'ai lu aussi quelques-uns des *Ueuetlatolli*, ces *Préceptes des vieillards*, où les Aztèques consignaient l'essentiel de leur morale; les recettes de culture intime s'y mêlent en si heureuse proportion à celles de bonnes manières qu'il me sembla savourer l'essentiel du confucianisme. C'est l'avis de Jacques Soustelle, qui voilà bien bien long-temps m'écrivait avoir été touché lui aussi par les ressemblances entre Confucius et les *Ueuetlatolli*. Devons-nous ne considérer, dans l'héritage confucéen, que les niaiseries de M. Peter Parley, et de parti pris négliger ce que lui doivent peut-être les Aztèques ? Les opportunistes confucianisants, tous ceux qui sous un prince bouddhiste seraient devenus bonzes, et communistes sous Mao, doivent-ils nous faire oublier que, durant deux mille cinq cents ans, à seule fin de vivre jusqu'au bout la vie du vrai lettré, des milliers d'hommes ont affronté la mort avec simplicité ? Pouvons-nous oublier tous ceux qui, de Han Yu à Wang Ngan-che, au nom du *tao* de Confucius ont défendu le petit peuple ? Devons-nous oublier tous ces confucéens que, faute de pouvoir les réduire ou les séduire, fit massacrer Tchang Kaï-chek ?

Lisons plutôt (dans la traduction française de *Diogène*) le raisonnable essai de M. Wang Tao, publié d'abord à Hong Kong (*The Young Sun*, 16 décembre 1954) : oui, le confucéen partira toujours de la culture intime, mais c'est afin de mieux former le citoyen ; non, le confucéen ne gaspille pas sa vie en abstracteur de quintessences ; bien trop terre à terre, bien trop soucieux de *pratique*, s'il faut absolument employer ce mot à la mode ; oui, Confucius forme des gens de qualité, et pour cette raison qui refusent la tyrannie, mais tout les contraint, ces « lettrés »-là, à refuser l'impérialisme et le système capitaliste. Un peu comme Herrlee G. Creel, M. Wang Tao voit chez Maître K'ong une sagesse ouverte, libérale, amie du peuple, le contraire de la réaction.

Confucius, qui vécut voilà plus de deux millénaires, n'a certes pas réponse à tout. Si je le défends aujourd'hui, ce n'est point dans l'intention d'exalter en lui, comme naguère Fong Yeou-lan, *le maître* de la Chine et le précepteur du monde. C'est que, grâce à lui, j'ai appris l'un de mes devoirs : quand, de toute ma bonne foi, j'estime qu'il se trompe, je dis au Prince qu'il se trompe.

CHAPITRE XIII

DISGRÂCE ET RETOUR EN GRÂCE
(1957-1985)

Voilà trente ans, j'avais donc l'impudence de souhaiter que Confucius reprenne sa place, sa juste place, dans la tradition chinoise, et de suggérer que ceux-là l'emporteraient un jour qui souhaitaient concilier l'analyse « marxiste » avec le confucianisme. J'allais même jusqu'à juger paradoxal que, le 28 septembre 1955, la Chine de Tchang Kai-chek célébrât à Taiwan le 2 506e anniversaire du sage et ce, en présence du 77e descendant de Maître K'ong en ligne directe, M. K'ong Teh-tcheng, alors que, du côté de Pékin, c'était, caprice de l'histoire, motus et bouches cousues.

Or, le 21 juin 1985, je recevais de Pékin deux coupures de presse relatant comment K'ong To-mao, descendante de la 77e génération de Confucius, était revenue à Ts'ou-fou (province du Chang-Tong), où serait né Confucius son ancêtre. Elle participait à de grandes cérémonies célébrées en cette ville où depuis plus de 2 500 ans vivent les descendants de la branche aînée. Le 22 septembre 1984, elle assista donc, dans la matinée, à l'inauguration de la statue de Confucius, qu'on avait restaurée, puis, en compagnie de sa fille K'o Lan et de son fils K'o Ta, elle se rendait en grande pompe au Bosquet de Confucius, où se trouve la tombe de son ancêtre, ainsi que celle de son propre père K'ong Ling-yi. Comblée de prévenances par les autorités, elle fut émerveillée de constater qu'on avait également remis en quel splendide état la salle Ta Tch'eng du temple de Confucius, où 400 jeunes Chinois en habits de fête étaient réunis devant le Portique à sonorité d'or et de jade, avant qu'on ne dévoilât, à neuf heures, cette statue rénovée, dont j'ai sous les yeux la photographie en couleurs : coiffure de cérémonie comportant douze pendentifs, globes de jade sur la tête, robe à douze dessins; tablette de jade à la main. « Avec son visage expressif et son air serein », il est entouré des statues de seize des plus éminents parmi ses disciples. Ce qui permit à K'ong To-mao de déclarer que tout cela représentait « une véritable condamnation de la *Révolution culturelle* », ces saturnales de la bêtise, qui avaient jeté aux orties le vieux maître, et au trou ceux qui osaient ne pas le vilipender. Alors que ce 22 septembre 1984, « chacun s'est souvenu, en regardant au loin, de Confucius qui s'est rendu sans se lasser dans toutes les principautés pour persuader leur souverain d'appliquer une politique charitable envers le peuple ». Si vous doutez, lisez dans *La Chine*, 1985, n° 1, p. 30-33, l'article intitulé *Un festival touristique dans le pays natal de Confucius*, avec en sous-titre « Le 22 septembre 1984 marque le 2 535e anniversaire de la naissance de Confucius ». Aucun doute par conséquent, puisque la Chine de Tchang Kai-chek célébrait en 1955 le 2 506e anniversaire de Maître K'ong, et celle de Teng Siao-p'ing le 2 535e en 1984, les deux Chines sont d'accord sur la date supposée (mais non mise en doute) de la naissance d'un criminel aujourd'hui réhabilité : 551 avant notre ère.

En janvier 1985, *La Chine en construction* relatait elle aussi cette commémoration-réhabilitation, sous le titre que voici : *Solennité-Noblesse-Beauté*, p. 59-66. Outre la photo en couleurs de Maître K'ong, j'ai cette fois l'occasion de voir les statues des quatre « accompagnateurs », les quatre plus grands disciples du maître, dont bien entendu Meng-tseu, notre Mencius, et celle de douze autres disciples jugés dignes en cet honneur. L'article en question, signé Zou Ting [Tseou T'ing selon la transcription que j'emploie dans ce livre], cite la biographie de K'ong-tseu d'après Sseu-ma Ts'ien et n'hésite pas à déclarer que si l'on comparait son influence à celle de Socrate ou de Platon « il les aurait pu dépasser par sa contribution à l'histoire ». Car il s'agit d'un « personnage au-dessus des frontières entre Etats et des barrières entre continents, qu'il faudrait placer dans le sanctuaire de la culture humaine ».

Du colloque organisé sur la pensée confucéenne, Tseou T'ing rend un compte plus précis que l'anonyme auteur du *Festival touristique*; j'y apprends que, parmi les communications proposées (plus de cent), certaines affirmaient « avec vénération la valeur des idées de Confucius », cependant que d'autres critiquaient sa pédagogie, ou même attaquaient « sa théorie du " juste milieu " » [contresens classique sur ce que j'ai traduit, et persiste à traduire, « milieu juste », ce qui n'est pas du tout la même chose], théorie qui serait « contraire à la dialectique » (la dialectique? laquelle? Il y en a des dizaines, de dialectiques, souvent contradictoires). L'auteur de l'article, lui, se félicite de constater qu'on ait ainsi pu débattre librement, au nom du principe : « Que les cent écoles rivalisent », au nom des cent fleurs, en somme. Tseou T'ing a raison de déplorer que le confucianisme ait été parfois dévoyé par des empereurs qui s'en servaient pour justifier leur refus de toute réforme sociale, et la répression sans merci de toute révolte paysanne. Mais, comble d'humour noir, il appelle Mao Tsö-tong au secours du mal-aimé : « Nous sommes des historiens marxistes, nous ne devons pas faire abstraction du contexte historique. De Confucius jusqu'à Sun Yat-sen, il nous faut faire le bilan de l'histoire, recueillir cet héritage si précieux. » Pour conclure, il annonce la bonne nouvelle : on va créer en Chine populaire une Association chinoise de recherche sur Confucius, laquelle, dans cinq ans, à l'occasion du 2 540e anniversaire, invitera dans la ville natale de Maître K'ong tous ceux qui, sur la petite planète, étudient l'œuvre du vieux maître, sa pensée, son action. J'espère qu'on n'invitera pas Jean de Bonnot, lui qui, en 1982, pour ce qu'il appelle un 2 500e anniversaire, proposait aux lecteurs du *Monde*, à 363 francs 10, un in-quarto de 680 pages, les *Quatre Livres de la sagesse* que la publicité de ce marchand à particule attribue au seul Confucius, où pêle-mêle il assemble, selon la tradition, outre le seul texte dont on soit certain qu'il représente l'enseignement de Maître K'ong (le *Louen Yu*), les trois autres textes canoniques, dont le *Mencius*...

Mais au fond, est-il plus coupable que ceux qui, durant la « révolution culturelle » (1966-1976), ont condamné Maître K'ong sans réserve et sans l'avoir lu, étant donné qu'il n'existait pas encore d'édition du *Louen Yu* en langue parlée (on vient d'en produire une avec des annotations). Le plus piquant, peut-être, c'est que deux ans avant sa mystérieuse disparition, Lin Piao, que j'avais durement condamné parce que je voyais en lui le type même du soudard sans scrupule, le flagorneur du tyran Mao et de sa détestable épouse, fut taxé de confucianisme par ceux qui, un peu plus tard, voulurent et eurent sa peau : Voyez *Pékin Information*, numéro du 11 février 1974; vous y découvrirez qu'en imitant Confucius « pour se modérer et en revenir aux rites, Lin Piao tentait vainement de restaurer le capitalisme »! En colportant « vertu, bienveillance et justice », « fidélité et indulgence » – qualités en effet propres au confucéen digne de ce titre –, il s'en prenait

en fait à la dictature du prolétariat; en se réclamant du
« juste milieu » (contresens décidément général pour
« milieu juste »), il niait le bien-fondé de la lutte de
classes selon Karl Marx. Portant la perfidie jusqu'à
enseigner à son fils le canon confucéen, il ne voulait
qu'ainsi camoufler sa volonté de faire tonner les
canons de l'armée chinoise afin de fonder une dynastie héréditaire. Cela, c'est probable; c'était du moins
mon sentiment, et ma quasi-certitude, qu'on pourra
vérifier dans *Quarante ans de mon maoïsme*[1]. Mais loin
de moi la pensée de confondre l'ambition d'un candi-
dat-tyran avec les principes politiques prônés, ou
proposés par Maître K'ong dans ses *Entretiens familiers*.

Mais non! La vérité sera plus piquante encore. C'est
que, si les prétendus et soi-disant « gardes rouges »
avaient décidé que les notions et les valeurs du
confucianisme n'avaient pas droit de cité dans la
Chine du XXᵉ siècle, s'il est vrai que Liou Chao-k'i,
dans son petit manuel *How to be a good Communist*,
tenta une synthèse, ou peut-être un compromis
marxisto-confucéen, et pour cette raison fut mis au
pilon et au pilori, Mao lui-même est bien plus suspect
de confucianisme latent que Liou de confucianisme
patent. L'article de Marián Gálik : *Controversies about
Confucius and Confucianism in China* (1898-1978) m'apprit que, si j'avais raison de dire que Mao se réfère
constamment aux docteurs du marxisme dans ses
essais *De la pratique* et *De la contradiction*, un examen
minutieux des citations qu'il accumule dans les quatre
volumes des *Œuvres choisies* prouve que 22% de ces
références concernent Confucius ou les néo-confucéens, 4% seulement Marx et Engels. Fong Yeou-lan,
dont me peinèrent les nombreuses palinodies,

1. Gallimard, 1976.

n'avait donc pas tort d'écrire en 1954, dans *La Pensée*, que la pensée de Maître K'ong avait fortement marqué celui qui allait devenir le souverain absolu de l'Empire chinois, et j'ajouterai qui, pour cette raison, favorisera bientôt la doctrine des légistes, ou légalistes, ces idéologues totalitaires dont pouvait se réclamer Ts'in Che Houang Ti, le vrai modèle politique, on s'en doutait bien, et il l'avouera, de l'ancien guide de la Longue Marche.

Il fallut attendre la mise au pas de la trop fameuse « bande des quatre », dont la meneuse de jeu de massacre était la trop fameuse épouse du trop vieux Mao, pour que cessent calomnies et persécutions. Comme Marián Gálik dans l'article auquel je fais allusion, je tiens que le temps est venu pour la Chine d'une mise au point, sans dévotion, ni fanatisme, sans non plus mensonges et contresens. C'est à quoi on s'efforce en effet, après une première période où, de 1977 à 1979, on parla surtout de « la littérature des cicatrices », des cicatrices qui marquaient alors tant de victimes de la « révolution culturelle », ceux qui osaient penser, pis, *écrire* que la littérature ne connaît point les frontières des Etats; bref, qu'il existe cela précisément que j'appelle littérature universelle, d'une part, littérature vraiment générale de l'autre.

Or, à partir de 1980, deux tendances marquent simultanément le renouveau des lettres chinoises : la réhabilitation de Confucius, et celui de la littérature comparée, dont Mao, ignorant qu'il était des langues et littératures étrangères, ne voulait pas plus entendre parler que Staline. Ce qui m'invite à persévérer diaboliquement dans les valeurs qui régissent ma vie et ma vie professionnelle : s'il importe à tout homme sérieux de s'ouvrir à toutes les littératures tant orales qu'écrites de tous ses frères humains, il ne lui importe pas moins de maintenir le propre de sa langue – voir la théorie confucéenne du *tcheng ming* – tout en digérant et assimilant ce qui, dans les cultures étrangères, peut enrichir la sienne.

C'est pourquoi j'ai mené de front deux travaux, l'un sur le renouveau de la littérature comparée en Chine entre 1980 et 1985; l'autre sur le renouveau des études confucéennes. Travaux complémentaires qui manifestent que ceux-là seuls sont dignes d'écrire qui ne se plient jamais aux modes, et ne plient jamais sous les menaces des tyrans. La liberté de pensée se paie cher à brève échéance; à longue échéance, elle paie. Elle seule.

A preuve les récents travaux sur Confucius. Si je n'ai pas pu encore me procurer la biographie critique de Confucius par Kouang Ya-ming, dont j'apprends l'existence par un article du *China Daily* (14 mars 1985), ouvrage d'un homme qui étudie Maître K'ong depuis un demi-siècle, le vigilance des amis que je compte en Chine populaire, parce que je n'ai jamais accepté de me soumettre aux fluctuations de la politique officielle, m'a permis d'apprendre qu'un ouvrage sur l'*Itinéraire de la beauté* témoigne de l'influence de Maître K'ong jusqu'à la dynastie des Ts'ing, et de recevoir les deux livres essentiels qu'on lui a récemment accordés. Voici donc le point, tel qu'aujourd'hui on peut actuellement le faire.

Dès le premier numéro du *Tchö hiue yen-kieou* (en français : *Recherche philosophique*), Lieou Yu-ming et Han Yu-tö titraient : *Il faut faire attention à la méthodologie en ce qui concerne les recherches sur Maître K'ong.* Pour commencer, je résumerai donc leur étude.

Si l'on veut restaurer le rôle historique et le vrai visage de Maître K'ong, éducateur et penseur de la Chine antique, si l'on veut corrrectement évaluer sa doctrine, il vaut prendre soin d'approfondir la métho-

dologie de la recherche en ce domaine. Nous pensons :

Premièrement, qu'il faut insister sur le principe de
l'union entre l'histoire et le discours. En quête de la
vérité, on doit juger les personnages historiques en se
fondant sur des faits. Il ne faut ni les louer ni les
blâmer à la légère, sans fondement, subjectivement,
arbitrairement. Si l'on ne doit pas adopter une attitude
de nihilisme historique, considérer que K'ong-tseu ne
vaut rien, il ne faut pas non plus mettre arbitrairement
et capricieusement sur sa tête maintes couronnes de
laurier. Parmi les chercheurs, certains, se fondant
uniquement sur quelques mots des *Entretiens* et sur
Sseu-ma Ts'ien, proclament que K'ong-tseu est un
grand humaniste, le premier grand historien, le premier grand musicien et danseur, un diplomate, un
stratège, un généticien... etc., de l'antiquité chinoise.
Quiconque entreprend alors une recherche sur une
spécialité, quelle qu'elle soit, déclare que K'ong-tseu
en est le spécialiste; rien là de scientifique.

Deuxièmement, qu'il faut adopter une attitude critique
à l'égard du patrimoine culturel et historique. On ne
saurait adopter pour principe : « apporter la doctrine », purement et simplement. Exemple : certains
savants trouvent que, dans la vie réelle, c'est un fait
qu'on ne respecte pas les vieillards; ils préconisent
alors d' « apporter » la « piété filiale » de Maître
K'ong pour réformer les jeunes gens. Maître K'ong a
plus de deux mille ans; entre la piété filiale qu'il
proposa et le respect des vieillards que nous préconi-
sons aujourd'hui, il existe une certaine relation, mais
aussi une différence de nature. Car l'intention de
Maître K'ong qui proposa la piété filiale, c'est de
maintenir la domination d'un système archaïque : le
clan patriarcal. Nous ne pouvons en accepter l'héri-

tage qu'en distinguant très nettement et le bien et le mal.

Troisièmement, qu'il faut porter attention aux choses comparables : prémisses de toute recherche comparée digne de ce nom. Certains chercheurs ont adopté une méthode qui compare des personnages historiques et des événements d'époques et de pays dont la nature n'est pas du tout pareille. C'est ainsi qu'à son arrivée en Chine, au XVIᵉ siècle, Li Ma-Teou [Matteo Ricci, 1552-1610] préconisa la fusion entre la doctrine de Maître K'ong et la religion catholique! D'autres insinuent que Kö Tö [Goethe], parce qu'il prêche l'humanisme, ou que l'animateur en Allemagne du « Sturm und Drang » doivent être considérés comme des équivalents étrangers de Maître K'ong. Voilà qui n'est pas satisfaisant. Soit[1]!

Rien donc d'étonnant si dans un recueil récent de vingt et un essais sur la pensée de Confucius on voit se manifester le même état d'esprit. Les titres eux-mêmes en sont témoins : dont je citerai quelques-uns : *La pensée du grand éducateur pédagogue de l'antiquité, Maître K'ong, doit être adoptée comme un héritage précieux mais dans un esprit critique; Les contributions importantes faites par Maître K'ong à la cause de l'éducation en Chine; Recherche relative à la méthode selon laquelle il faut étudier la pensée de Maître K'ong touchant l'éducation; Jugement touchant tous les aspects de la pensée de Maître K'ong sur l'éducation; La pensée de Maître K'ong touchant l'éducation; Sur la théorie de la formation morale selon Maître K'ong; Discussion préliminaire de la pensée de Maître K'ong touchant la formation morale; Maître K'ong et la formation morale;*

---

1. Etant donné que le « Sturm und Drang » (titre d'une pièce médiocre de Klinger) veut réagir contre la pensée des « lumières », incline au chauvinisme, en quoi peut-il être assimilé aux *Louen Yu*?

Recherche concernant la pensée de Maître K'ong et la
formation morale; La pensée de Maître K'ong concernant
la psychologie de l'éducation; La psychologie de l'éduca-
tion selon Maître K'ong; Brève discussion touchant l'as-
pect psychologique de la formation morale selon Maître
K'ong; La pensée de Maître K'ong touchant la formation
musicale et ses opinions politiques; Discussion sur le
véritable sens de « si je lui montre un angle, il est
incapable d'en déduire les trois autres »; Explication de
« Yeou-kiao wou-lei », ou l'enseignement destiné à tous
sans distinction... etc.

Première évidence : sur chaque sujet important, on
propose plusieurs articles. Deuxièmement : on insiste
sur l'essentiel de la doctrine : politique, morale, pédagogie, bref, sur les thèmes entre lesquels j'ai réparti
voilà trente ans mon interprétation du *Louen Yu.*

Lisons d'abord l'article liminaire de Tchang Kien,
qui oriente le volume entier. En voici pour moi
l'essentiel : le *Louen Yu* est un des premiers chefs-
d'œuvre pédagogiques; n'a-t-on pas dit autrefois
qu'avec la moitié du *Louen Yu*, il est possible de bien
gouverner le monde? Encore que cette phrase soit un
peu exagérée, elle montre parfaitement l'importance
du *Louen Yu.* Confucius a bien distingué entre la
religion et l'enseignement. Il ne parlait ni des choses
extraordinaires, ni des « esprits », ni de l'après-mort.
Le camarade Fan Wen-lan a donc raison d'écrire que
notre antitoxine contre l'esprit religieux est un legs de
l'école confucéenne. Si les Chinois n'ont pas été
empoisonnés par les religions, c'est grâce à l'agnosticisme confucéen. Les disciples de Maître K'ong ont
lutté contre le bouddhisme, l'islam, le taoïsme, le
catholicisme et le protestantisme. Pendant sa jeunesse,
Maître K'ong n'était qu'un petit employé, il a connu la
misère du peuple; c'est pourquoi il a recommandé de
modérer les dépenses, d'aimer les hommes, d'em-

ployer des hommes capables, d'alléger les châtiments, de réduire les impôts, d'attacher beaucoup d'importance à la formation morale. Tels sont les aspects progressistes de sa doctrine politique. En revanche, il soutient que si l'on peut amener le peuple à suivre telle voie, on ne peut pas lui expliquer les raisons (VII,9). Il désire ainsi maintenir le peuple dans l'ignorance. C'est son aspect conservateur. Durant les dix années où régnait la « bande des quatre », on a critiqué le duc des Tcheou afin de renverser notre Premier ministre Tcheou [En-lai] que nous aimons et respectons. Cette bande a célébré les légistes et blâmé les confucéens. Elle a précipité Maître K'ong à la dix-huitième couche de l'enfer. Celui qui avait été considéré comme une divinité depuis plus de deux mille ans était devenu un démon. Pour nous, marxistes, Confucius n'est pas plus un démon qu'une divinité. Il nous faut pratiquer une étude scientifique du confucianisme selon le matérialisme historique et la méthode de « Un se divise en deux ».

Tout le monde s'est toujours accordé pour reconnaître en Confucius un grand pédagogue. Après cinquante années de pratique, il découvrit les lois objectives de la pédagogie. L'éducation, la population et la richesse sont les trois fondements de l'Etat (XIII,9). L'éducation doit être destinée à tous sans aucune distinction (XV,39). Il admet à son enseignement tous les hommes, sans distinction de couches sociales et de régions; il lui suffit qu'on le paie d'un peu de viande séchée. Parmi ses disciples, on trouve des nobles, des propriétaires fonciers, des roturiers et jusqu'à des esclaves. Tseu-tchang et Tseu-lou sont des esclaves. Parmi les 72 brillants disciples de Confucius, on repère des habitants de diverses principautés : Lou, Wei, Wou, Tch'en, Ts'i, Song, Tch'ou, Tsin, entre autres. L'enseignement a pour objet de former des intellectuels capables de bien gouverner l'Etat. Tseu-kong fut ministre de Lou et de Wei, Tseu-lou un bon gouverneur... Maître K'ong est le premier personnage qui ait enseigné que ses disciples doivent pratiquer l'humanité, la sagesse et la bravoure (XIV,28). Selon lui, l'éducation consiste en rites, musique, humanité, justice. On y doit employer six méthodes : Unir l'étude et la pratique. Associer l'étude et la méditation. Combiner l'étude et l'action. Rechercher la vérité dans les faits. Ce qu'on sait, savoir qu'on le sait; ce qu'on ne sait pas, savoir qu'on ne le sait pas. Stimulation et suggestion. Ne donner son enseignement qu'à celui qui s'acharne à comprendre. Enseigner en tenant compte du caractère de chaque disciple. Confucius étudiait sans jamais éprouver de satiété. Il enseignait sans jamais se lasser. On se modelait sur lui; ses paroles étaient mises en actes.

Dans le domaine de l'éducation, Maître K'ong disposait de nombreux préceptes utiles et obtint un succès considérable. Ses mérites ont largement surpassé les erreurs, que voici : il a tort de dire qu'il n'y a que deux catégories d'hommes qui restent immuables : les plus sages et les plus bêtes; il a désapprouvé Fan Tch'e qui voulait qu'on étudiât l'agriculture et le jardinage.

Ce n'est pas moi qui lui reprocherai cette conclusion puisque, voilà trente ans, je jugeais Confucius « peut-être insoucieux à l'excès de la technique administrative et des techniques[1] ».

Pour mieux apprécier l'état présent des études confucéennes, et l'état d'esprit de ceux qui s'y adonnent, le mieux n'est-il pas de comparer deux des essais qui, dans ce volume, traitent le même sujet ? Prenons *L'explication de « yeou-kiao wou-lei »* (L'enseignement destiné à tous sans distinction) par Tch'en Han-ts'ai,

---

1. J'observai toutefois qu'il a loué Yu le Grand d'avoir accordé aux problèmes de l'irrigation toute l'attention qu'ils requièrent.

qui enseigne à l'Ecole normale supérieure de Houa-
nan, et les pages de Kou Hong sur le même sujet (Kou
Hong appartient au centre de recherches historiques
de l'Académie des sciences sociales).

Selon Tch'en Han-ts'ai, *L'enseignement destiné à tous
sans distinction* est une thèse importante concernant la
théorie et la pratique de la pensée de Maître K'ong sur
l'éducation; c'est une des causes pour lesquelles il
devint dans l'antiquité le grand pédagogue de notre
pays. Sur le sens et la valeur de la formule *yeou-kiao
wou-lei* on discute depuis toujours. Cet article se limite
à tenter une recherche et une explication du sens
propre, des fondements théoriques, du rôle historique
et de la nature limitée de *yeou-kiao wou-lei.*

L'expression *yeou-kiao wou-lei* est tirée du *Louen Yu.*
De l'antiquité à nos jours, que d'interprétations différentes!
Première interprétation : le grand savant Tchou Hi,
qui vivait sous les Song, considère que la nature
humaine est bonne. La différence entre bons et
méchants est due à la différence des habitudes qu'ils
ont contractées. Lorsqu'un sage tient école, les hommes peuvent recouvrer la perfection primitive de leurs
vertus naturelles et mériter de ne plus être rangés
dans la classe des méchants. *Yeou-kiao wou-lei* signifie : Le sage admet à son école tous les hommes, sans
faire de distinction entre les bons ou les méchants.
Deuxième interprétation : Houang K'an (488-545), de la
dynastie du Sud, considérait que l'expression veut
dire : l'éducation est destinée à tous sans distinction
de couches sociales, sans distinction entre nobles et
roturiers, grands et petits, riches et pauvres... etc.
Troisième interprétation : quelques camarades considèrent que cette phrase signifie « pour Maître K'ong,
l'enseignement est destiné à tous les propriétaires
d'esclaves, sans distinguer entre les grands et les

petits; les propriétaires déchus d'esclaves et les nobles inférieurs peuvent eux aussi entrer à l'école de Maître K'ong ».

Quatrième interprétation : T'ang Hiao-wen et Tchao Ki-pin ont entrepris des recherches approfondies et découvert que le sens véritable de cette phrase serait le suivant : entraîner par force et par région tous les esclaves sans distinction de leurs clans. Cette interprétation est vraiment bizarre!

De ces quatre interprétations, j'estime que c'est la deuxième, celle de Houang K'an, qui se conforme à la pensée pédagogique de Maître K'ong. Les sens de *lei* sont : genres, espèces, sortes, classes, catégories, etc. Selon le *Chouo-wen kiai-tseu*, le *Meng-tseu*, le *Louen-yu tchou-chou* de Ho Yen entre autres, cette phrase signifie : l'enseignement est destiné à tous sans distinction de couches sociales, de classes; nobles ou roturiers, riches ou pauvres, tous; les esclaves exceptés.

Savoir pourtant si « L'enseignement destiné à tous sans distinction de couches sociales » est une opinion progressiste ou réactionnaire. Avant l'époque des *Tch'ouen ts'ieou (Les Printemps et les Automnes)* seuls les membres des familles nobles et les propriétaires d'esclaves avaient le droit d'entrer dans les écoles. Pendant cette période, Maître K'ong fonda l'enseignement privé et admit nobles, roturiers, riches et pauvres. C'est une révolution pédagogique. En vulgarisant l'enseignement, il a brisé le monopole dont à cet égard bénéficiaient les propriétaires d'esclaves et les nobles. Dans ses *Dix critiques (Che-p'i-p'an-chou)*, le camarade Kouo Mo-jo a fait l'éloge de Maître K'ong en affirmant que l'opinion et la pratique de *yeou-kiao wou-lei* avait pour fin d'augmenter le bonheur du peuple par la force de la culture et allait dans le sens de l'intérêt du peuple. Je pense que le résultat de *yeou-kiao wou-lei* a stimulé le développement culturel

et la rivalité des cent écoles. Il contribua puissamment
à l'éducation et à la culture.

Dans presque toutes les principautés, on trouve des
élèves de Maître K'ong. Il accéléra la circulation des
idées, ainsi que l'unification de la langue de la patrie.
Le camarade Fan Wen-lan a glorifié la doctrine de
yeou-kiao wou-lei et considère qu'elle a hâté la liaison
spirituelle entre les Chinois et les non-Chinois, à
l'intérieur comme à l'extérieur de la Chine.

La théorie et la pratique de *yeou-kiao wou-lei* expri-
ment l'égalité dans l'enseignement et la vulgarisation
de l'instruction. Le principe de l'égalité dans l'enseignement fut formulé par Maître K'ong plus de deux
mille années avant le grand éducateur Johann Amos
Comenius (1592-1670). La théorie et la pratique du
yeou-kiao wou-lei ont une tendance démocratique et
progressiste et doivent occuper une place très élevée
dans l'histoire universelle de l'éducation. Vers la fin du
XVIe siècle et au début du XVIIe siècle, pas mal de
missionnaires ont transmis en Europe la doctrine de
yeou-kiao wou-lei. Voltaire a voué à Maître K'ong une
véritable adoration. Il en a fait peindre un très grand
portrait et l'a salué deux fois par jour. Il en a fait
l'éloge et considéré que la doctrine du *yeou-kiao
wou-lei* apporta une bonne nouvelle concernant l'éducation des êtres humains. On peut voir que la pensée
du vieux maître sur l'éducation exerça une influence
profonde et lointaine dans le monde.

La doctrine du *yeou-kiao wou-lei* n'est donc pas
réactionnaire mais progressiste. Elle n'est pas au service des propriétaires d'esclaves, mais à celui de la
classe naissante des propriétaires fonciers. Encore
faut-il noter que, parmi les élèves de Maître K'ong, on
ne trouve aucun esclave. Cela montre qu'il méprise les
esclaves, dédaigne le travail manuel, et que son « enseignement sans distinction » n'est pas radical.

Pour conclure, on peut dire que la doctrine du *yeou-kiao wou-lei* est à la fois progressiste *et* arriérée, active *et* conservatrice. Mais elle est essentiellement démocratique.

Voici maintenant l'opinion de Kou Hong.

Le précepte fameux de Maître K'ong sur l'éducation est *yeou-kiao wou-lei* (XV,39). *Lei* signifie : catégorie, genre, sorte, espèce. Mais que veut dire la notion de « catégorie »? Les interprétations varient. Pour Ma Jong, lettré des Han, il s'agit des riches, des pauvres, des nobles et des roturiers. Mais à l'époque des Song, Tchou Hi considère que le concept de « catégorie » signifie les bons et les méchants. Entre ces deux interprétations, quelle est la plus juste? Voyons donc quels sont les disciples de Maître K'ong. Il en eut trois mille, dont 72 comprirent parfaitement les six arts. Parmi eux, on trouve : Mong Yi-tseu, originaire de Lou, Nan-kong King-chou, originaire de Lou, Kong-leang Jou, originaire de Tch'en, Sseu-ma Keng, originaire de Song, Kong-si Tch'e, originaire de Lou. Tous appartiennent à la classe des nobles. Yen Houei et Tseng Chen, originaires de Lou, très pauvres, d'après le *Tchouang-tseu*; Kong-si Ngai, originaire de Ts'i, ermite, et Kong Ye-tch'ang, originaire de Lou, sont des nobles déchus.

Min Souen, très pauvre, Jan Yong, pauvre, Tseu-lou, très pauvre, Yuan Hien, extrêmement pauvre, Tseu-hia, déguenillé selon Siun-tseu, Tseu-kong, originaire de Wei, commerçant riche, et Tchouan-souen Che, courtier, sont roturiers. Yen Tchouo-tsiu, fameux brigand d'après le *Liu-che tch'ouen-ts'ieou*.

Selon le *Louen Yu*, le *Lie-tchouan* et le *Kia-yu*, nombreux sont les fonctionnaires parmi les disciples de Maître K'ong : Tseu-lou, Tseu-yeou, Tseu-kao, Tseu-hia, Tsai Wo, Tseu-kong, Tseu-tsien et Fan Tch'e.

Les frais scolaires étant très bas chez Maître K'ong,

rien d'étonnant si maint et maint membres des familles pauvres étudient avec lui.

Tout cela démontre que, parmi les élèves de Maître K'ong, il y a des nobles de familles très riches, des roturiers pauvres, des commerçants, et même un brigand. Il admet comme disciples tous ces hommes sans distinction; tel est le sens de *yeou-kiao wou-lei*.

Au *Louen Yu*, on peut voir combien sont divers les dons de ses disciples : Yen Houei est plus intelligent que Tseu-kong, Tseu-lou est audacieux, Touan-mou Sseu, éclairé, Jan K'ieou, talentueux, Kao Tch'ai, stupide, Tseng Chen, inerte, Tchouan-souen Che, impatient, Tchong Yeou, étourdi.

Si *wou-lei* signifie sans distinction d'individualité, cela ne signifie rien. Je crois donc que *wou-lei* signifie : « sans distinction entre nobles, roturiers, riches, pauvres et gens de métier ».

Plus tard, dans l'école de Tseu-hia et dans celle de Mö-tseu, on ne trouvera pas non plus de distinction entre les couches sociales; ce qui démontre que l'opinion et la pratique du *yeou-kiao wou-lei* sont devenues la norme des mœurs, grâce à Maître K'ong.

Deux mots encore sur la pédagogie de Confucius selon Yang T'ien-t'ang qui enseigne à l'université de Ki-nan.

Jadis, il n'existait que des écoles publiques. Désormais, la situation a changé. Outre Maître K'ong, T'an-tseu, Che-siang et Tch'ang Hong ont organisé des cours privés, mais leur influence ne fut pas aussi grande que celle du premier nommé.

Les esclaves exceptés, toutes les couches sociales pouvaient recevoir l'instruction. Culture et connaissances se propageaient, se développaient. C'est la grande contribution de Maître K'ong.

A son école, la durée des études était indéterminée. Les élèves y venaient, en partaient librement. Mais, sa vie durant, Maître K'ong garda des relations avec ses disciples.

Tseu-hia dit : « Que celui qui est en charge, remplisse d'abord les devoirs de sa charge; puis, s'il a du temps et des forces de reste, qu'il étudie. Que celui qui étudie, apprenne d'abord parfaitement; puis, si ses forces le lui permettent, qu'il exerce une charge » (XIX,13). La pédagogie de Maître K'ong se proposait donc de former des hommes aptes à la politique. Mais il ne négligeait pas la réflexion philosophique, la recherche de la vérité. C'est pourquoi il refusait de parler des démons, des revenants, des dieux. Il entendait ne parler que de ce qu'on peut étudier avec des preuves incontestables. A son avis, il n'existe que deux catégories d'hommes qui ne peuvent changer : les plus sages et les plus insensés (XVII,3). Cela veut dire que 99% des hommes peuvent être formés et que la force de la pédagogie est considérable. Encore faut-il aimer l'étude, faute de quoi les six vertus deviennent néfastes : « Le défaut de qui aime se montrer bienfaisant, mais n'aime pas étudier, c'est le manque de discernement. Le défaut de qui aime la science, mais non l'étude, c'est de tomber dans l'erreur. Le défaut de qui aime à tenir ses promesses, mais non l'étude, c'est d'admonester et de reprendre trop librement, sans aucun égard pour les personnes. Le défaut de qui aime le courage, mais non l'étude, c'est de troubler l'ordre. Le défaut de qui aime la fermeté de caractère, mais non l'étude, c'est la témérité » (XVII,8).

Le rapport entre les six vertus et les six défauts est fort judicieux; il vaut encore aujourd'hui.

Selon Maître K'ong, la fin de tout enseignement, c'était d'améliorer la politique, de la mettre au service de la classe naissante des propriétaires fonciers. Il exaltait la piété filiale et le respect envers ses aînés. La famille étant l'unité de production, le respect envers les parents et les aînés peut faire en sorte qu'elle vive en parfaite harmonie, et par là augmenter la production.

Il s'agit de former des fonctionnaires capables de bien gouverner un pays, et, par conséquent, qui doivent posséder des connaissances politiques, militaires, économiques, historiques et culturelles. Il faut que ce soient des hommes aux talents variés. « L'homme de qualité n'est pas un spécialiste » (un ustensile destiné à une seule fin) (II,12).

En Angleterre, l'Université d'Oxford se proposa elle aussi de former des élèves de talents variés, qui deviendront plus tard des fonctionnaires, des dirigeants capables de faire face aux situations compliquées tant intérieures qu'internationales.

Actuellement, dans notre pays, nous devons nous aussi former des hommes de talents variés, capables d'occuper des postes dirigeants. S'il est nécessaire de former des scientifiques et des techniciens, il faut autre chose encore : les hommes aux talents variés doivent comprendre les lois du développement social, la philosophie marxiste, l'économie politique, la sociologie, l'histoire, la littérature.

Si l'on accepte d'interrompre la lecture de ce chapitre et de se reporter à mon chapitre VIII, on verra que, voilà trente ans, si j'étais un peu plus « rationaliste», un peu plus « critique », disons, que les savants chinois qui traitent maintenant du vieux Maître (je ne prends pas tout à fait au sérieux, moi, les 3 000 disciples, dont 72 auraient obtenu la vertu de *jen*, etc.), j'étais déjà d'accord, sur un ton sans doute un peu moins « scientifique », un peu moins « pédagogique », avec Tch'en Han-ts'ai et Kou Hong. Ne concluais-je pas : « Demandez-vous honnêtement si vous auriez mieux fait que lui, *en ce temps-là*. » D'autre part, je citais moi aussi le texte du *Louen Yu* auquel à juste

titre se réfère Kou Hong, au sujet de la pauvreté.
Certes la doctrine du vieux Maître se propose de
réduire les inégalités sociales et de nourrir ceux qui
ont faim, mais quand il fait l'éloge de son disciple
préféré Yen Houei, revoyez le passage où je le tradui-
sais : « Il logeait dans une ruelle sordide, n'avait qu'un
plat pour manger et, pour boire, qu'une calebasse. Nul
autre que lui n'aurait supporté tant de misère. Rien
pourtant n'altérait sa joie. Voilà bien la sagesse! »
(VI,9). Cette référence, vous la trouverez à ma
page 124. Eh bien! c'est à ce texte précisément que
Kou Hong se réfère pour démontrer que l'enseignement de Maître K'ong formait des disciples plus
soucieux de doctrine que de richesse. Alors, je boude-
rais l'interprétation actuelle de mes collègues chinois?

Et si l'on se réfère à mon *Orient philosophique* (titre
du cours que m'avait imposé la Sorbonne quand j'y fus
élu contre toute attente pour y enseigner la littérature
comparée; titre ambigu, maladroit, dont je ne traitai
qu'une partie en trois ans – car il y eût fallu dix ans – :
l'influence de la Chine sur l'Europe, de l'empire
romain à la Révolution de 1789; bref, l'esquisse d'une
Europe chinoise), on pourra constater que je ne saurais
qu'approuver ce qu'écrivait Tch'en Han-ts'ai de l'admiration quasi dévote que portait Voltaire à Maître
K'ong, à quoi du reste je fais allusion en quelques
lignes de ma préface d'il y a trente ans.

Bref, ceux qui réhabilitent Maître K'ong aujourd'hui
pensent de lui comme voilà trente ans je faisais. Et je
leur en tiendrais rigueur? Et je prétendrais que rien
n'a changé dans l'idéologie officielle, comme on l'affirmait en 1985 dans *Le Nouvel Observateur*?

Pour me confirmer et, je le souhaite, confirmer mon
lecteur, dans ce qui me paraît une évidence, exami-
nons maintenant l'essai de K'o Yuan-yang, de l'Univer-

sité normale supérieure du Fou-Kien, à propos des caractères *ngan* et *jen*, deux mots clés de la doctrine. Le premier de ces caractères (dont il relève quinze occurrences aux *Entretiens familiers*) signifie *paix, calme, sécurité* : c'est pour lui la fin de l'activité suprême chez Maître K'ong. Valeur d'autant plus importante qu'en ce temps-là, ainsi que je le signalais au début de ce livre, « guerres sur guerres, meurtres sur assassinats, pillages sur massacres, révolutions de palais sur intrigues au " pavillon rouge " », voilà *Les Printemps et les Automnes*, la décadence des Tcheou ». Tout le monde alors, comme aujourd'hui notre planète entière, vit dans la peur. Or, que pense aujourd'hui K'o Yuan-yang? Qu'à la fin des *Printemps et des Automnes*, il était courant que les princes fussent assassinés par leurs ministres, les pères par leur propre fils; et que c'est la raison pour laquelle la notion de *ngan* s'imposait alors comme idéal. Quant au *jen*, sur lequel j'écrivais voilà trente ans, p. 105 :« Fan Tch'e ayant une fois de plus demandé : *" Mais qu'est-ce donc que le jen? le Maître dit : aimer les hommes "* », voici ce qu'en écrit mon collègue chinois : « A Fan Tch'e qui lui demandait en quoi consiste la vertu suprême, le Maître répondit : elle consiste à aimer les hommes. »

Pour élucider cette notion, après avoir relu cette année mes notes prises sept ans durant au cours de Marcel Granet, j'avais comme lui distingué les trois variétés de *jen* qu'on peut extraire du *Louen Yu*. K'o Yuan-yang, lui, insiste à bon droit sur ces réitérations au *Louen Yu* de la formule « aimer les hommes » : « Celui qui gouverne une principauté [...] doit modérer les dépenses et aimer les hommes [...] » (I,5); encore : « Un jeune homme doit aimer tout le monde » (I,6); et, dans I, 2, « l'affection envers nos parents, le respect envers nos supérieurs, voilà *bien la racine* du *jen* » (*ki wei jen tche pen*). Il estime que le *jen*

consiste essentiellement à aimer et respecter ses
parents, obéir avec loyauté au prince, ce qui permit à
la classe au pouvoir de consolider sa place déjà
dominante. Mais l'auteur lui-même m'impose ici de le
nuancer, puisqu'il n'a pas omis de citer le texte qui
prescrit à quiconque gouverne une principauté d'*aimer les hommes* (*jen*). Je me permettrai donc de le
renvoyer aux trois variétés de *jen* selon Marcel Granet,
telles que dans cette réédition je n'ai pas omis de les
énumérer, pour la première fois, je l'avoue, depuis
trente ans. J'aurais donc mauvaise grâce à insister sur
cette contradiction de mon collègue chinois.

Enfin, et pour montrer avec quelle minutie philologique maint collaborateur de ce recueil s'attache aux
sens des expressions chères à Maître K'ong, ou malai-
sées à interpréter, je résumerai la glose de Kouo
Ling-wou, qui enseigne à l'Ecole normale supérieure
du Chan-Tong, sur l'expression en effet ambiguë :
kiu-yi fan-san (VII,8). L'auteur énumère les diverses
interprétations qu'au cours des siècles on en donna.
Pour Tcheng Hiuan, savant lettré des Han, Confucius
veut par là signifier qu'il faut laisser aux élèves le
temps de réfléchir. Quand le Maître parle, il ne montre
qu'un angle; si ceux qui l'écoutent ne savent pas en
déduire les autres, tant pis pour eux! Le Maître ne va
pas répéter sa leçon. C'est à peu près la glose de Tchou
Hi, sous les Song. D'autres y voient une invite au
raisonnement par analogie. D'autres encore ont voulu
qu'en l'espèce « trois signifie *beaucoup* », et, pour le
prouver, renvoient au passage des *Entretiens* où Tseu-
kong répond à Confucius : « Comment oserais-je me
comparer à Houei? Entend-il une chose? Houei en
déduit dix. Si j'entends une chose, moi j'en déduis
deux. » A quoi Confucius répliqua : « Je suis de votre
avis. Vous lui êtes inférieur. » Pour mon collègue du
Chan-Tong, c'est le meilleur commentaire de l'expres-

sion. Chinoiseries? Si l'on se rappelle l'importance que
Maître K'ong accorde à sa fameuse formule sur le
tcheng ming, ce ne sont point là bagatelles. Quand
nous expliquons un texte malaisé, nous autres Français du XXᵉ siècle, procédons-nous autrement? En
cette espèce du moins, et fût-ce à notre insu, ne
sommes-nous pas confucéens?

Bref, dans ce recueil de vingt et un essais critiques
sur Maître K'ong, la philologie attentive et l'analyse de
l'idéologie alors dominante (*alors*, ici, me renvoie au
temps de Confucius et aux débats qui s'émurent à son
propos tout au long du XXᵉ siècle) sont concurrem-
ment prises en compte, et complémentairement. Ce
n'est pas moi qui m'en plaindrai, puisque, presque
toujours, nous sommes d'accord sur l'essentiel.

Non moins significative de ce retour en grâce et en
force de Maître K'ong, après la proscription barbare
dont il pâtit du temps de la dernière Madame Mao (la
dernière aussi des femmes, à tous points de vue,
quand on connaît tant soit peu sa vie), la publication
récente du *Louen-yu yi-tchou*, œuvre de Yang Po-tsiun.
L'ouvrage parut à Pékin en 1980; il fallut le zèle amical
de Suzanne Bernard, celui de ses amis devenus mes
amis chinois, pour que je puisse obtenir un exemplaire
de cet ouvrage essentiel, dont Pierre Ryckmans lui-
même, qui en possédait une édition antérieure, n'avait
pas eu connaissance; à telles enseignes que, pour la
traduction qu'il nous prépare du *Louen Yu*, il me
demanda la photocopie de la nouvelle préface. Bien
mieux qualifié que moi, il admire fervemment cette
édition des *Entretiens familiers*. 1980 : année faste,
décidément. Tout bascula : la Chine retrouva simultanément son vieux Maître et s'ouvrit enfin, avec quelle
gourmandise, quel foisonnement de revues et de
manuels, à cette littérature comparée dont l'avait

privée la barbarie prônée par la « Révo cul dans la
Chine pop ».

A la fin de cette préface de trente-sept pages, un détail
m'alerte qui en dit long, qui devait en dire long à tous
nos maolâtres. Le manuscrit de cet ouvrage fut achevé
le 16 juillet 1956, corrigé le 27 mars 1957, à la veille de
la trop fameuse période des « Cent fleurs », que je
vécus sur place et que je vis se flétrir au moment de
mon départ, comme on le verra en détail si l'on veut
bien se reporter à mon *Tong Yeou-k'i, ou Le Nouveau
Singe pèlerin*[1] qui, parce que je ne vaticinais pas sur un
pays dont je n'avais cessé de m'occuper, que je n'avais
cessé de défendre contre tous ses ennemis (de l'intérieur, de l'extérieur), sombra corps et biens tandis que
les navets pourris se vendaient par dizaines, centaines
de mille. Mais quoi? Suis-je ou non confucéen? Alors,
c'est dans l'ordre du monde. Revenons à nos moutons,
à cette note finale du *Louen-yu yi-tchou*. Après 1957, un
trou, profond de vingt-deux ans. Puis, de nouveau : « corrigé en décembre 1979 ». Bon. Le premier manuscrit
avait été revu par Yang Tchou-ta, Wang Li et ce Fong
Yeou-lan dont il fut question plus d'une fois dès la
première édition de ce livre; Fong Yeou-lan, le plus
savant historien de la philosophie chinoise.

Je résumerai donc ici l'essentiel de cette préface,
afin qu'on sache enfin le fin du fin, et la fin de la fin :
le recommencement. Avant tout, le sage n'est pas
superstitieux. *T'ien*, le Ciel, *ming*, le destin, *chen*, les
esprits, *kouei*, les démons, il n'en a cure. Tout ce qui
n'est pas ancré dans le réel, Confucius n'en parle pas.
Il se refuse à toute superstition : trop prudent, trop
consciencieux, pour s'intéresser aux choses douteu-
ses : « Etudier sans réfléchir, c'est vanité » (II, 15). Et
modeste, en outre! « Je transmets, je n'invente pas »,

---

1. Gallimard, 1958.

que je pris pour épigraphe de ma deuxième partie,
Yang Po-tsiun ne manque point de le mettre en évidence. « Je m'attache aux anciens avec confiance et
affection » (VII, 1), cette formule que je citais jadis en
m'étonnant qu'on lui ait reproché son fétichisme des
anciens, son conservatisme (comme si aimer Villon,
Montaigne, Rabelais, c'était pour un Français faire
preuve de bêtise réactionnaire!), eh bien! c'est une des
premières que cite avec éloge Yang Po-tsiun. Tout
comme je faisais en mon chapitre V de voilà trente
ans, le savant Chinois d'aujourd'hui sait gré à Confucius de bien connaître les hommes et les œuvres de
l'antiquité chinoise. D'admirer Tseu-tch'an, célèbre
homme d'Etat matérialiste de la principauté de
Tcheng, dont la pensée était déjà « démocratique ».
De blâmer Tsang Wen-tchong, oppresseur des hommes vertueux. De louer en revanche Kong-chou Wen-
tseu, protecteur des gens de qualité, des *kiun-tseu*.

Avec le scrupule philologique de ceux dont j'ai parlé
quand ils analysent telle expression de Maître K'ong,
Yang Po-tsiun examine ensuite quelques notions fondamentales de la pensée confucéenne : *t'ien, ming, t'ien
ming*. Douze occurrences du mot *t'ien* aux *Entretiens*.
Trois fois, ce mot signifie la *nature* (quelque chose
comme le *Deus sive natura* de cet abominable Spinoza,
en son temps chassé de la synagogue). Sept fois, *t'ien*
serait le *Maître Suprême*, ou le *Destin*. Enfin, *t'ien*
signific aussi la droite raison. Remarque intéressante :
lorsque Maître K'ong donne à *t'ien* le sens de Destin,
ou de Maître Suprême, c'est quand il se trouve en
difficulté, ou en danger. Cela, ne l'avais-je pas signalé
voilà trente ans?

Quant au *ming* et au *t'ien ming* (respectivement trois
et cinq occurrences), je me permets de rappeler que je
disais moi-même : « Maître K'ong ne l'emploie que
rarement, ce mot fort malaisé. » Comme je faisais

moi-même, Yang Po-tsiun renvoie donc au chapitre XVI, 8, des *Entretiens* : « L'homme de qualité respecte trois choses : le décret du ciel, les grands
hommes et les maximes des saints personnages. » De
même que Yang Po-tsiun sait reconnaître en ce *t'ien
ming* tantôt la contingence, tantôt la nécessité, j'écrivais voilà trente ans déjà, que tantôt c'est le Destin,
tantôt « le hasard, l'accident », noms discrets de la
contingence. Confucius n'est donc pas fataliste. S'il
l'était, accorderait-il à la pédagogie morale et politique
une telle importance dans son enseignement ?

Force m'est encore de constater (on m'excusera
peut-être) que, sur les « esprits » ou les « démons »,
mon interprétation recoupe exactement les idées du
savant confucéen de là-bas, de même que sur les
prières. Nous citons tous les deux le même passage
des *Entretiens* où, malade, Maître K'ong décline l'offre
du disciple : prier pour sa guérison. « Il y a longtemps
que je prie. » (VII, 34). Enfin nous citons tous deux la
phrase décisive, celle qui manifeste l'agnosticisme de
Maître K'ong : « Toi qui ne sais rien de la vie, que
saurais-tu de la mort ? » (XI, 11).

Avouons-le : plus j'avance dans ma lecture de Yang
Po-tsiun, plus agréablement je suis surpris. Non ! ému,
bouleversé, de constater à quel point nos jugements
sur le vieux Maître convergent. Mieux : coïncident.
Qu'il s'agisse du *tcheng ming*, de la divination, des rites,
de l'influence de Maître K'ong sur Siun-tseu et par
celui-ci sur les deux fondateurs de l'école des légistes,
Li Sseu et Han Fei-tseu, ce qui fait de Confucius, en
effet, l'initiateur des « cent écoles » qui rivalisent en
Chine pour le plus bel épanouissement de la culture,
qu'il s'agisse également de la pédagogie, je ne puis que
contresigner cette préface qui, dans ses trente-sept
pages, dit substantiellement cela même que je faisais
dans les soixante-quinze pages de *La Gestion*.

Il y aura encore des gens pour brailler contre le cosmopolitisme, contre la littérature comparée, pour se railler des Chinois férus de culture française (si, j'en connais, aujourd'hui même, qui survécurent à la bande des quatre!), ou des Français férus de culture chinoise (ils ne sont plus aussi rares maintenant, par bonheur, que dans ma jeunesse, lorsqu'en 1929 je fis à Normale supérieure un scandale en affirmant qu'on ne pouvait se présenter à l'agrégation de philosophie en ignorant tout de la pensée chinoise).

Quel réconfort pour moi, ce livre de Yang Po-tsiun! Me voici presque justifié.

Excusez-moi, une télégraphiste frappe à la fenêtre devant laquelle je tape cette dernière page du *Confucius sauvé de la bande des quatre*. « L'adresse était fausse », me dit-elle. « On vous expédia ce télégramme à Dreux. Le voici quand même. » Surpris, j'ouvre. C'est pour lire : « Guangzhou 19/16 2 1640. Fausse direction Dreux Eure et Loire [sic]. » Tiens, me dis-je, la poste en est au franglais (« direction » pour « adresse »). Puis je lis : « Prof. ETIEMBLE VIGNY. Salutation à l'ami du peuple chinois Association chinoise de littérature comparée (31 octobre 1985). » Je savais, par Suzanne Bernard, qu'un important congrès comparatiste se tient en Chine en ce moment, et pour quelques jours encore. Quand je vous le disais, que la réhabilitation du confucianisme et celle de la littérature comparée sont deux effets d'une même cause; la bonne!

Tout se passe comme si j'avais respecté le chapitre *Jou Hing* du *Li Ki (La conduite du lettré)* qu'on va lire en appendice. En tout cas, il s'agit assurément du *t'ien ming*, aux deux acceptions du mot. D'une fatalité, en ce sens que tous ceux qui sont disposés à mourir pour la liberté de penser ne peuvent pas ne pas se trouver d'accord quand ils étudient avec probité une question, quelle qu'elle soit. Mais aussi, d'une contingence; car si je savais que les comparatistes chinois tenaient actuellement un congrès en vue de fonder une Société chinoise de littérature comparée, ceux mêmes de mes amis qui s'y trouvaient ne pouvaient pas savoir, eux, qu'au moment où je recevrais leur télégramme, expédié à une fausse adresse, je serais en train de taper la dernière page d'un *Confucius* lui aussi réhabilité. Comme quoi Maître K'ong n'avait pas tort de donner au *t'ien ming* les deux sens apparemment contradictoires : un temps de *yin*, un temps de *yang*, voilà le *tao*...

2 novembre 1985; midi.

POSTFACE

Les études sur Confucius
dans notre pays
au cours des dernières années

PAR YU RONGGEN (YU JONG-KEN) *

*Confucius est un grand penseur et un grand homme
de culture. Toutes les familles et tous les hommes, même les
femmes et les enfants de notre pays, le savent. Il est aussi
très célèbre et respecté partout à l'étranger et ce, depuis
longtemps. Goethe a dit : « Tous les chefs-d'œuvre sont
insondables, même si vous avez essayé de les scruter ou
explorer par tous les moyens. » Il s'agit naturellement
des chefs-d'œuvre littéraires, mais cette phrase vaut également pour expliquer la profondeur de la doctrine de
Confucius et les études sur Confucius, qui sont insondables. On ne saurait les sonder à fond. Mais sous quelque
angle ou de quelque point de vue que vous abordiez une
étude sur Confucius, il vous faut avouer objectivement la
place sublime occupée par Confucius dans l'histoire de la
civilisation chinoise; il vous faut savoir que la pensée de
Confucius d'une part et l'histoire, la culture du peuple
chinois de l'autre, sont très étroitement entrelacées. N'hé-
sitons point à dire que la pensée de Confucius a laissé des
traces dans la pensée sociale, la structure culturelle, les
particularités psychologiques, les points de vue éthiques,
les valeurs morales, la conscience juridique, etc., de la*

* Article paru en Chine en 1985.

nation chinoise. Parmi ces empreintes, il y en a de positives, il en est aussi de négatives. Mais peu importe! Positives ou négatives, ce sont elles qui constituent les composantes de la réalité présente et du passé historique de la Chine. Si l'on ne comprend pas cela, impossible de comprendre sérieusement la Chine, impossible de savoir quelle est au juste la situation en Chine.

En ce qui concerne les recherches sur Confucius et la pensée de Confucius, on peut dire que, depuis plus de deux mille ans, les recherches n'ont pas cessé. Considérons les recherches sur les personnages historiques : l'histoire des recherches sur Confucius est la plus longue. Durant toute cette longue histoire, Confucius parfois fut très chanceux, parfois il eut la guigne. A plusieurs reprises on l'utilisa d'une manière forcée, comme un instrument politique. Les empereurs et les rois l'ont divinisé et l'ont considéré comme une idole afin de tromper, d'opprimer et d'asservir le peuple. Des ambitieux politiques ont vénéré Confucius pour qu'il leur devienne la « brique qu'on emploie pour frapper à la porte des honneurs » ou le « talisman protecteur pour se défendre ». Pendant dix années de troubles et de bouleversement, la « bande des quatre » fit tout ce qu'elle put pour que Confucius devînt un diable. Dans le tumulte et le tapage des tambours destinés à critiquer Lin, Confucius et le Duc des Tcheou, « la bande des quatre » a caché son intention de renverser le Premier ministre Zhou Enlai (Tcheou En-lai), sa préméditation meurtrière contre un grand nombre de prolétaires révolutionnaires. En ce temps-là, « l'anti-Confucius » devint leur astuce pour parvenir à de hautes dignités, leur escalier pour accéder à l'estrade, et s'emparer du pouvoir.

L'histoire est impitoyable! Ceux qui la bernent sont par elle finalement persiflés et rejetés avec mépris. Confucius n'est pas un dieu; ce n'est pas non plus un diable; mais c'est un homme, un grand homme de culture. Considérer

Confucius comme un dieu ou comme un diable contre-
vient à l'histoire, lèse le sentiment historique et l'amour-
propre national du peuple chinois. Après avoir pulvérisé
et réduit en poussière la « bande des quatre », dans le
domaine de la recherche scientifique, le paysage printa-
nier a retrouvé son éclat, la recherche sur Confucius, elle
aussi, connut une vie nouvelle, une renaissance. Mainte-
nant, il existe une science universelle qui transcende la
couleur des peaux, les régions géographiques, les régimes
sociaux : c'est l'étude de Confucius. Elle est en plein déve-
loppement. Pays natal de Confucius, la Chine est dotée
de conditions naturelles exceptionnellement favorables;
les savants chinois doivent donc apporter des contribu-
tions exceptionnelles à l'étude du vieux maître.

Ces dernières années, notre pays a successivement
organisé toutes sortes de réunions pour discuter de
Confucius; diverses organisations et des groupes voués
aux recherches sur Confucius ont été fondés, une grande
quantité de monographies qui ont atteint le niveau
scientifique, furent éditées; les articles publiés sur Confu-
cius sont plus nombreux encore. Maintenant je ferai som-
mairement le point des réunions, des organisations
et des publications sur Confucius pour les offrir aux lec-
teurs de Chine et de l'étranger (la situation à Formose,
Hong Kong et Macao n'est pas examinée dans cet
article).

Du 21 au 30 octobre 1978, durant la période où l'on se
réunit afin de discuter sur les théories littéraires, à
l'initiative de l'Université du Shandong (Chan-Tong), plus
de soixante-dix savants et professeurs qui s'occupent des
enseignements philosophiques, historiques et des recher-
ches scientifiques ont participé au débat qu'animait la
section d'histoire sur la réévaluation de Confucius et de
sa pensée. Après la réunion, le recueil des communica-
tions fut compilé par la section d'histoire de l'Univer-
sité du Shandong et publié par la Maison d'édition

populaire de Jilin (Ki-lin); ce recueil est intitulé : La réévaluation de Confucius et celle de la pensée de Confucius. *En 1979, une salle consacrée aux recherches sur Confucius fut organisée à l'Ecole normale supérieure de Qufu (K'iou-fou).* [Près du Tseou de –551]

C'est du 28 octobre au 3 novembre 1980 qu'eut lieu la séance de discussions sur Confucius, convoquée par l'Ecole normale supérieure de Qufu. Plus d'une centaine de professeurs et de savants venus de treize provinces, de diverses villes et des régions autonomes et qui s'occupent des recherches pédagogiques, historiques et philosophiques ainsi que des spécialistes du patrimoine culturel ont participé à cette réunion ainsi que diverses maisons d'édition. Soixante exposés ont été présentés à l'assemblée. Après la réunion, le centre des recherches sur Confucius de l'Ecole normale supérieure de Qufu a compilé et imprimé Le recueil des dissertations sur la recherche de Confucius.

En 1982, Le système de la pensée de Confucius, *écrit par le célèbre savant Cai Shangsi (Ts'ai Chang-sseu), fut publié par une maison d'édition de Shanghai.*

En 1983, le centre des recherches sur Confucius à l'Ecole normale supérieure de Qufu se transforma en Institut de recherches confucéennes. En avril, toute la Chine fut convoquée à Qufu, pour discuter sur Confucius. Plus d'une centaine de professeurs, spécialistes et savants ont participé à cette réunion. Quatre-vingt-dix-huit communications furent présentées à l'assemblée. Après la réunion, Le recueil des exposés sur la pensée pédagogique de Confucius *fut compilé par l'Institut de recherche de l'Ecole normale supérieure de Qufu, et publié par la Maison de l'éducation du Hunan (Hou-nan) (première édition de ce recueil : janvier 1985). La même année,* La recherche sur Confucius *écrite par Zhong Zhaopeng (Tchong Tchao-p'eng) a été publiée par la Maison d'édition des sciences sociales de Chine. C'est un recueil d'essais traitant des recherches sur Confucius. L'Institut des recherches confucéennes de l'Ecole normale supérieure de Qufu a compilé et imprimé un recueil de travaux traitant de Confucius et de Mencius. Titre de ce recueil :* La recherche sur Confucius.

Le 22 septembre 1984 (27 août selon le calendrier lunaire) est le 2535e anniversaire de la naissance de Confucius. L'inauguration de la statue restaurée de Confucius et la première promenade officielle dans le pays natal de Confucius à l'occasion de l'anniversaire de sa naissance eurent lieu à Qufu : solennelle et grandiose! Plus de trois mille invités chinois et étrangers participèrent à cette activité, débordant tous d'enthousiasme et pétillant de joie. Le même jour, une discussion scientifique sur la pensée pédagogique de Confucius inaugura la séance de l'Ecole normale supérieure de Qufu. Une centaine de professeurs, spécialistes et savants venus de vingt-six provinces, villes et régions autonomes y ont participé. Pendant la promenade et la séance de discussion, on fonda officiellement l'Association des fonds de Confucius en Chine. Le président honoraire de cette Association est Gu Mu (Kou Mou), membre du Conseil des affaires de l'Etat; le président, Kuang Yaming (K'ouang Ya-ming), spécialiste célèbre des recherches sur Confucius et président honoraire de l'Université de Nankin. En même temps, on a fondé une section chargée de préparer l'Association de recherches sur Confucius, et dont Kuang Ya-ming est devenu le directeur. Le 28 septembre 1984, la Société savante de l'histoire philosophique chinoise a organisé, elle aussi, une causerie sur la pensée de Confucius dans le palais de la culture nationale de Pékin. Soixante-cinq spécialistes et savants de Pékin, s'occupant d'études philosophiques, historiques, pédagogiques et morales, ont participé à cette causerie.

Du 10 au 15 août de cette même année, la Société chinoise des sciences juridiques, la Section de droit de

*l'Université de Shandong et l'Académie des sciences
sociales du Shandong ont pris l'initiative de convoquer
une réunion pour discuter à Jinan (Tsi-nan) sur la
pensée juridique de Confucius. Plus de soixante professeurs, spécialistes et savants du droit et de l'histoire du
droit, y ont participé. Après quoi,* Le recueil des exposés
sur la pensée juridique de Confucius *sera compilé, puis
publié. En juin de cette même année,* La pensée juridique
de Confucius, *par Yang Jingfan (Yang King-fan) et Yu
Ronggen (Yu Jong-ken), fut publiée par la Maison d'édition de la masse. En mars 1985,* La biographie critique
de Confucius *écrite par Kuang Yaming (K'ouang Ya-
ming) a été publiée par la Maison d'édition de Qilu
(Ts'i-lou). Depuis sa publication, cet ouvrage a beaucoup
d'influence en Chine et à l'étranger.*

*Le 11 juin, la Société savante des sciences historiques
de Chine a fondé dans le temple de Confucius à Pékin
l'Institut de recherche sur Confucius et convoqué la
première réunion de discussions scientifiques. Près de
deux cents savants venus de toute la Chine y ont
participé. Zhou Gucheng (Tcheou Kou-tch'eng), vice-
président du comité permanent de l'Assemblée populaire
nationale et historien très célèbre, fut nommé conseiller
de cet Institut cependant que Zhang Dainian (Tchang
Tai-nien), philosophe illustre et professeur à l'Université
de Pékin, était nommé directeur de cet Institut.*

*Le 11 octobre est le 2536ᵉ anniversaire de la naissance
de Confucius : la « promenade au pays natal de Confucius à l'occasion de son 2536ᵉ anniversaire » a été
organisée à Qufu. Le même jour, l'Association des fonds
de Confucius a convoqué le conseil d'administration, et
réuni des exposés sur la recherche confucéenne. Pendant
la réunion, l'association annonça la création de la revue.*
La recherche sur Confucius, *[dont le premier numéro
sortit en mars 1986]. Le même jour, l'Institut chinois de
recherches confucéennes a convoqué une causerie à*

l'Université du peuple chinois pour commémorer le 2536ᵉ anniversaire de la naissance de Confucius. Au mois de mai de cette même année, Kong Qiu (K'ong K'ieou), *compilé par* Luo Chenglie (Louo Tch'eng-lie), *fut publié par la Maison d'édition des livres anciens du Jiangsu (Kiang-sou). C'est un des ouvrages qui composent « La collection de biographies des hommes illustres chinois de toutes les générations passées ». D'après ce que l'on affirme :* La quintessence de la pensée politique de Confucius, *écrite par* Du Renzhi (Tou Jen-tche), *est en cours de publication par la Maison d'édition du peuple du Shanxi (Chan-si).* La chronique des critiques sur Confucius *écrite par* Han Da (Han Ta) *sera bientôt publiée.*

Parmi toutes les importantes informations que j'ai ci-dessus rassemblées, il est possible de mentionner l'une et de laisser passer dix mille autres. Tant s'en faut que ce soit complet. Mais on peut dire que, depuis ces dernières années, dans notre pays, d'innombrables chercheurs, sous la direction de la pensée marxiste, après avoir réprimé les troubles et rétabli l'ordre, ont fait de nouvelles recherches sur Confucius, réévalué Confucius et sa pensée. Nous avons progressé à grands pas et obtenu d'abondantes récoltes. Désormais, les études sur Confucius se développeront dans notre pays d'une manière toujours plus scientifique et progresseront encore afin de s'ouvrir sur le monde. C'est ce que nous pouvons prévoir.

*Traduit du chinois
par Tchang Fou-jouei
et Etiemble*

Appendices

I

TEXTES CONFUCÉENS

1. *La conduite du lettré (Li Ki, Jou-hing)*

[Selon Liu Ta-lin : « Il est douteux que ce soient les paroles de Maître K'ong; néanmoins elles sont généralement conformes à la raison et à la vérité. » C'est bien pourquoi je donne ici le chapitre *Jou-hing* des *Mémoires sur les Rites*. Il exprime assez bien l'idée que se faisaient du confucéen les lettrés de la dynastie Han.]

Ngai, duc de Lou, interrogca Maître K'ong : « Le costume du Maître, n'est-ce point celui des lettrés? »

Maître K'ong répliqua : « Enfant, j'habitai le pays de Lou et je portai le vêtement à manches larges [1]. Homme, j'habitai le Song [2] et pour bonnet viril je reçus le bonnet de toile noire [3]. J'ai toujours entendu dire que le sage étend ses connaissances et que son costume est celui du pays qu'il habite. Le costume du lettré, je l'ignore. »

Le duc Ngai parla : « Oserai-je vous interroger sur la conduite du lettré? » Maître K'ong répliqua : « L'exposer en bref, c'est n'en pouvoir embrasser la matière; l'exposer en détail, c'est n'en pouvoir venir à bout, dussent tous vos officiers prendre leur tour de garde [4]. Le duc Ngai com-

1. Costume traditionnel du pays de Lou.
2. Ancienne principauté : Ho-Nan et Kiang-Sou actuels.
3. C'est le *tchang-fou*, bonnet en effet de toile noire, qui se portait alors dans cette principauté.
4. Des officiers se succédaient auprès du prince, pour l'aider à recevoir.

manda une natte; Maître K'ong s'assit près de lui, et parla :

« Le lettré, sur sa natte, a des pierres précieuses : il attend qu'on le mande. Du matin au soir appliqué à l'étude, il attend qu'on l'interroge. Sincère et loyal en son cœur, il attend les charges publiques; vertueux de toutes ses forces, il attend les dignités. Tels sont ses principes.

Le lettré porte le costume et le bonnet de tous [1]; ses gestes, ses actes sont circonspects. Abandonne-t-il de grands avantages ? il paraît les mépriser; abandonne-t-il de petits avantages ? sa modestie paraît simulée. Pour les grandes entreprises, il semble se méfier de soi; pour les petites, il semble rougir de soi. Il hésite beaucoup à se mettre en avant; il cède le pas volontiers. Faible et gauche, comme s'il ne pouvait rien. Tel est son extérieur.

Seul, chez lui, le lettré s'observe, se met en garde. Assis, debout, il respecte autrui et soi-même. Quand il parle, il lui faut avant tout songer à l'exécution de sa promesse. Quand il marche, il lui faut aller directement au but. Quand il voyage par les chemins, il ne dispute pas l'avantage du passage facile sur l'abrupt; en hiver, il ne dispute pas la douceur du soleil, ni en été celle de l'ombre. Avare de sa mort, il attend. Il nourrit son corps afin de pouvoir agir. Telles sont ses précautions, sa prudence.

Or, jade, ne sont trésors pour le lettré. Sincérité, loyauté, voilà ses trésors. Il ne demande aucun domaine; pratiquer la justice est son domaine. Il ne demande point de grandes richesses; de grandes qualités font son bonheur. On l'attire difficilement, mais facilement on le paie. On le paie facilement, mais on le retient difficilement. Il ne rend pas visite, sinon au moment opportun. N'est-il pas difficile de l'attirer ? Il ne se lie pas, sinon à juste raison. N'est-il pas difficile de le retenir ? D'abord il travaille; après quoi, on le paie. N'est-ce pas facile de le payer ? Tel son commerce avec les hommes.

Veut-on circonvenir un lettré par présents, par richesses ?

---

1. J'adopte le sens proposé par Tcheng K'ang-tch'eng, parce qu'il concorde avec la première réplique de Maître K'ong. Le texte, on le voit, est plein de redites.

veut-on le tenter par les plaisirs, par l'amour? Malgré la vue
de ces avantages, il n'entame pas sa vertu. La foule lui fait-elle
violence, des soldats viennent-ils l'arrêter? Malgré la vue de
la mort, il ne change pas de conduite. C'est le rapace, le fauve,
qui frappe de ses ailes, qui saisit de ses griffes sans mesurer
son courage. C'est celui qui soulève une lourde marmite sans
mesurer ses forces. Il ne regrette point le passé; il ne prépare
point l'avenir. Il ne répète point les propos erronés; il ne
scrute point les faux bruits. Il ne retranche rien à sa gravité.
Il n'exécute aucun dessein [qui ne soit bon]¹. Tel se dresse-
t-il, éminent.

On peut obtenir l'amitié du lettré; la forcer, non. On peut
l'aborder; le contraindre, non. On peut le tuer; le déshonorer,
non. Sa maison n'est pas luxu(ri)euse²; son menu n'est pas
recherché. Ses erreurs, ses fautes, qu'on les lui signale
discrètement sans les lui jeter au visage. Telle, son inflexible
fermeté.

De la sincérité, de la loyauté, le lettré se fait cuirasse et
casque; des convenances, de la justice, il se fait écu, bouclier.
Sur sa tête il porte la générosité [ou : l'humanisme; cette
vertu de *jen* que Maître K'ong avouait ne pouvoir définir], et
marche; dans ses bras, il tient la justice, chez soi. Si tyrannique soit le gouvernement, le lettré ne change point ses
principes. Telle son attitude naturelle.

Le lettré possède une demeure d'un seul arpent³; le tour
de la maison mesure cinquante pieds : porte extérieure en
ronces; petite porte à voûte trilobée⁴; porte intérieure en

---

1. J'inscris entre crochets quelques-uns des éclaircissements qu'on
trouve dans les commentaires chinois. Le texte ici est des plus
ambigus. Autre interprétation proposée : « Il ne prépare point ses
paroles, et pourtant s'y conforme »?
2. Le caractère *yin* signifie à la fois le luxe et la luxure. Par un
artifice typographique, j'essaie de suggérer l'équivoque.
3. Le *meou*, dont il s'agit, est une mesure variable (2 ou 3 ares); elle
signifie la modestie des goûts du lettré.
4. Littéralement : en forme de *kouei*; le *kouei* était une tablette
donnée par l'empereur aux nouveaux princes, et l'insigne de leur
dignité.

armoise; fenêtre faite avec un seau[1]. Un seul manteau; on se
le passa pour sortir; repas tous les deux jours. Si le prince
appelle un lettré, il n'ose pas tergiverser; si le prince ne
l'appelle pas, un lettré n'ose pas intriguer. Telle son attitude à
l'égard des fonctions.

Le lettré vit avec les hommes de son temps et réfléchit sur
les anciens. Il agit selon son siècle; aux siècles futurs de
l'imiter. Qu'il déplaise à ses contemporains, que ses supérieurs ne l'élèvent pas, que ses inférieurs ne le louent pas,
que des flatteurs et des calomniateurs s'unissent pour sa
perte, ils pourront bien lui faire perdre la vie : ils ne
pourront lui arracher sa volonté. Lors même qu'en agissant
ou qu'en s'abstenant il s'expose au danger, il s'obstine jusqu'au bout de son projet. Ses desseins n'oublient pas les
souffrances du peuple. Voilà son souci, sa pensée.

Le lettré étend sans repos son savoir; il agit intensément
sans se lasser. Seul, chez lui, il ne se relâche point : mandé
par le prince, il n'est jamais à court. Il tient la modération
pour la première des convenances. Il approuve la sincérité, la
loyauté, imite les bonnes actions, chérit les gens de bien, et
supporte les autres : potier qui émousse les angles et ajuste
les vases. Telle la libéralité de son cœur généreux.

Le lettré recommande les gens de sa famille, sans excepter
les plus proches parents; il propose les étrangers, sans
excepter ses ennemis. Il ne mesure que les mérites et les
actes. Il choisit les gens de bien et les propose, sans escomp-
ter de récompense. Il répond au désir du prince; son unique
souci est le bien du pays. Il ne recherche ni fortune ni
distinctions. C'est ainsi qu'il propose les mérites, qu'il favorise les talents.

Le lettré apprend-il quelque chose de bien? Il en fait part.
Voit-il quelque chose de bien? il le montre. Pour les charges,
les honneurs, il fait passer ses amis avant lui; dans l'affliction,
dans les périls, il va jusqu'à mourir pour eux. Il révèle ceux

1. Couvreur et Chavannes traduisent « goulot de cruche » les
caractères *wong-yeou*, qui deviendront un des clichés de la littérature
chinoise. J'adopte la version que donnait Louis Laloy à l'un de ses
cours sur un poète chinois qui, justement, s'était resservi de l'expression.

qui se cachent. Il appelle ceux qui sont au loin. C'est ainsi qu'il recommande pour les charges.

Le lettré purifie son corps[1] et raffine sa vertu. En secret, il conseille (son prince); paisiblement il le corrige. Si l'empereur ne comprend pas, il lui parle clairement, simplement, sans le presser outre mesure. Il ne s'abaisse point pour s'élever. Il n'accumule pas les petits mérites pour se targuer de leur grand nombre. Dans une époque sereine, on ne le méprise pas; dans une époque troublée, on ne le corrompt pas. Tel se dresse-t-il, éminent; sa conduite est exceptionnelle.

Il arrive que le lettré n'accepte ni le poste de ministre auprès du Fils du Ciel, ni aucune charge chez un prince feudataire. Dans la retraite, il se perfectionne; il cultive son indulgence. Dans ses rapports avec les hommes, il est ferme et droit. Il tend aux bonnes manières. Il use les angles durs à force de frotter. Qu'on lui offre un morceau de royaume, c'est pour lui autant qu'une guigne. Il ne désire ni ministère ni magistrature. Telle sa règle.

Ceux qui partagent ses intentions, qui se proposent le même but, qui s'efforcent vers la vertu en usant des mêmes recettes, le lettré se réjouit de les voir à son niveau. S'ils restent en arrière, il ne les méprise point. Si de longtemps il n'a pas vu quelqu'un et qu'il entende médire de lui, il reste sceptique. Sa conduite, fondée sur la vertu, s'appuie sur l'équité. Il s'approche de ses pairs, il s'éloigne des autres. Telle sa conduite avec ses familiers.

Douceur, bonté, voilà le tronc de la générosité; respect d'autrui, sympathie, voilà la terre de la générosité; libéralité, bienfaisance, voilà les fruits de la générosité; modestie, urbanité, voilà les voies de la générosité; bienséances, cérémonies, voilà le visage de la générosité; paroles, conversations, voilà les ornements de la générosité. Il n'ose pourtant pas se targuer de générosité, tant il respecte cette vertu, et tant il se défie de soi.

---

1. Couvreur traduit, en latin : *Litteratus balneo lavat se ipsum* (i.e.*omni culpa abstinet*) *et abluit suam virtutem.* Toujours la traduction spiritualisante... Purifier son corps doit être pris au sens de *rend propre*, aussi bien que de *rend pur* (car le chinois ne croit pas que son corps soit souillé par un péché originel).

Dans la pauvreté, dans l'abjection, un lettré ne tombe pas comme du blé coupé. Dans la richesse, dans les honneurs, il ne se gonfle ni de joie ni d'orgueil. Ni princes ni rois ne le déshonorent; ni l'âge ni le rang ne l'embarrassent; quel officier l'opprimerait? Aussi l'appelle-t-on lettré. Ceux qu'aujourd'hui la foule appelle des lettrés n'en sont point. C'est ainsi que " lettré " devient une injure. »?

Après l'hospitalité de Ngai, Maître K'ong revint chez lui. Ce discours entendu, le duc rendit à « lettré » son vrai sens; il rendit justice à la conduite du lettré. « Plus jamais je n'oserai me moquer du lettré. »

2. *Dissertation de Po Kiu-yi*

En 800, l'un des sujets de dissertation pour l'examen de « lettré accompli » proposait aux candidats la formule des *Entretiens familiers* (XVII, 2) qui affirme que les hommes se ressemblent par leur nature, mais diffèrent par leurs habitudes. Celui qui deviendra le poète Po Kiu-yi (771-846) remit la dissertation poétique suivante, que je publie dans la version qu'en donna M. des Rotours (*Traité des Examens*, p. 335 et suivantes). [Privée de ses charmes poétiques, la pensée nous parvient dans toute sa pauvreté : ressassement perpétuel, telle toujours l'orthodoxie.]

Oh! depuis le peuple qui est en bas,
Jusqu'au prince qui est en haut,
Pour tous la vertu se forme par l'application
Et les natures se différencient par les habitudes.
Les habitudes ensuite deviennent constantes, et il en résulte
la différenciation entre les bons et les mauvais;
L'application, qui est au début, doit savoir discerner dans la
confusion du bien et du mal.
A l'origine, les natures se ressemblent les unes les autres.
N'est-ce pas à cause de cela qu'il n'y a qu'une doctrine uniforme
qui s'appuie toujours sur les mêmes principes?
Les habitudes diffèrent les unes des autres. N'est-ce pas à cause

de cela que les gens suivent des chemins divers et aboutissent à des points différents distants de milliers de li [*mesure de distance, en Chine*]?

L'aveuglement ou la clairvoyance, tels des courants rapides, sont les sources qui produisent les ignorants ou les savants.

La perversité ou la rectitude du cœur se séparant comme deux chemins ouvrent les voies qui produisent l'ordre ou le désordre.

Comment peut-on ne pas
Considérer les origines,
Et réfléchir aux débuts?
Ne pas voir d'où les choses proviennent,
Et rechercher quelle est leur cause?
Comment ne pas examiner ce qui réussit ou ce qui échoue afin de l'adopter ou de l'écarter?
Comment ne pas étudier ce qui est bon ou ce qui est mauvais, afin de le faire ou de ne pas le faire?
De cette manière,
Ceux qui sont hésitants reviennent sur le chemin de leur égarement, comme le poète.
Ceux qui accumulent les bonnes habitudes suivent la voie essentielle comme les sages.
En outre,
Pour ce qui est de la vertu, il n'y a eu personne de plus vertueux que Lao-tseu; et cependant il nous dit que la vertu ne vient qu'en suivant la voie;
Pour ce qui est de la sainteté, il n'y a eu personne de plus saint que Confucius, et il disait lui aussi : « Je ne suis pas de ceux qui sont nés en possession de la connaissance. »
Ainsi on sait que
La vertu s'acquiert par le perfectionnement de soi-même et qu'il faut être simple et rester naturel.
On sait aussi que
La sainteté provient de l'application à l'étude, et qu'il faut interroger sur les choses importantes et penser à celles qui vous touchent de près.
Le moyen de parvenir à cela consiste
A accroître son talent et ses connaissances grain par grain,
Et à faire attention à ses paroles et à ses actions même les moins importantes.

C'est pourquoi,
Lorsqu'on applique ces enseignements, les volontés sont toutes
fermes, et les natures sont toutes semblables;
Lorsqu'on suit ces procédés, les habitudes sont plus parfaites, et
les voies sont plus lointaines.
Mais,
Le but de cet enseignement, je peux le faire apparaître;
La signification de cet enseignement, je peux la faire connaître.
Qu'on ne dise pas que les habitudes des hommes doivent être
semblables, car si on suit les traces de ces habitudes on voit
qu'elles s'opposent les unes aux autres avec une profonde
différence.
Qu'on ne dise pas que les natures doivent être différentes, car si
on les considère en toute vérité, on s'aperçoit qu'elles ne
s'écartent les unes des autres que d'une manière impercepti-
ble.
La nature est également comme
Une source se divisant en plusieurs bras; suivant que ceux-ci
sont bourbeux ou limpides, l'eau sera trouble ou claire mais sa
nature restera la même;
Elle est également comme
De l'air se divisant en plusieurs courants; suivant que leur
souffle sera frais ou tiède, l'air sera froid ou chaud, mais sa
nature restera la même.
C'est ainsi que les anciens sages
Prenaient exemple sur l'antiquité avant de s'adonner constam-
ment à une habitude,
Et cherchaient à reconnaître les erreurs afin de rendre parfaite
leur nature.
Alors,
La nature, c'est l'harmonie de l'intérieur;
Les habitudes sont l'expression de l'extérieur.
Pour atteindre à l'harmonie intérieure, il faut y réfléchir afin d'y
arriver peu à peu;
Pour l'expression extérieure, il faut être en garde contre toute
démarche irréfléchie.
Lorsqu'on suit des habitudes qu'on ne doit pas suivre, la nature
en souffre;
Lorsqu'on suit les habitudes qu'on doit suivre, la nature est
satisfaite.

C'est pourquoi
La sainteté ou la sottise proviennent assurément de la réflexion
ou du manque de réflexion;
Le bonheur ou le malheur dérivent assurément de l'application
ou du manque d'application.
L'application consiste à :
Poursuivre avant tout la pratique de la doctrine,
Et à promouvoir le bien dès qu'on l'a discerné;
A rechercher dans le passé les avertissements évidents,
Et à examiner pour l'avenir ce qu'il faut faire ou ne pas faire.
C'est pourquoi,
Si on comprend ce qu'est l'application, alors les véritables
natures seront complètement identiques, de la même manière
que de l'eau mélangée avec de l'eau;
Si on ne comprend pas ce qu'est l'application, alors tous les
cœurs seront différents comme le sont les visages par rapport
aux autres visages.
Vraiment j'estime que le texte relatif aux natures et aux habitu-
des est le premier des enseignements.

3. *La Petite Etude.*

[Ce recueil de préceptes fut compilé par Tchou Hi afin de
mettre le confucianisme à la portée de ceux qui ne feront pas
carrière de « lettrés ». On y trouve, pêle-mêle, une morale et
un savoir-vivre. J'ai choisi un chapitre de savoir-vivre, un de
morale, extrêmement précieux, celui-ci, en ce qu'il enseigne
le *devoir de résister à ses parents et à son prince*; il faut donc
bien de l'ignorance, ou plus encore de mauvaise foi, pour
prétendre que Confucius, même revu par Tchou Hi, enseigne
aux Chinois la soumission inconditionnelle. Je reproduis la
traduction, déjà vieille, qu'en donna C. de Harlez, et n'y
change que les transcriptions.]

Du devoir d'avertir les supérieurs.

168. K'ong-tseu dit : Les grands qui servent leurs parents ont la piété filiale, ils doivent garder leur fidélité pour le prince; s'ils servent leur frère aîné ils ont la piété fraternelle, ils doivent conserver leur soumission et affection pour les supérieurs; quand ils se trouvent à la maison, le droit y règne et le gouvernement en est donné au supérieur.

Puis quand ils auront accompli leurs devoirs intérieurs, leur renom subsistera dans les générations futures.

Commentaire. – Les supérieurs sont les gens plus élevés en rang qu'eux-mêmes, les magistrats. (Ils doivent être à la maison) selon le droit; bien réglés, s'ils ont la piété fraternelle, ils observent l'ordre et les règles.

S'ils sont fidèles et soumis, l'Etat est bien gouverné. « Leurs affaires intérieures » sont les actes de piété paternelle ou filiale à la maison.

169. Si des sujets au nombre de sept résistent au Fils du Ciel (en lui représentant ses fautes), bien que ce soit au sujet d'une faute, ils ne font pas périr son empire. Si cinq sujets résistent à un vice-roi de province, bien que ce soit au sujet d'une faute, ils ne font pas périr son gouvernement. Si trois sujets résistent à un *tai-fou*, bien que ce soit pour une faute, ils ne font pas périr sa maison. Si un ami résiste à un *che*, il ne se prive pas de sa bonne renommée. Si un fils résiste à son père, lui-même ne tombe pas dans l'injustice.

Commentaire. – « Résister » est ici faire des remontrances. Un fils qui fait des remontrances à son père coupable met d'accord le ciel et la terre (et ne tombe pas) dans l'injustice; (dans) ce qui est contraire aux lois morales.

170. Aussi, s'il est surpris dans le mal, le père doit être repris par son fils, et le prince par son sujet.

Commentaire. – Fan Tch'e dit : Si le fils ne reprend pas son père, il le fait tomber dans le mal. Si le sujet ne reprend pas son prince, il le fait tomber dans la violation des règles.

171. Il est dit au *Li Ki* : En servant ses parents, on les exhorte seulement en cachant leur faute, mais on ne les blâme pas ouvertement. Il n'y a pas de mesure fixée au

(devoir de) leur complaire en toute manière, à les entretenir. Persévérant avec zèle (dans son devoir filial) jusqu'à leur mort (après leur mort) on porte le deuil trois ans entiers.

Commentaire. – (On les) exhorte, on les avertit avec douceur, mais on ne les blâme pas en les reprenant en face avec reproche. « Les parents » qui ont de l'amour pour nous, s'ils ont quelque défaut et qu'on les reprenne avec amertume, (les fils) on manque à l'affection. Aussi (les fils) doivent seulement les arrêter, les empêcher, et pas leur faire des reproches... Ils doivent les satisfaire à droite et à gauche en tous lieux; que ce soit au côté droit ou au côté gauche, ils doivent les servir avec respect et soumission. Il n'y a point de (limite) fixée, ils doivent en toute chose observer ce qui est du devoir. Ils doivent les servir avec zèle et faire même tout ce qui leur demande de la peine ou des efforts.

Ils doivent porter complètement le deuil; observant la règle qui impose le trouble et la douleur; ils doivent la suivre jusqu'à l'extrémité.

Houang Che dit : Ils doivent être pleins de zèle et faire tous leurs efforts jusqu'à la mort; il n'y a point de temps où ils puissent cesser de se donner ces peines.

172. Au service du prince, on doit toujours le reprendre hautement et non lui faire une simple observation en secret. Il y a une mesure fixée à la complaisance et aux services, en toutes matières. On doit le servir avec zèle jusqu'à la mort, puis on porte le deuil trois ans également.

Commentaires. – Le prince est ici le prince légitime. S'il a quelque défaut et qu'on l'avertisse secrètement, on aura l'air de le laisser subsister et de chercher l'approbation. C'est pourquoi il faut toujours le reprendre avec force et pas seulement l'avertir. Il y a une limite fixée à la complaisance et aux services. On doit accomplir ses fonctions et sa surveillance selon chaque occasion. On doit porter le deuil (pour le prince) comme pour ses parents.

Du manger et du boire.

67. Il est dit au *Kiu Li* : Quand on mange en commun on ne doit pas engager à se rassasier complètement; quand on mange du riz en commun on ne doit pas avoir de sueur à la main.

Commentaire. – « Manger » est dit d'abord de différentes espèces d'aliments (après il ne s'agit plus que) du riz. Si en mangeant avec d'autres on vous engage à manger à satiété il n'est pas permis d'écouter. Jadis on mangeait le riz avec la main; si en mangeant on a de la sueur à la main, cela est déplaisant pour les autres.

68. Ne prenez pas le riz avidement; ne mangez pas trop; ne buvez pas surabondamment (de manière que le liquide déborde).

Commentaire. – Si on saisit avidement le riz que l'on prend, on en prendra facilement trop. Cela conduit aussi à en manger à satiété. On ne doit point manger beaucoup ni boire surabondamment, cela est contraire à la règle du manger et du boire.

69. Ne mangez pas en faisant du bruit; ne rongez pas les os; ne remettez pas le poisson; ne jetez pas les os aux chiens; ne vous pressez pas de prendre (des mets).

Commentaire. – Ne faites pas de bruit en faisant claquer la langue; ne remettez pas le poisson sur le plat; ne soyez pas ardents à prendre (du manger); on ne doit pas manger en faisant du bruit ni ronger les os, parce que cela est odieux et contraire aux convenances. On ne doit pas remettre la chair de poisson sur le plat; puisqu'on l'a porté une fois à la bouche, c'est blesser les autres. On ne doit pas jeter les os aux chiens, afin qu'ils ne se mordent pas l'un l'autre. Ne vous pressez pas de manger, car l'avidité est détestable.

70. Ne soulevez pas le riz (en le mangeant); en mangeant du millet, n'employez pas les bâtonnets.

Commentaire. – Tchen Che dit : Soulever le riz c'est (pour) refroidir sa vapeur chaude. Dire de manger avec empressement, c'est chose odieuse. On ne doit point employer des bâtons parce que c'est la cuillère qui convient ici.

71. Ne buvez pas la soupe (sans en rien mâcher); n'assaisonnez pas la soupe, ne vous piquez point les dents; ne goûtez pas avec attention la viande et les légumes. Si un hôte assaisonne la soupe, le maître du logis devra s'excuser (en disant) qu'il ne sait pas bien cuisiner. Si l'hôte goûte çà et là les mets, le maître du logis devra s'excuser en invoquant sa pauvreté.

Commentaire. – « Ne buvez pas la soupe », ne mangez pas les légumes qui sont dans la soupe, en les prenant (buvant) avec la bouche. Refaire la soupe, c'est dire qu'elle n'a pas de goût et vouloir en donner un meilleur au mets. Se piquer les dents, c'est se les nettoyer, arranger; (on ne doit pas) goûter à diverses reprises. On ne doit pas boire la soupe, car on doit employer les bâtons. On ne doit pas se nettoyer les dents car c'est inconvenant et odieux. On ne doit pas assaisonner la soupe, ni goûter longtemps la viande et les légumes; car tous haïssent les gourmands.

Le maître du logis doit s'excuser sur son inexpérience à cuire et sa pauvreté. Comme il ne peut relever directement la faute de son hôte, il le fait par une politesse de modestie.

72. On coupe la viande fraîche avec les dents, mais pas la viande sèche; on ne doit point avaler gloutonnement ce qui est rôti.

Commentaire. – La viande fraîche est encore tendre. On la coupe en morceaux et la mâche. La viande séchée est conservée en la séchant, durcissant, etc., on la brise avec les mains. Il y a sa convenance pour chaque chose. Le rôti est la viande rôtie. A chaque fois, manger toute une tranche, c'est avaler gloutonnement. Il convient de manger posément (et sans avidité).

77. Bien que la viande soit abondante, on ne doit pas en manger plus que de riz; pour le vin seul il n'y a pas de terme fixé, mais on ne doit pas aller jusqu'à l'ivresse.

Commentaire. – Tchou-tseu dit : On doit faire du riz le principal aliment, c'est pourquoi la (quantité de) viande ne doit pas le surpasser. Le vin met l'accord et la paix entre les hommes, c'est pourquoi il n'a pas de terme posé. Seulement, prenant l'ivresse pour mesure, on ne doit pas aller jusqu'au trouble.

78. On ne doit point prendre du vin acheté ni de la viande de marché.

Commentaire. – Tchou-tseu dit : Acheté, du marché, c'est, tous deux, vendus; comme ils ne sont ni purs, ni bons, ils pourraient nuire à l'homme.

79. En mangeant on ne doit pas laisser de côté le gingembre.

Commentaire. – Tchou-tseu dit : Le gingembre a une vertu merveilleuse, éclatante, il dissipe tout ce qui est corrompu, c'est pourquoi on ne doit pas le négliger...

BIBLIOGRAPHIE

a) Appendice bibliographique sur le *Louen Yu* (*Les Entretiens familiers*) d'après Yang Po-tsiun

Le *Louen Yu* a consigné les paroles et les actions de Confucius; il a également conservé les paroles et les actions de quelques disciples du Maître. *Louen* veut dire *recueillir; yu* signifie *paroles* ou *entretiens. Louen-yu* signifie donc implicitement : *Les entretiens de Confucius recueillis par ses disciples.*

On trouve au *Louen Yu* beaucoup de répétitions et de phrases qui se ressemblent. Tout cela démontre qu'il n'a pas été composé par une seule personne. Quels en sont donc les auteurs? Ce sont, bien entendu, divers disciples de Confucius. D'après le 9e et le 14e chapitres, K'in Lao et Yuan Hien en seraient les auteurs. Selon le 8e chapitre, ce seraient quelques disciples de Tseng Chen. Mais le 19e chapitre suggère que Tseu-tchang ou un disciple de Tseu-hia en serait l'auteur. Selon le 11e chapitre, il serait possible d'en attribuer la rédaction aux disciples de Min-tseu. Bref, le *Louen Yu* fut composé par les disciples de Confucius et les disciples de ses disciples. Les derniers compilateurs du *Louen Yu* étaient probablement les élèves de Tseng Chen. Commencée à la fin de l'époque des *Printemps et des Automnes,* la rédaction du *Louen Yu* fut achevée au début de l'époque des *Royaumes Combattants.*

A l'époque des Han, il existait trois versions différentes du texte : 1) *Lou-louen-yu,* 20 chapitres. 2) *Ts'i-louen-yu,* 22 chapitres. Le texte en 20 chapitres est semblable à celui du

Lou-louen-yu, mais on y trouve deux chapitres de plus; ce sont le *Wen-wang* et le *Tchi-tao*. 3) *Kou-wen louen-yu*, 21 chapitres. Le 20ᵉ chapitre du *Lou-louen-yu* a été divisé en deux chapitres. L'ordre des chapitres est différent par rapport à celui du *Lou-louen-yu* et du *Ts'i-louen-yu*; on y trouve également plus de quatre cents caractères différents. A la fin des Han occidentaux, Tchang Yu, professeur de l'empereur Tch'eng des Han et marquis de Ngan-tch'ang, fusionna le *Ts'i-louen-yu* et le *Lou-louen-yu* pour en faire le *Tchang-heou-louen* (*Louen-yu* du marquis Tchang). Le *Kou-wen louen-yu* fut découvert au temps de l'empereur King des Han à l'intérieur du mur de la maison de Confucius. A la fin des Han orientaux, le grand savant Tcheng Hiuan écrivit son commentaire du *Louen Yu* en se fondant sur le *Tchang-heou-louen* et en consultant le *Ts'i-louen-yu* ainsi que le *Kou-wen louen-yu*. Dans ce commentaire incomplet, nous pouvons voir la différence entre le *Lou-louen-yu*, le *Ts'i-louen-yu* et le *Kou-wen louen-yu*. Le *Louen Yu* que nous lisons maintenant est essentiellement le *Tchang-heou-louen*, compilé vers 23 de notre ère. Pour étudier la pensée de Confucius, le *Louen Yu* est le document le plus sûr.

Les commentaires du *Louen Yu*, d'après Yang Po-tsiun :

Depuis les Han, on trouve d'assez nombreux commentaires du *Louen Yu*. Mais ceux des Han ont presque tous été perdus, il ne nous reste que le commentaire incomplet de Tcheng Hiuan (127-200). Après les Han, les commentaires du *Louen Yu* sont innombrables, ils peuvent « faire suer les bœufs et remplir les maisons jusqu'aux poutres ». Les meilleurs commentaires et les plus importants sont les suivants :

1. *Louen-yu tchou-chou* de Ho Yen (?-249) et de Hing Ping (932-1010).
2. *Louen-yu tsi-tchou* de Tchou Hi (1130-1200).
3. *Louen-yu tcheng-yi* de Lieou Pao-nan (1791-1855).
4. *Louen-yu tsi-che* de Tch'eng Chou-tö
5. *Louen-yu chou-tcheng* de Yang Chou-ta (1885-1956).

b) *Bibliographie critique*

I. On peut lire les « classiques » confucéens, soit dans la traduction anglaise de James Legge, *The Chinese Classics*, 8 tomes, Hong Kong, 1861-1872, et *The Sacred Books of China, the Texts of Confucianism*, 4 tomes, Oxford, 1879-1885; soit dans les traductions des Jésuites français. Voir surtout : F. S. Couvreur, *Les Quatre Livres*, Sien Hsien, Imprimerie de la mission catholique, 1930, réimpr. Paris, 1950. Le P. Couvreur a traduit également le *Che King*, le *Li Ki*, le *Tch'ouen Ts'ieou* et le *Tso Tchouan*, le *Yi Li*. Ses traductions, comme celles que donne le P. Wieger, S. J., dans ses *Textes philosophiques, confuciisme, taoïsme, bouddhisme*, Imprimerie de Hien-hien, 1930, sont malheureusement faussées par la volonté d'interpréter Confucius et ses disciples en termes de spiritualité chrétienne. James Legge subit parfois cette tentation, lui aussi.

On pourra comparer aux traductions que le P. Couvreur a données du *Che King* celles que risqua Marcel Granet dans ses *Fêtes et Chansons anciennes de la Chine*, Paris, Leroux, 1919; stimulantes, celles-ci, et souvent très heureuses, mais incomplètes. Arthur Waley, à qui l'on doit un excellent *Louen Yu, The Confucian Analects*, publié à Londres, en 1938, réimprimé en 1945, a traduit aussi le *Che King : The Book of Songs*, Londres, 1937.

II. Pour la vie de Confucius, il faut toujours partir des *Mémoires historiques de Sse-ma Ts'ien*, dans la traduction Chavannes, Paris, Leroux, 1905, t. V, p. 283-445. On trouvera dans Marcel Granet, *Danses et Légendes de la Chine ancienne*, Paris, Alcan, 1926, *passim*, et dans Herrlee G. Creel, *Confucius, the Man and the Myth*, New York, The John Day Co, 1949, une pertinente critique des données fabuleuses. Le petit livre d'Alexis Rygaloff, *Confucius*, P.U.F., Paris, 1946, tient compte des efforts de Granet pour dégager Confucius de la légende.

Parmi les interprétations de la pensée confucéenne, on lira celle de Marcel Granet, dans *La Pensée chinoise*, Paris, Renaissance du Livre, 1934, notamment p. 473-489; celle de

Fong Yeou-lan, dans son *Précis d'histoire de la philosophie chinoise*, Paris, Payot, p. 57-67; celle de Creel, *Confucius, the Man and the Myth.*

III. Pour situer le courant confucéen dans l'ensemble de la pensée chinoise, voir : Marcel Granet, *La Pensée chinoise*; l'excellent volume d'Arthur Waley, *Trois Courants de la pensée chinoise antique*, Paris, Payot, 1949; le *Précis d'histoire de la philosophie chinoise* de Fong Yeou-lan, longtemps épuisé, réimprimé, Paris, 1985, et l'essai de Herrlee G. Creel, *Chinese Thought, from Confucius to Mao Tse-tung*, The University of Chicago Press, 1953. Le livre déjà vieux de Zenker, *Histoire de la philosophie chinoise*, Paris, Payot, 1932, n'est pas sans intérêt; non plus que Forke, sa *Geschichte der neueren chinesischen Philosophie*, Hambourg, 1938 et son *Gedankenwelt des chinesischen Kulturkreises*, Munich et Berlin, 1927.

IV. Si l'on désire, enfin, approfondir chacun des chapitres de la troisième partie de ce *Confucius, Le legs*, voici quelques lectures à faire :

J. J. L. Duyvendak, *The Book of Lord Shang*, Londres, 1928, et *Le Livre de la Voie et de la Vertu*, Paris, Adrien-Maisonneuve, 1953; Ignace Kou Pao-Koh, *Deux Sophistes chinois, Houei Che et Kong-souen Long*, Paris, P. U. F., 1953; Léon Wieger, *Les Pères du système taoïste*, Paris, Sulliver, et Leyde, Brill, 1950; *The Ethical and Political Works of Motse*, Probsthain's Oriental Series, Londres, 1929. Léon Vandermeersch, *La Formation du Légisme, Recherche sur la constitution d'une philosophie politique caractéristique de la Chine ancienne*, Ecole française d'Extrême-Orient, 1965. On y prendra une idée plus précise de ce que j'appelle les écoles combattantes.

Chaucer Yuan, *La Philosophie morale et politique de Mencius*, Paris, Geuthner, 1927; Homer H. Dubs, *The Works of Hsüntze*, Probsthain's Oriental Series, 1928, et J. J. L. Duyvendak, *Hsün-tzu on the rectification of the Names*, dans le *T'oung Pao*, 1934, p. 221-254, compléteront les chapitres sur Mencius et Siun-tseu.

Le travail de Chow Yih-Ching sur *La Philosophie morale dans le néo-confucianisme (Tcheou Touen-yi)*, Paris, P. U. F., 1954, les études rassemblées dans *Studies in Chinese Thought*, edited by Arthur F. Wright, University of Chicago Press, 1953, et la traduction par M. des Rotours du *Traité des examens*, fragment de la *Nouvelle Histoire des T'ang*, Paris, Leroux, 1932, éclaireront la formation de l'orthodoxie confucéenne, ainsi que la genèse et le sens du néo-confucianisme. On y ajoutera deux livres sur Wang Yang-ming, celui de F. G. Henke, *The Philosophy of Wang Yang-ming*, Londres et Chicago, 1916, et celui du P. Wang Tch'ang-tche S. J. Sur Tchou Hi lui-même, outre le vieux travail de Le Gall, *Tchou Hi, sa doctrine, son influence*, et la réponse que lui adressa C. de Harlez dans *Tchu Hi, His Doctrine and His Influence* (1894 et 1896, respectivement), on peut lire deux thèses, celle de Pang Ching-jen sur *L'Idée de Dieu chez Malebranche et l'Idée de Li chez Tchou Hi*, publiée en 1942; celle de Galen Eugène Sargent sur *Tchou Hi contre le bouddhisme*, Paris, Imprimerie nationale, 1955 (celle-ci fournira une bibliographie plus complète).

Sur la diffusion du confucianisme en Occident, au Japon, en Corée, je suggère : Virgile Pinot, *La Chine et la Formation de l'esprit philosophique en France*, 1640-1740, Paris, Geuthner, 1932; Etiemble, *L'Orient philosophique*, 3 tomes, Centre de Documentation universitaire, Paris, 1957-1959; la thèse mal écrite, mal composée, de l'abbé Laurent Youn Eul Sou sur *Le Confucianisme en Corée*, Paris, Téqui, 1939; et le travail de Robert Cornell Armstrong, *Light from the East*, University of Toronto Studies, 1914, auquel je dois une grande part de mes informations sur le confucianisme au Japon jusqu'à l'ère du Meiji.

Voici quelques ouvrages et quelques articles qui éclaireront le lecteur sur l'évolution des idées en Chine de 1911 à 1957 : Chen Huan-chang, *The Economic Principles of Confucius and His School*, New York, 1911, expose en deux gros volumes des thèses qui doivent beaucoup à K'ang Yeou-wei; dans ses articles *Confucianism*, de l'*Encyclopaedia of the Social Sciences*, t. IV, p. 198-201, New York, 1937, et *The Establishment of Confucianism as a State Religion during the Han Dynasty*, dans *Journal of the North China Branch of the Royal Asiatic Society*, Changhaï, 1929, p. 20-41, Hou Che pousse l'attaque contre l'orthodoxie confucéenne : Liu Shao-ch'i, *How To Be a Good Communist*, Pékin, 1951, se réfère à Yao, Chouen, Mencius, et à la tradition morale du confucianisme; on vient de le traduire en français. L'article de M. Wang Tao sur l'humanisme confucéen se trouve dans le n° 13 de *gène* (janvier 1956). En appendice à mon livre *Le Nouveau Singe pèlerin*, Gallimard, 1958, on trouvera un compte rendu de *L'Histoire de Confucius*, par Li-Tchang-tche, Changhaï, 1956, ouvrage qui prouve que, dès ce temp-là, et avant même la période des « Cent Fleurs », on essayait en Chine communiste de sauver une part de l'héritage confucéen.

V. Pour comprendre l'évolution de la Chine à l'égard de Maître K'ong, de 1957 à 1985, on lira d'abord, en guise d'introduction : J. R. Levenson, *Confucian China and Its Modern Fate*, Berkeley-Los Angeles, 1958 (puis en livre de poche, New York, 1964), Kam Louie, *Critiques of Confucius in Contemporary China*, Hong Kong, The Chinese University Press, 1979, ainsi que Marián Gálik, *Controversies about Confucius and Confucianism in China* (1898-1978) dans *Asian and African Studies*, T. XVIII, 1982, p. 171-186; Kuang-sheng Liao, *Antiforeignism and Modernization in China, 1860-1980 : Linkage between Domestic Politics and Foreign Policy*, Hong Kong, The Chinese University Press, 1984, réimpr. 1985.

Sur les réactions françaises à la soi-disant « révolution culturelle », ces saturnales de la barbarie, et telles que depuis Ts'in Che Houang Ti la Chine jamais n'en connut de plus cruelles, on lira un ensemble de documents chinois traduits en français : *Critique de Lin Piao et de Confucius*, Lausanne, 1975 et les deux textes de Philippe Sollers : *La Lutte philosophique dans la Chine révolutionnaire*, dans *Tel Quel*, Nº 48-49, printemps 1972, p. 125-132, et *La Chine sans Confucius, ibid.*, nº 59, automne 1974, p. 10-18.

En 1978, changement complet de ton. Voir : *La « révision de la pensée de Mao Tse-toung » a été annoncée à l'occasion de la fête nationale*, dans *Le Monde*, 3 octobre 1978; *M. Teng Hsiao-ping lance une offensive contre ses adversaires, ibid.*, 17 octobre 1978; *La remise en question du maoïsme en Chine, la presse évoque les « verdicts erronés d'un certain dirigeant suprême », ibid.*, 18 novembre 1978; *M. Teng Hsiao-ping est acclamé à Pékin par des milliers de manifestants, ibid.*, 29 novembre 1978. Quelques jours plus tôt, le même quotidien avait signalé que le « tournant politique en Chine » avait permis de libérer « *les derniers " tenants de la droite " envoyés en 1957 dans les camps de rééducation* ». C'était le 20 novembre 1978.

Or, en 1957, le samedi 29 juin, je notais dans mon journal de voyage en Chine : « Déjeuné chez X... avec un diplomate yougoslave à qui le discours de Tcheou En-lai ne paraît pas annoncer le durcissement ici et là tant redouté. Il semble pourtant que les ministres libéraux, et Lo Long-ki en particulier, passent de mauvais quarts d'heure. » Le lendemain : « Trois avions, les deux d'hier et le premier d'aujourd'hui, s'envolent avant nous pour Oulan-Bator, dont le sol serait à peu près en état. Nous avons le temps de lire le *Jen min je pao* d'aujourd'hui. Article menaçant contre Lo Long-ki et les capitalistes. [...] Nous savions déjà qu'on l'empêcha de parler hier. " Quand vous me jugerez, a-t-il dit, je pourrai au moins me faire entendre. " Le *Jen min je pao* affirme que Lo Long-ki avoua son opposition aux principes du socialisme et aux dirigeants du Parti », etc. in : Etiemble, *Tong yeou-ki ou Le Nouveau Singe pèlerin*, Gallimard, 1958; dans Etiemble, *Quarante ans de mon maoïsme* (1934-1974), Gallimard, 1976, on verra peut-être que je n'ai jamais donné dans le panneau de la *Révo cul dans la Chine pop*, anthologie de la presse des « gardes rouges », Paris, 1974, coll. 10/18.

Toute cette campagne délirante, on en pourra prendre la mesure en lisant Chen Jo-hsi, *Le Préfet Yin et autres histoires de la révolution culturelle*, trad. et introd. de Simon Leys, Paris, 1979; J. Pasqualini, *Prisonnier de Mao*, Paris, 1975, et le témoignage de deux « maos » repentis : C et J. Broyelle, *Deuxième retour de Chine*, Paris, 1977; *Apocalypse Mao*, Paris, 1980, ainsi que les témoignages de Lo Ta-kang, *La Stèle blanche*, poèmes écrits en français, et présentés par Etiemble dans *La Nouvelle Revue française*, septembre 1981, p. 177-191.

Cependant les sinologues sérieux continuaient à travailler sur Maître K'ong. J. Gernet, *Techniques de recueillement, religion et philosophie : à propos du Jingzuo néo-confucéen*, dans *Bulletin de l'Ecole française d'Extrême-Orient*, T. LXIX, *A la mémoire de Paul Demiéville* (1894-1979), p. 289-305; A. Cheng, *Entretiens de Confucius*, Paris, 1981; Confucius, *The Analects*, translated by D.C. Lau, Skatin, N.T., 1983. Sans omettre le livre capital qui manifeste la réhabilitation de Maître K'ong en Chine même : Yang Po-tsiun, *Louen-yu yi-tchou*, Pékin, 1980, édition critique du *Louen Yu*, avec la préface démonstrative que j'analysai dans mon dernier chapitre.

Bien entendu, il faut ici mentionner les principaux travaux de Simon Leys, qui, avec sa connaissance et de la Chine et de la littérature chinoise, fut l'interprète le plus lucide et donc le plus sévère de la tyrannie maoïste : *Les Habits neufs du Président Mao*, Paris, 1971; nouvelle éd. 1978; *Ombres chinoises*, Paris, 1974, nouvelle éd. augmentée, préface de J.-F. Revel, 1976, et 1978; *Images brisées*, Paris, 1976, avec, en particulier, le chapitre « Le mouvement de " critique de Lin Piao et Confucius " », p. 119-135; *La Forêt en feu, Essais sur la culture et la politique chinoise*, Paris, 1983. Certes, je le juge bien sévère en cet ouvrage pour Teng Siao-p'ing, qui, à l'en croire, « parachève l'œuvre des Quatre ». (Article, il est vrai, publié en 1979; or c'est depuis 1980 que la véritable révolution en faveur de la culture s'est clairement manifestée : réhabilitation de Confucius, essor stupéfiant de la littérature comparée, traductions nombreuses, celle y compris de Proust, que l'on prépare et dont j'ai parlé tout récemment avec l'un des membres de l'équipe; Tai Wang-chou remis à sa juste place, et même présenté en traduction française dans la collection « Panda », (notre correspondance publiée en chinois), témoignages que m'envoient depuis les universités chinoises où ils étudient tel et tel Français qui jubilent devant le savoir, la liberté de ceux qui ont survécu et peuvent maintenant parler de Freud ou de Wittgenstein; si ce n'est pas là retour à la « Conduite du lettré » selon le *Li Ki*, alors je ne sais plus que signifie l'expression confucéenne *tcheng ming*.)

Pourtant, on lit, le 12 avril 1985 : *La Chine sans complexes, de notre envoyée spéciale Catherine David*, avec en sous-titre « Eloge de la rentabilité, libéralisation de l'économie, traduction de Freud et ouverture à l'Occident. Les Chinois changent tout... sauf l'idéologie officielle », et cela dans *Le Nouvel Observateur*. Qui ne voit que le sous-titre à soi seul annule les quatre derniers mots dudit sous-titre?

CHRONOLOGIE SOMMAIRE

Hia, avant le – XIVᵉ siècle (dates traditionnelles : – 2205
   –1766).

Chang, ou Yin, – 1400 (environ) – 1122.

Tcheou, – 1122 – 256.

Ts'in, – 221 – 206 (Ts'in Che Houang Ti règne de – 221 à
   –210).

Han, – 206 à 220 de notre ère (Han occidentaux jusqu'en – 9;
   Han orientaux de 25 à 220).

Trois Royaumes (Wei, Han et Wou), 220-280.

Tsin occidentaux, 265-316.

Tsin orientaux, 317-420.

De 386 à 589 une dizaine de dynasties se partagent le Nord et
   le Sud.

Souei, 589-618.

T'ang, 618-907.

De 907 à 959, période des Cinq Dynasties.

Song du Nord, 960-1127.

Song du Sud, 1127-1276.

Yuan (Mongols), 1277-1368.

Ming, 1368-1644.

Ts'ing (Mandchous), 1644-1911 (en 1905, on supprime le
   système des examens).

République chinoise, jusqu'en 1949; Mao Tsö-tong prend
   alors le pouvoir et fonde la République populaire de
   Chine.

APPENDICES

Impression Brodard et Taupin
à La Flèche (Sarthe),
le 13 avril 1988.
Dépôt légal : avril 1988.
1ᵉʳ dépôt légal dans la même collection : septembre 1986.
Numéro d'imprimeur : 6250-5.

ISBN 2-07-032358-7 / Imprimé en France

43443